青少年科普图书馆

世界科普巨匠经典译丛·第三辑

历史上最伟大的探险家

lishi shang zui weida de TANXIANJIA

麦哲伦、哥伦布传

（奥）茨威格 著 廖昌才 译

上海科学普及出版社

U0810687

图书在版编目（CIP）数据

历史上最伟大的探险家：麦哲伦、哥伦布传 /（奥）茨威格著；廖昌才译．—上海：上海科学普及出版社，2014.2（2021.11重印）

（世界科普巨匠经典译丛·第三辑）

ISBN 978-7-5427-5877-4

Ⅰ．①历… Ⅱ．①茨… ②廖… Ⅲ．①麦哲伦，F.（约 1480-1521）-生平事迹-普及读物②哥伦布，C.（1451-1506）-生平事迹-普及读物 Ⅳ．① K835.525.89-49 ② K835.465.89-49

中国版本图书馆 CIP 数据核字 (2013) 第 223903 号

责任编辑：李　蕾

世界科普巨匠经典译丛·第三辑

历史上最伟大的探险家

麦哲伦、哥伦布传

（奥）茨威格 著　廖昌才 译

上海科学普及出版社出版发行

（上海中山北路 832 号 邮编 200070）

http://www.pspsh.com

各地新华书店经销　三河市金泰源印务有限公司印刷

开本 787×1092　1/12　印张 20　字数 240 000

2014 年 2 月第 1 版　2021 年 11 月第 3 次印刷

ISBN 978-7-5427-5877-4　定价：39.80 元

本书如有缺页、错装或坏损等严重质量问题

请向出版社联系调换

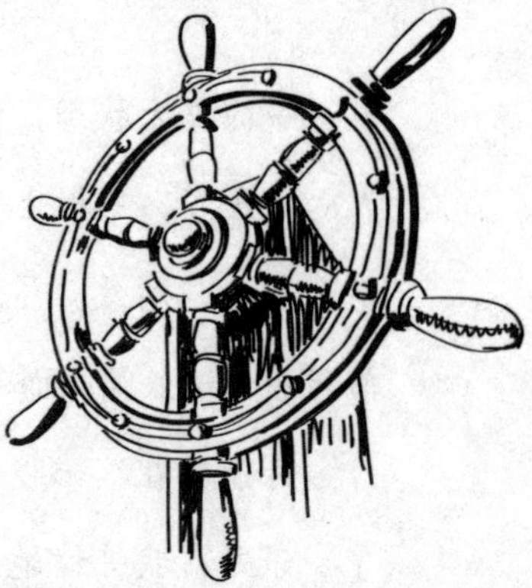

引言

人们之所以写书，多是源于不同的情感。有人因为欣喜或感激写书；当然也有人是因为怨恨、愤怒和烦恼而写书；有时，猎奇心态也能促使人们写书；还有人通过写书对人和事表示出自己的见解，以满足心理上的需求；另外，还有一些令人怀疑的写作动机，比如虚荣、贪财、自我炫耀——这已经是很平常，见怪不怪的事了。事实上，一个作家在写一本书之前，都要问一下自己，为什么要选择这个写作对象。我写这本书的动机非常明确，是因为一种非同寻常、异常深刻的情感：羞愧感。

事情是这样的：去年，我终于获得一次去南美旅行的机会，这是我盼望已久的事情。因为我知道，拥有世界上绝美风景的巴西在等待我；我在阿根廷志同道合的朋友举办的聚会正期待我的加入。仅仅想想这些，就让我觉得这是一次妙不可言的旅行，再加上旅途中那种种舒适与惬意：平静的海洋、在宽敞而行驶飞快的轮船上放松身心，抛掉所有牵绊和平日里的烦恼。我尽情享受着横渡大洋的天堂般的日子。

可是好景不长，到第七天或者第八天，我突然感到自己被一种焦躁的情绪控制了。始终是这样的蓝天，始终是这么平静的蓝色海洋！因为这突如其来的情绪，使我觉得这次旅行实在太漫长了。我希望快点到达目的地。时钟不停地转动，打发走了一个又一个日子，尽管这让我有点高兴，可是这种温吞吞的无事可做的虚无状态，让我感到非常压抑。始终是这些人，始终是这些面孔，让人心生厌烦，甲板上单调的活动尚且能刺激人的神经，但那也是因为轮船始终是匀速行驶所致。尽管前进吧！前进吧！尽管更快些吧！更快些吧！突然，这艘行驶快速、漂亮而舒适的轮船，在我看来竟没有那么快了。

可能就在这一秒钟——让我一下意识到自己失去了耐心——我便羞愧难当了。于是，我悻悻地对自己说，你乘坐着最安全的巨轮航行在最美的航线上，享用着生活中所能享用到的豪华。晚上，如果你觉得房间太冷，只消用手指扭动一下开关，房间就会暖和起来；中午，如果你觉得赤道的阳光太强烈，只消迈一步，就可以进入有电风扇的房间；不出十步，就可以到达为你准备的游泳池；就餐时，你可以在这个最完善的宾馆里随意挑选任何你喜欢的食物或饮料，它们好像是天使端上来的，非常丰富，就摆放在那里，令人陶醉。

你可以独处、阅读，或者到甲板上尽情游戏、听音乐、交朋友。所有的舒适和安全都已为你准备好。你清楚你要到哪里去、什么时间到达目的地、明白有人怀着深厚的情谊在等你；而伦敦、巴黎、布宜诺斯艾利斯和纽约的人们也知道这艘船每时每刻在地球的哪个角落航行。只要沿小扶梯的台阶走上去，再向前走二十步，你就可以从无线电通信设备上收到或发出信号，你将你的问题或问候发送到地球上的任意地方，一小时后，你也就可以收到来自世界各地的消息了。你这个无聊、不知足的人啊，回想一下最早以前的情形吧！把这次航行与以前、特别是那些勇敢的第一次航行作一下比较吧，正是那些人最早发现了这些大洋以及新的世界，在他们面前，你就会觉得无地自容。

你想象一下，当年他们驾驶着渔船就闯进了陌生的海洋，没有航线可循，全然失落在漫无边际的海域中；他们不断接受各种风险的考验，听凭恶劣天气的肆虐，忍受物资匮乏的折磨。晚上，没有灯塔为他们照明，除了用木桶接到的略微有点温度带点咸味的雨水，再没有别的饮料可供饮用；食物只有硬邦邦的面包和变质的腌制熏板肉，除此之外再无别的食物，到后来，连这些最简单的食物也常常供应不上。他们没有房间和床，无法舒适地休息，置身于茫茫无际的海洋“沙漠”中，从严寒到酷暑，最让人无法忍受的，无法解救的是孤独。

几个月、甚至几年，他们的家里人不知道他们的下落，而他们也不知道自己身处何处。危险时刻伴随着他们，来自陆地和海洋的千百个死神围绕着他们，来自人和自然的各种危险随时可能降临；可怕的孤独长年飘荡在船上挥之不去。他们深知，没人能帮他们，在这片无人航行过的水域，他们不会因为时间的推移而遇到能救他们出险境的帆船，也没有人能报告他们死去的消息。我默默地想着，海洋的最初征服者所进行的航行，不禁对自己的焦躁不安深感愧疚。

这种愧疚只出现了一次，在之后的旅程中再没有出现。对那些无名英雄的忆念，让我不得安宁，这促使我想要更加详细地了解那些胆敢与大自然搏斗的先驱，更多地阅读关于他们向海洋进军的最初航行。前人对此的描述曾让童年的我无比兴奋和激动。于是，我来到船舶图书馆，并幸运地借到几本相关的书籍。

在所有航海家中，我最敬佩一位，最佩服这位男子汉的业绩，在我看来，是他成就了地球考察史上最伟大的业绩。这个人就是麦哲伦。他率领5艘舰船从塞维利亚出发，开始环球航行——人类历史上最壮丽的漂泊之旅。参加这次航行的共有265名勇士，但归来时却只剩下18人，船只也都破烂不堪，但标志胜利的凯旋之旗却高高地飘扬在桅杆顶端。这几本书中对麦哲伦的描述并不多，反正对我而言是远远不够。于是，我从南美旅行回来后继续研读，竟发现今人对这位英雄的壮举叙述竟如此吝啬，可信的史实竟是如此之少，不禁让我惊讶不已。

我要向自己解释清楚这件令人匪夷所思的事，并多次将其视为最有益、最绝妙，也是极有可能的工作，同时，也为别人解释清楚。于是就有了这本书——老实说，这让我惊喜不已。我搜集了所有能找到的文献资料，并据此尽可能真实地陈述另外一次奥狄修斯航行，此时，我有一种奇特的感觉：我在叙述某件早已被发现的东西、一个伟大的理想之梦、人类的一个神圣的童话故事。

然而，没有什么能比看似不可能却成为现实更让人觉得美好！在人类伟大的英雄业绩上，总有某种不可理解的东西附着其上，因为英雄的业绩已经超出了人类平庸的思维范畴；人类总是因为自己完成了不可能完成的事情而更加自信。

目录
CONTENTS

历史上最伟大的探险家

大航海家：麦哲伦

目录

CONTENTS

历史上最伟大的探险家

亚美利加——一个历史谬误的故事

大航海家：麦哲伦

W

第一章

必须到东方航行

在历史的进程中，一个人的天才能力同现实结合，而且这种结合恰到好处地得到了别人的理解，连带自己在那个时代的创造性渴望也有了实现的支持，那是再好不过的美事了。

一切都是因为香料。在罗马人通过航海和打仗第一次领略到东方香料那火辣、刺激而又让人念念不忘的美味之后，印度香料就开始成为欧洲厨房和地下室的座上宾，并逐渐开始扮演主角。中世纪晚期以前，北方食物几乎就是单调乏味的代名词，如果今天没有土豆、玉米以及番茄这些作物在欧洲的广泛种植，也许单调乏味还要延续很长一段时间，人们自然也不会知道酸酸甜甜的柠檬和糖可以用来调味，更不用说有助提神作用的咖啡和茶了。单调的食物对王公贵族以及文人雅士们的味蕾已经没有任何冲击了，所以他们也只能用胡吃海喝来填补对肠胃的愧疚。

然后，神奇的事情出现了，不知道从什么时候开始，仅仅需要在粗劣不堪的食物中加入一点印度香料，比如一点点胡椒粉、一小块肉豆蔻花，甚至是一点点生姜或桂皮，这些食物瞬间就华丽变身为美味刺激的高级食物。这种滋味恰到好处，就像是在大调和小调之间震荡的泛音和中间音，让音乐像画龙点睛，多了值得回味的地方。中世纪的味觉神经虽然跟当时的思想一样，还未完全开化，但很明显，人们的口味已经不满足于少量香料所带来的刺激了，于是更多，更有刺激的香料被应用到食物中来，刺激的高度也在一直攀升。所以，当人们品尝到生姜被放在啤酒、葡萄酒中所带来的那种吞火一般灼热的口感之后，即便被烫得喉咙灼痛，也难再拒绝它们所带来的刺激了。

但香料的运用不会只停留在烹饪领域，女人的虚荣心也在助长着香料的温度，并追求着更新型的阿拉伯芳香；以及勾起色欲的麝香、靡乱的龙涎香、甘甜芬芳的玫瑰精油、华丽的中国丝绸和印度锦缎以及被工匠们在拍卖会上争抢的锡兰白色珍珠、讷尔辛格格尔的蓝色金刚石。天主教会更是在东方产品的消费中起了推波助澜的作用。因为敬神的乳香原料无法生长在欧洲大地，而欧洲成千上万的教堂里挥撒的正是这些乳香粒。也因此香料的地位一跃而上，瞬间成为欧洲人的心头肉，且不说它的珍贵是由于长途漫漫，艰难地从遥远的阿拉伯运来，药剂师们更成为印度特产例如鸦片、樟脑、珍贵的树胶脂的固定客户，其一贯的商业头脑和从商经验告诉他们，如果药剂瓶上没有注明“阿拉伯”“印度”等魅力字眼，狂热的病者甚至会觉得任何药物都是无效的。东方的所有一切都因为遥远、稀有、神秘的异国情调而备受推崇，甚至这些东方来的物品渐渐在欧洲的贵族中间有了某种强烈的催眠魅力，它们已经成为欧洲贵族眼中“享乐”、“精致”、“高贵优雅”、“美味珍贵”的代名词。不得不说，东方国家的花香以一种魔幻的方式熏倒了欧洲的灵魂。

正因为人们对印度商品如此时髦地追求，所以商品的价格一再被哄抬。不断上扬的价格曲线，已经无法让今天的人们做出正确的核算了，因当时的钱一直以抽象著称。我们可以这样想象，同样的胡椒在今天的酒馆餐桌上可以随意取用，甚至可以毫无顾忌地像撒沙粒一样享用，可是时间退回到16世纪初，人们还只能一粒一粒数着用，其价值几乎与白银相同，这样的比较使我们对当时调味品的高价已经有了一个浅显的概念。由于当时胡椒能绝对保值，所以有些国家和城市用胡椒算账就像如今用贵重金属算账一样：人们甚至用胡椒当作货币来购置土地，支付嫁妆，买公民权；更离谱的是，某些王侯和城市夸张到用胡椒重量定税金。

在中世纪的文化中，“胡椒”这个名词已经成为财富的代名词，要表示某人是巨富，直接骂他是“胡椒袋”就够了。生姜、桂皮、金鸡纳树皮和樟脑的价值也一跃而上，它们被放在为黄金和药物称量的秤台上进行称重，称重时人们甚至要把门窗紧闭，防止风吹掉珍贵的粉末。用我们今天的眼光来看，这多少是有点荒唐的，但一想到这些物品在当时运输的困难和危险这两个因素，高价也就在情理之中了。在那个年代的人看来，东方是遥远神秘的，所以船队、穿越沙漠的商队和车辆究竟要在途中克服多少危险和障碍，我们也就可想而知了！每一颗粒、每一枝花从遥远的马来群岛生长地的绿色灌木中，然后到达最后一个海滩和欧洲小商贩们的柜台中，要历经多少漂泊啊！当然，珍贵并不是因为香料本身稀少，梯多勒的肉桂枝、安波那的丁香花、班达的肉豆蔻花果，马拉巴尔的胡椒树，都安稳地生长在地球的另一边，且枝繁叶茂，正如我们这儿的飞廉属荆棘。马来群岛上 50 公斤的价值也抵不上西方国家的一小撮。

所以说，“贸易”这个词其实源于“手”，这些货物穿越沙漠、横渡重洋，在到达最后一个商人或者消费者手中之前，又经历了多少次的转手贸易啊！最先经手得到的报酬肯定是最差的，那些靠采摘鲜花并将其打包，然后扛在脊背上将他们运到市场的马来奴隶，收获的报酬也不过仅仅就是些汗水而已。与此同时，奴隶主从中牟利，接着又有伊斯兰教商人转手购买走奴隶主手里的货物，他们划着小帆船冒着也可能是风吹雨打的天气，经过 8 天、10 天乃至更长的时间将这些货物运至马六甲州（即今天的新加坡附近），在这儿，第一只吸血蜘蛛已坐在蛛网上等待猎物送上门来。这些吸血蜘蛛是港口主人，有权有势的苏丹。他向商人收取转运贡金，只有缴纳了一定数额的贡金，这些散发着浓郁香味的货物才被允许搬运到到另一艘较大的中国式帆船上，这艘船随后将慢慢行驶，用宽桨或用四方形帆作为推动前进的动力，然后从印度沿海某个出口口岸航行到另一口岸。在长达几个月的航程中，几乎每艘船都要如此单调地扬帆前进，在万里无云的炽热的太阳下，煎熬地等待风平浪静，还要随时躲避不可预计的台风和海盗。这种运输在经过了两三个热带海洋以后，无论是船只本身，还是船上的船员们几乎都已经疲惫不堪，如此这般还要时不时提防着随之可能到来的危险。半途中，五艘船总会说不定哪一艘会成为风暴和海盗的牺牲品。当商人们终于幸运地绕过康巴格达而最终抵达奥尔姆兹或者亚丁后，船只们开始进入阿拉伯或埃及的通道。此时几乎说可以松一口气了，但从这个时候开始，新形式运输不得不同样面临着物质匮乏以及各种无法预料的危险。成千上万只骆驼在转运港口排着长队耐心等待，它们按主人的手势跪下，以便人们能顺利地把用绳子捆好的装着胡椒和肉豆蔻花的小包一包包装在骆驼背上，随后“沙漠之舟”们驮着货物晃晃悠悠地穿越沙海。阿拉伯商队在数月的远征中如《一千零一夜》中的铃声响了起来——将印度货物经由巴索拉、巴格达和大马士革运到贝鲁特和特拉布宗，或取道奇达运抵开罗。穿越沙漠的漫长商路已极为古老，自法老时代起即为商人们所熟悉，但他们也熟悉贝督因人的沙漠强盗。一次大胆的袭击常常在顷刻间就将人们忙碌数月的货物和成果化为乌有；如果有幸躲过沙漠风暴和贝督因人，那就可能成为其他强盗的勒索对象：埃米尔、埃及和叙利亚的苏丹（伊斯兰教历史上一个类似总督的官职）对每匹骆驼和每袋货都要求贡金，而且要最高的。仅埃及拦路抢劫者每年向香料商索要的过路税就高达 10 万杜卡滕。而如果商人最终抵达的地点是亚力山大港附近的尼罗河入海处，那么还将有最后一位吸血蜘蛛在等着——威尼斯船队，这位吸血蜘蛛可谓大有来头。自从这个小共和国用邪恶的手段消灭了自己的竞争对手——城市拜占庭——以来，它就完全篡夺了西方国家进口香料的贸易垄断权。从那之后，凡是过来的货物不再是直接运走，而是先放在某个固定的高地，德国的、佛兰德的、英国的海外分店的经理们争抢着在拍卖会上购买，然后，这些两年前被热带太阳催生的花才被允许装在巨轮车上越过冰雪覆盖的阿尔卑斯山隘口，最终走向欧洲小贩和消费者的身边。

马丁·贝海姆在其名作《地球仪》（1492 年）中不无感慨地写道，印度香料在到达最后一个商人和消费者手里之前，想必要经过至少 12 次牟取暴利的转手倒卖。“总之，现在可以得知，马来群岛、印度和东方的香料抵达我国之前，是要经历许多不为人知的环节才可以被出售的。”即使 12 个倒卖者平均分配他们的利润，他们每个人的利益也十分可观，通过这些不断的转手，他们榨取了足够的“油水”。即便存在以上层层的盘剥，也存在各种风险和危机，但中世纪的香料贸易仍被看成是获利最多的买卖，即便是最小体积的货物，后面也跟随着最大的利润。麦哲伦的探险计划就充分证明了商人们对这道算术题已经算到烂熟：5 艘舰船中即便有 4 艘连同货物一起沉没；即便总数 266 人的航行中有

200多人命丧黄泉，但商人仍旧可以在这场冒险的贸易中获得高额利润。只要其中1艘小船能载满香料于至少3年后归来，那么丰厚的利润足以弥补其他货物带来的巨大损失。在16世纪，一小袋胡椒的价值远远比一条人命值钱。而且一方面有大量廉价的劳动力，另一方面又有被疯狂需求的昂贵的香料，所以这样的买卖赚钱总是十拿九稳，丝毫不足为奇。威尼斯城里，富格尔和威尔塞家族等大大小小宫殿几乎全是用销售印度香料所得的利润建造起来的。

然而，巨额利润往往遭人艳羡和嫉妒，这就和铁盘会生锈一样正常，是不可避免的事实。特权总会或多或少地被他人视为不义，所以一旦哪个地方某个小团体一夜暴富，哪个地方就会自动形成一个吃亏者和讨伐者的联盟。所以不可避免，威尼斯灵活巧妙的敛财之道早就被热那亚人、法国人和西班牙人看在眼里并恨之入骨，潮水般的海湾黄金巧妙地涌入了威尼斯人的口袋里，这怎能让他们心甘情愿地看着呢？此外，与对威尼斯的妒忌相比，他们更加看不惯并谴责埃及和叙利亚，因为伊斯兰教徒在这两国之间设立了一道阻隔印度和欧洲自由贸易的不可逾越的封锁线。根据规定，红海上不允许出现基督教的船员，甚至这些信仰基督教的船员连最起码的过境资格也得不到允许。由于土耳其商人和倒卖者从中作梗，对印贸易的前景就显得异常严峻，不仅仅是因为欧洲消费者购买的商品价格更高了，也不仅仅是基督教的贸易利润被挤掉这么简单。最重要最深层次的原因还在于欧洲商品和印度商品的被需要程度所形成的巨大反差，因为印度货脱销而欧洲商品不可避免的滞销，导致欧洲大量的贵重金属被迫流向东方。明显的贸易逆差让西方国家急得像热锅上的蚂蚁，他们发誓要打破这种带有毁灭性的且有失尊严的贸易控制。于是各方力量终于打起精神。实际上，历史上的十字军东征也根本不是（像经常被浪漫地描述的那样）一次纯粹的宗教行动——他们借着将“耶稣的坟墓从怀疑者那里解救出来”的口号，实现了欧洲基督教的首次联合，同时也是首次符合逻辑的、目的明确的联合——发誓要冲破通向红海的贸易封锁，实现欧洲对东方贸易的畅通无阻，为了整个欧洲，也为了整个基督教。但不幸的是，由于这次冲击的失败，基督徒们想要从伊斯兰教徒手中夺取埃及，并打破伊斯兰教进一步阻隔通往印度的道路的计划失败了，在这种情况下，人们的心中几乎同时升起了这样一个愿望——寻找另一条去印度的航线，一条畅通无阻、不受他人阻隔和控制的道路。这也就促成了哥伦布向西、巴托罗莫·迪阿兹和瓦斯科·达·伽马向南、卡波特向北美拉蒂拉多半岛进击的实际行动。这些行动首先是因为有明确的目标——即要为西方世界的贸易发现一条通往印度的自由、通畅和免税的海上航道，以打破伊斯兰教那可耻的垄断地位。正是因为思想和精神上的双重动力，才鼓舞和增加了对于具有决定意义的发明和发现的勇气和力量，但令人遗憾的是，这种勇气和力量在多数情况下，最终不免被世间俗务以及物质动力所累和制约。国王及其顾问听到了这一大胆的理想，首先想到的是巨额的利润，他们肯定会十二分支持哥伦布和麦哲伦的建议，但一旦需要资金投入的时候，他们却开始谨慎了，始终就没有对他们的计划投入必要多的资金。事实上，王公贵族和投机商人也从未给他们亲手装备过一支合格的船队，他们根本不希望在探险航行上为巨额资金的利息买单。所以说即便曾经在探险时代站在英雄身后的推动力量其实并不是因为什么高尚的节操，实际上推动英雄占领世界的力量其出发点仅仅是俗不可耐的香料。

在历史的进程中，一个人的天才能力同现实结合，而且这种结合恰到好处地得到了别人的理解，连带自己在那个时代的创造性渴望也有了实际的支持，那是再好不过的美事了。在这一系列欧洲国家支持者的名单中，只有葡萄牙落单了。葡萄牙刚刚经过长期的英勇斗争摆脱掉了摩尔人的统治。但恰恰是这种赢得了胜利和独立的心理让葡萄牙年轻而热情的民族的辉煌力量彻底闲置了起来：新兴民族蕴藏的那种扩张的本能因为刚刚取得的胜利找到了发泄的地方，得到了缓解。此时葡萄牙与西班牙毗邻，西班牙是个友善的，兄弟般的国家。贫弱的小国葡萄牙为了发展只能着眼于海上，她也想通过贸易和移民来扩展自己。但在欧洲诸国中，只有葡萄牙的地理位置最为不利，这也就限制了其潜能的发挥。这对于一个怀有雄心壮志的国家来说实在是大不幸。这一点，我们从托勒密的地理学说（中世纪唯一权威）中就能看出来，从西边将惊涛骇浪掀到葡萄牙海岸的大西洋是不可能实现的，这个无边无际、驾舟无法逾越的海岸就像“水沙漠”一样阻挡了多少人想要探寻的心。同样，托勒密的世界地图说明向南的路——即沿非洲海岸向南走也是行不通的，想要乘船绕过非洲的想法无异于天方夜谭。这块贫瘠且不可居住的沙漠大陆一直延伸至南极，与南半球相连，乘船无法通过，别的方法在当时就更徒然了。客观的地理因素决定了葡萄牙将是唯一一个处于可航的地中海范围之外的国家，所以按照古地理学说的观点来看，葡国在欧洲航海列国中，其地理位置显然是最为不利的。

在这样不利的环境下，并不是所有人都持坐以待毙的态度，其中一位葡萄牙君王之子就萌生了这样的人生理想——把一切不可能变为可能，并且勇敢尝试，他想看看《圣经》里说的“最后者能成为最先者”这句话到底是否成立。如果托勒密这位地理学领域的“罗马教皇”是搞错了，那一切将会怎样发展呢？实际上，大西洋的狂涛巨浪有时也会从西边把一些奇怪的木材掀卷（肯定是在某地生长过的）到葡萄牙的海边，这也就证明大西洋根本就不是无边无际的，而是暗含着某条通向一些新的陌生国家的通道，找到这条通道将会怎样呢？如果回归线那边的非洲是可以居住的，那不就实现了葡萄牙一直以来的渴望了吗？如果希腊智者对此开了个恶作剧性的玩笑，就像他说的那样——这个未经探究的大陆无法乘船绕过，那里根本就没有通往印度洋的道路，结果又将是怎样呢？正因为葡萄牙位于欧陆最西端的具体位置的现实，原则上它就可能是探险发现的真正跳板，因为一旦海路通行，那它将比欧洲所有国家去印度的路程都近。所以它并非被大洋所抛弃，而是生就无法选择只能适宜于航海，这个优势也是其他欧洲列国所望尘莫及的。因此，把版图小、又无权势的葡萄牙提升到航海强国的高度，把迄今被视为航海障碍的大西洋变为水上通途，这一梦想就成了恩里克亲王的人生理想。历史上普遍将恩里克亲王称为航海家，这个认可看似有理却又是无理的。说无理是因为他除了曾经乘船赴休达短期参战外再未登上任何一艘其他的船，而且他也没有写过航海方面的书和科学论文，甚至连地图也没有描绘过。但我们不得不承认，历史赋予某个人某种称号自有她的道理，或许真正的原因就在于这位亲王曾将他的一生和全部财产全部贡献给了航海事业和航海者。在对摩尔人的战争——围困休达（1412年）时他经受了严格的考验，同时他又是国内最富有的人士之一。不仅仅是本国的一位亲王，同时又是英国君王的侄子，他本可以在其最显赫的位置上取得功名和荣耀，因为此前很多宫殿主人都邀请他去做客，甚至英国还提供给他执掌军中指挥权的机会，但这个耽于幻想的怪人却独独选择了创造性的孤独。

作为自己接下来的生活方式。他独自撤回到萨格里什角，这个曾经被古人认定的神圣海角，立志向“情况不明的大海”开展猛攻，为50年后向印度航行做了破釜沉舟般的准备。

究竟是什么东西给这位孤独而大胆的梦想者有了非凡勇气，让他竟敢违背那个时代宇宙研究的最高权威人物的思想，违背托勒密以及那些迷信照搬托氏言论的人，始终坚持和维护自己的信念——非洲与南极肯定不是冻结在一起的大陆，而且它们之间也绝对可以让船只通过，这条通道也肯定是一条正确的通向印度的海上航线——亲王这个最后秘密我们是再也无法探究出来了。但传说（希罗波德和斯特拉波也曾有所记述）却始终未曾间断过：在法老统治的黑暗年代，曾有一支腓尼基船队从红海航行通过，更加奇怪的是，两年后他们又不可思议地穿越“海格立斯之柱”（即直布罗陀海峡）返回故里。或许恩里克就是听说了这个不可思议的传说，随后恩里克又从摩尔的奴隶贩子那里得到可靠消息：在利比亚沙漠、撒哈拉沙漠那一边存在一个富得流油的国家——Bilat ghana，而事实上，有一位阿拉伯宇宙研究者曾经在1150年为诺曼人国王洛格二世绘制了一幅地图，就在这幅地图上，他把今天的几内亚称为Bilat ghana，而且地图绘制得相当准确。另一方面，恩里克找到一些消息灵通的侦察机构去了解非洲的真实形态，而且他们了解到的实际形态远比课堂上地理学家所描述的还要多还要好，那些所谓的地理学家不过是依傍托勒密的手抄古籍就胆敢发誓，甚至立论。更离谱的是， 他们居然认为马可·波罗和伊本巴图塔的报道是错误的玩笑和无稽的谎言而加以抵制。恩里克精神的伟大之处就在于：他既能认识到目标的伟大，又认识到追求目标的艰巨性，所以才陷入高尚的绝望——永远无法亲眼看到自己的梦想变成现实，因为准备这样一次可怕的冒险行动需要几乎超过一代人的努力啊！这是何种巨大的工程，在缺乏海洋知识又没有船只的情况下，又哪里来的胆量从葡萄牙向印度航行呢？所以说，早在恩里克着手实干之际，欧洲的那些地理和航海知识都还停留在浅陋缺失的状态。随后罗马帝国瓦解崩溃，时间到了中世纪．那是一个令人惊恐害怕的阴暗世纪。那个世纪几乎把希腊人、腓尼基人和罗马人在他们各自的勇敢航行中所获得的知识忘得一干二净。

实际上，有个名叫亚力山大的人早在很久之前就到过阿富汗的边界并深入地进入到印度，但在那个限制自我的世纪里，这样一个事实对大家来说就像天方夜谭一样不可相信。也就在同一个时代，罗马人优秀的世界地图丢失了，而且他们那些延伸到英国和俾斯尼亚的军用道路和里程碑也早已破败不堪，而且他们在政治和地理领域那些优秀的情报机构也早已被取消，更不要谈什么旅行的能力，探险与发现的兴趣寥寥，航行的技艺更是粗陋得不值一提。偶尔会有一些小船只在沿海航行，不过那也是在心惊胆战的状态下进行的，从一个港口到另一个港口，人们几乎心照不宣地没有任何遥远的、冒险的目标，甚至还拿没有合适的指南针和地图来作为借口，当然对于未知的狂风暴雨和可预料的江洋大盗他们就更忧心忡忡了。宇宙学处于如此一个停滞不前的时代，又怎能得到提高呢？只能维持在一个偏低水平。硬件上更不行，船只如此简陋破败，似乎连一次小的暴风雨都无法抵抗，更不要谈什么未知的危险了。所以现在谈什么征服地球上的汪洋大海、占领其他海外国家的打算为时尚早。一代人的奉献和牺牲方能弥补被几个世纪所耽搁的东西。正是从这件事上，我们才明白恩里克决心为未来的业绩贡献一生所表现出来的胆识，这也正是他的伟大之处。

萨格里什角当年辉煌的宫殿如今只剩残垣断壁，这宫殿曾是恩里克亲王亲手所建，但没想到后来却遭到他的科学继承人弗朗西斯·达拉克的大肆抢掠和破坏，由此可以看出弗朗西斯是个多么忘恩负义的家伙。透过传说的倒影和余音，今天的人们已经无法还原事实，到底恩里克亲王是在怎样的情况下，用怎样的方法制订出葡萄牙占领世界的计划。这一切或许只能根据他故乡的编年史作家们的（也许是充满浪漫色彩的）报道文章来略知一二了。从这些作家们的文章里，我们得知他曾经致力于收集各地出版的图书和地图，甚至为此还召集了很多阿拉伯和犹太人学者，嘱托他们制作更精良的仪器和图表。而且在当时，凡是旅游归来的船长只要刚下船都会被详细询问有关航行的一系列事宜，这些通过恩里克亲王的努力而陆续整理出来的报告和知识资料都被仔细地收藏在一个秘密档案馆里。同时，为了进行将来的一系列探险，他还对装备进行了完善。当时在他的监督下，造船技术得到很大的提高。仅仅用几年的时间，原本只能承载18名船员的敞篷小渔舟（“barcas”）就摇身一变成了载重80吨和100吨的宽体大船（“naos”），即便遇到恶劣的天气，它们照样可在茫茫大海上航行。与此同时，适宜于航海的新型船舶也在一定程度上要求着新型的航海家。甚至每名舵手都要搭配一名“占星术大师”来作为指导。在他的要求下，要成为一名合格的航海专业人员，首先要会读航海指南，要会确定经纬度，更要会画子午线；只有将理论与实践创造性地结合，人们才能通过这类考察探险，从纯粹的渔民和船民队伍中系统地培养出一代航海家和探险家，他们获得的一切技能都是为未来的开拓所准备的。正如马其顿的菲利普为他的儿子亚历山大留下一个不可击破的步兵密集方阵，希望他以后能够占领世界一样，恩里克亲王也为葡萄牙留下了他那个时代最好的，最先进的船舶以及征服海洋的最优秀的航海人才。

然而，死亡终究是任何先驱者都迈不过的一道门槛，最有资格的先驱者却无缘亲眼看见通过自己的努力而使国家的探险发现获得的巨大赞誉，这也正是他们悲惨的命运所决定的。那些伟大的发现使恩里克的祖国因此而名垂世界探险史册，可惜他已无缘得见。1480 年，他的生命走向了尽头，也就在那一年，他对外部的地理空间的研究方面也几乎没有获得哪怕一点实质性的进展。而当时被大肆称赞吹捧的所谓亚速尔群岛和马德拉岛的发现其实不过是徒劳无功的重复发现罢了(1351 年，劳伦梯诺航海指南上已有记载)。实际上，他在西海岸线的船舶从未抵达过赤道。而与此同时，一种并不十分光彩的小买卖开始盛行——人们开始热衷从事“白象牙”买卖，但主要是“黑象牙”买卖，甚至很多大胆狂徒开始从塞内加尔海岸抢夺大量黑人，再贩卖到里斯本的奴隶市场；另外还找到了一点金沙——这些见不得光且微不足道的开端便是恩里克所见到的他梦想中的事业，这是多么绝妙的讽刺啊！但我们不能否认的是，实际上亲王的努力已经取得了决定性的成果：因为当时葡萄牙航海首次胜利的意义已经不仅仅在于达到的距离，而是在于其在精神范围内所产生的巨大影响力，由此人们的进取心得到增强，并逐渐摈弃了那些在之前看来相对危险的传统。千百年来，水手们私下里一直在议论着一个传说：“Non 海角”——译成德文叫“不可超越的海角”更远的地方是不可航行的，因为海角后面是“黑黝黝的绿海”，任何试图闯进这死亡水域的船舶都要面临灭顶之灾。而且在回归线区域，由于炽热的太阳不断散发热量而导致海水几乎沸腾，灼热的温度甚至会让船只的船板和帆立即起火。在他们的描述中，那个地方对基督徒来说无异于“撒旦”的领地，只要一踏进那个荒凉得像火山口一样的地方，人们就会立即变成黑人。由于这类传说的泛滥，很多有意向南航行的计划都因恐惧而破产。恩里克为了顺利找到首批用于探险考察的水手，不得不请求罗马教皇答应给每位参加者完全赦罪，这样的保证才招来仅仅几个大胆的人进行首批航海探险。1434 年，吉尔·埃安内斯驾舟绕过这个传说中不可征服的“Non 海角”，在给几内亚的报告中他这样说：名闻遐迩的托勒密现在现出了原形，事实证明他就是个胡言乱语的坏蛋，“这地方与我的家乡一样是极易航行的，而且这个国家比其他地方更显富庶和美丽。”面对他亲眼看到的一切，这时的恩里克是多么欢呼雀跃呀！从此，葡萄牙再也不用为招不到合适航海人员而费心。经过吉尔的大肆宣扬，各国的冒险者和喜欢冒险的人纷纷踊跃参与。每次新航行的成功都增加了航海者们的勇气。就在突然之间，出现了一批将冒险看得比生命还重的年轻人。“必须到东方航行”——这句话几乎已经成为当时每个冒险者的信条，让这古老的格言重新焕发出了战胜灵魂的力量。哪里有新人的团结，哪里有勇于担当的精神，哪里的世界就会得到巨大的改变。

恩里克亲王之死在历史上竟然成了大跃进之前最后吸口气的时刻。此时，进取心极强的国王约奥二世刚登上王位，便开始实施超过众人意料的雄心壮志。谁都想不到当初那个像蜗牛爬行一样缓慢的东西竟然演变成类似冲锋一样的极速前进，此时雄狮已经腾跃。以前人们在 12 年内乘船抵达离博哈多尔角不远的地方徘徊，又在 12 年后幸运地到达佛得角，这在当时已经被称为巨大的成就。可现在，向前突进 100 甚至 500 海里都不足为奇，更何况我们这代人亲眼看到人类征服了太空，正如当我们看到飞机翱翔在离麦田只有 3 公里、5 公里、10 公里的上空时，我们再也忍不住欢呼雀跃一样，10 年后的我们将亲历人类飞越各大洲和各大洋，也许只有这样我们才理解当年整个欧洲何以如此激动、狂热地欢呼，伴随着葡萄牙人冷不丁地突入陌生领域。1471 年人们抵达赤道；1484 年迪戈·卡姆登陆刚果河的入海口；1486 年，恩里克的预言和梦想终成现实——葡萄牙航海家巴托罗默·迪阿兹最终成功抵达非洲最南端的好望角。当时因为他在那儿遇到了风暴，所以那个海角因此而得名“Caho tormentoso”——即“风暴角”。虽然恶劣天气撕破了他的船帆，折断了他的桅杆，这位无所畏惧的征服者仍旧勇敢驾舟前行。当时，他已顺利到达非洲东岸，只要穆斯林领水员的引领，很容易他就可以进入印度，但由于此时船员们已经怨言频发：这次已经足够了。于是，巴托罗默·迪阿兹不得不带着一颗受伤的心灵返回葡萄牙。因为别人的过错而使他错失了进入印度的殊荣，否则他将是征服通往印度航线的第一个欧洲人，而不是另一个葡萄牙人瓦斯科·达·伽马。此后瓦斯科·达·伽马则因为驾舟抵印而被卡莫恩什通过不朽的诗歌进行了极度的颂扬，世间的情形大抵如此：幸运的成功者之前的引路人，悲惨的倡导者总是容易被人遗忘。但此时具有决定意义的成绩已经摆在面前，非洲的地理形象首次被确定，也正是这次的确认证明了托勒密的说法的错误，更有意义的事情还在于，一条通往印度的畅达航线被证明是真实存在的。恩里克的学生和继承者们在他们的老师逝世 20 多年后终于实现了他一生的梦想。

这时，整个世界都带着既惊讶又嫉妒的目光注视着这个位于欧洲最偏远角落、不受重视的弱小的航海民族。正当欧洲列强法国、德国和意大利在进行无谓的厮杀之际，葡萄牙这个欧洲的“灰姑娘”却埋头苦干，通过努力，成千上万倍地拓展了自己的生活空间。那是别人无论怎样努力都无法赶上的飞跃。一夜之间，世人眼中弱小的葡萄牙竟然一跃而成为了世界第一航海强国，这怎能不让人刮目相看。后来正是由于它的成就、新获得的领土、扩张了的生活范围在 10 年后成为葡萄牙提出要求的强有力后盾。这个欧洲最小的国家提出了这样一个要求：占领和管辖比罗马帝国拥有的最大版图甚至更大的世界空间。

不过，这样一种帝国主义的过高要求一旦实施起来必然会将葡萄牙的力量在短时间内耗尽。这是个连孩子都能计算出的算术题：这么一个弹丸小国，人口不到 150 万，想要单独长期占领、开发和管辖整个非洲、印度和巴西，根本就是痴人做梦。更不要说还要在这些地方搞什么贸易垄断，它首先要对付的是来自别国的嫉妒。一滴油无法让一个巨浪翻腾的大海变平静，一个弹丸小国又怎能最终制服比它大千百倍的国家呢？从理性的角度来看，葡萄牙无限制的扩张无异于搬起石头砸自己的脚，是一种类似唐·吉诃德式的愚狂行为。然而可以理解的是，在这个世界上，总有某种我们无法理解的东西，就像某种英雄气概永远都是无理性和反理性的一样，当一个人或一个民族敢于接受一种超过自身能力的任务时，其力量也会相应地增强到人们不敢预料的强度。15.16 世纪之交，世界上还有哪个国家能比葡萄牙在胜利时刻所表现出来的团结性更强，它不仅突然有了自己的亚历山大国王，不仅把阿尔布奎奎、瓦斯科·达·伽马和麦哲伦变成了阿耳戈式的航海家，而且也有了自己的荷马——卡莫恩什，自己的李维——巴洛斯，好像仅仅是一夜之间，葡萄牙就充满了这些学者、建筑大师，巨商，犹如当年伯里克理斯统治下的希腊，伊丽莎白统治下的英国，拿破仑统治下的法国。这个民族最终以其博大的形式和独特的方法实现了自己最诚挚的理想，而且这明显的伟绩将在全世界面前显示。世界历史上即将有一段令人难忘的时刻出现，这期间的葡萄牙曾是欧洲第一强国，甚至为人类的领袖。

然而，一个民族的伟大业绩总是为世界所共有，因此所有人都感到，葡萄牙人首次向陌生领域的突破推翻了迄今为止通行的尺度、概念和距离感，所以，无论在宫廷还是在大学，人们无不怀着焦急而激动的心情等待来自里斯本的最新消息。由于具备了明确、奇异的眼力，欧洲已经能理解葡萄牙拓展世界范围业绩的创造性意义。它感到，航海和探险发现比一切战争和改变世界的速度都要更快、更具有决定性的意义，绵延千百年的时代以及中世纪已经到了该结束的时候，一个崭新的时代就要到来了，这“新时代”将在截然不同的空间范围内进行思考和创造。此时，佛罗伦萨和平理性的代言人——人文主义者波利提安的内心也充溢着对这一历史时刻到来的深深期待，他极其庄严地发出对葡萄牙的礼赞之声。这礼赞代表了整个欧洲的文明教化，更代表着整个欧洲的感激之情，波利提安那欣喜热情的话语激荡在每个人的耳边：“葡萄牙不仅越过直布罗陀海峡，征服了一个汹涌的大洋，而且恢复了可居住的世界那长期被阻挠的统一。这之后还会出现什么新的前景、新的经济利益，知识又会有怎样新的提高，迄今被认为不可信并遭到抵制的古代科学将会以何种方式被证实，这一切，让我们拭目以待！新的国家、新的海洋、新的生活领域将从数百年的黑暗中显露出来。如今的葡萄牙当时无愧世界第二守护者的称号。”

然而，一个奇怪的突发事件的出现突然中断了葡萄牙向东方突进的脚步。原来在葡萄牙人乘舟绕过好望角后，再没有任何一个国家在航海领域能超越葡萄牙；在欧洲列强中，甚至没有哪个国家能在这条早已安全无虞的航线上紧随其脚步。所以，葡萄牙理所应当地认为它已占领了“第二世界”，此时印度的王室和财宝早已是约奥国王的囊中之物。加之葡国的航海曾谨小慎微地让罗马教皇书面确认过，凡是比博哈多尔角更远的未发现的国家，海洋和岛屿一概归葡萄牙人所有，而另外三个教皇也最终确认并统一这一特殊的“馈赠”，于是可笑的是，拥有千百万居民的陌生东方就轻而易举地被当作礼物赠予了维苏伊家族，成了它囊中的合法财产。从此后，所有新的世界地域被人深信不疑地说成是属于葡萄牙的。由于人们手里握有的是不可侵犯的牢靠事实，所以他们对不可靠的事务就失去兴趣了。正如后来的一些历史书作者描述的那样，约奥二世对陌生的热那亚人哥伦布提出的那个计划不感兴趣也就在情理之中了。那是个不大明确的具体计划，哥伦布强烈要求组建一支船队，希望能“走西线寻找东方”，以最终抵达印度。约奥二世的兴趣寡然我们是可以理解的，这并非头脑简单的拒绝。尽管此前他曾在里斯本的宫中亲切地倾听克利斯托弗·哥伦布的谈话，尽管他自始至终都没有对哥伦布说一个粗暴的“不”字，但具有传奇色彩的那个探险考察的失败时刻都再提醒他，给他敲响警钟。这个曾经要经安的列斯群岛以及向巴西——据说位于欧洲和印度之间的西部方向——的探险考察的结局是横亘在约奥二世心中的一根刺。再者，为何偏要让葡萄牙原本可靠的杜卡滕冒险走极不可靠的航线——从西线去印度的这条呢？经过多年的努力，人们已经找到了一条通向印度的合理航线，而且特茹河上的船厂已经在为即将而来的航行而日夜开工制造大型船只，准备径直绕过好望角去印度。

不久之后，一个令人不快的坏消息传到了里斯本宫殿中，这个消息犹如从窗玻璃上扔进的一块大石头，碎了一地的玻璃，也碎了国王的心。原来，那个此前被认为是说大话的热那亚人冒险家哥伦布已经打着西班牙的旗号真的横渡了那个神秘的大洋，而且仅仅用了不到5星期的时间就抵达西部大陆。这不能不说是一个奇迹！

真的，“这个神秘莫测的大洋在千百年后，终于被揭开了神秘的面纱，一个陌生的大陆出现了，这位阿耳戈式的航海舵手发现了新世界，证明了图勒眉不再是地球最远的陆地”。这样的日子到来了，尽管哥伦布这位新的“阿耳戈式航海舵手”还不知道也不承认自己已经发现了新大陆，直至生命终结；这个固执的幻想者对别人意见一如既往地忽视，硬把自己封闭在这一幻想中：他所到的是亚洲大陆，从“伊斯帕尼奥拉”向西航行，只要经过几天的旅程就能抵达恒河入海口了。

这消息无异于一个重磅炸弹，它让葡萄牙人无比恐惧：如果西班牙取道较近的西航线在关键时刻先夺走印度，那么罗马教皇为鼓励葡萄牙向东航行而做的许诺又有何用呢？那个即将被馈赠给他们的国家就是西班牙的了？如果葡萄牙因为哥伦布勇敢的冒险而错失印度，那恩里克 50 年的惨淡经营以及他逝世后人们将近 40 多年的努力全将化为泡影。若要继续保持葡萄牙的优先地位和对印特权，那它就别无选择，只有拿起武器对付这个突然闯进来的竞争对手。

所幸，罗马教皇妥善消除了这一迫在眉睫的危机。在他眼里，葡萄牙和西班牙都是他心爱的宠儿，两国的国王都是他精神权威的顺从者，他没有理由在这个问题上让他们对自己不利。这在欧洲的历史上也是绝无仅有的，两国曾经是对抗摩尔人的同盟者，曾经共同驱逐了无信仰之徒，而且同样在国内用剑与火铲除了异教徒，确立了自己的稳固地位。所以，在宗教法庭的任何地方，要找出这样两个心甘情愿帮他反对摩尔人、回教徒和犹太人的帮手实在太难了。而且，两个宠儿的对立也不利于他的精神统治，所以罗马教皇作出如是决定：他干脆把世界尚不知道的范围分给西葡两国以平息他们目前的小情绪。当然这个决定不等同于现代虚伪的外交辞令。比如“作为势力范围”的分配是断然不会出现在罗马教皇的口中的，作为基督指派的总督，罗马教皇借助其权威，明白无误、恬不知耻且光明正大地把世界未知的各民族、国家、岛屿和海洋分赠给这两个国家。他认为地球不过就是只苹果，只要轻易分开就可以了，只不过他用的不是小刀，而是 1493 年 5 月 4 日的教皇训谕将地球直接分成两半，切线位于离佛得角群岛 100 里格的地方。这条线以西尚未发现的国家及其一切所拥有的属于他的宠儿西班牙，以东则属于另一个宠儿——葡萄牙。起初，两个宠儿都觉得这样的分配很合理，甚至感激涕零，万分感谢这美好的赠品。但不久之后不知道是想到了什么，葡萄牙感到不安了，并且恳请将界线再往西挪一点点。1494 年 6 月 7 日的托德西利亚斯条约中曾记录了这一事件，该条约将界线向西挪了 270 里格（正是因为这个条约，当时尚未发现的巴西后来真的划归葡萄牙的管理范围）。

乍一看，这所谓的豁达与慷慨无疑是荒谬且无耻的，因为它根本无视世界其他国家的存在，擅自就把整个世界轻易瓜分殆尽，但我们又不得不赞赏这种绝妙的和平解决两国争端的罕见办法，这无疑是非常客观的理智行为，因为这个办法，两国最终通过和平达成一致，免于诉诸武力；虽然这办法在当时看来只能是临时性的，但通过上述条件却避免了数年甚至数十年内可能爆发西班牙和葡萄牙之间的殖民战争。如果用刀把“苹果”剖开，切线当然不可避免地会通过地球另一半尚未发现的区域。但那些费力寻觅过的香料宝岛究竟在地球的哪一半范围内呢？在切线以东还是切线以西呢？在葡萄牙一边还是在西班牙一边呢？这当然不是罗马教皇甚至两国国王和学者们所能预言的，因为当时尚未有人测出地球是圆的这个事实，而基督教此时更是无论如何都不愿公开承认宇宙是个球形体。为了吞下命运扔给两国的巨大板块，葡萄牙和西班牙两国忙得不亦乐乎，直至最后决定：幅员辽阔的美洲归小小的西班牙所有，而整个印度和非洲则归属更小的葡萄牙。

刚开始的一段时间，哥伦布的丰功伟绩在欧洲人中间形成轩然大波，他的成功无异于一枚火柴，点燃了古老世界从未有过的冒险考察狂潮。历史证明，某一个勇敢者的成就往往会带动并滋生出整整一代人的热情和刚勇。事实也正是如此，在当时的欧洲，凡是对自己地位和工作不满意的人，凡是自感落伍并焦虑想要改变命运的人，还有那些年轻的士兵，还未受聘用的军官，豪绅混血儿，司法机关招募的黑人小伙子，他们全都满怀热情，希望到新世界去实现新的自我。王公贵族、商人和做投机生意的人更是离谱，他们把凡是能筹集的资金悉数投入造船业。为了能顺利达到理想之国，人们甚至必须动用武力干预那些敢于铤而走险的人和大胆的旅人，为争取第一批就能去黄金之国，他们甚至动刀子格斗一决胜负。想当年，恩里克曾经为了招募最紧缺的海员而大费周章，他甚至求助罗马教皇赦免一部分人的罪名为他所用，可现在呢？整个村子的人为了能当上船员，竟然全涌向港口。面对这种拥挤不堪的混乱局面，船长和商人们一度曾不知所措。探险考察一次接一次，海上雾霭升起了又降落，东西南北随处浮现着新发现的岛屿和陆地，它们有的被冰封，有的则生长着茂盛的棕榈。在那二三十年间，成百上千条小船从卡迪兹，帕洛斯和里斯本出航所发现的陌生世界甚至比全人类千百年所发现的还要多。看一看探险时代那不朽的、无可超越的日历吧：1498年，瓦斯科·达·伽马到达印度并在印度卡斯卡特登陆，因为这份殊荣，马诺厄尔国王自豪地称伽马是“为了对上帝的忠诚和葡萄牙王室的利益而赴印度的”；同年，卡波特船长发现了纽芬兰岛和美洲的北部海岸，而他则是为英国服务的；1499年，打着西班牙旗号的平措恩和打着葡萄牙旗号的卡布拉尔各自独立却几乎同时发现了巴西；此后，维岑格人后裔的加斯帕尔·科特拉尔于5年后踏上拉布拉多岛。从这些充满历史意义的重大发现之后，探险一次次向更深入的区域发展。在16世纪的头几年，葡萄牙人分别进行了两次探险考察，其中一次为亚美利果·威斯浦契领导，两次探险都取得了重要的胜利，两次都到达南美海岸，直抵里约曾拉塔附近。1506年，葡萄牙人发现马达加斯加岛，接下来的1507年又发现了毛里求斯，1509年到达并于2年后也就是1511年夺取马六甲，由此葡萄牙人已经紧紧掌握了进出马来群岛的钥匙。随后的1512年彭塞·德·里翁开发了佛罗里达，而奴内兹·镣·巴尔波阿作为第一个欧洲人在1513年从达连高地俯瞰发现了太平洋。也就是从这个时候开始，人们可以自豪地说，几乎已不存在什么未发现的海洋了。在短短一百年时间中，欧洲人的航海成就翻了不止一百倍，而是一千倍还要多。1418年首批小船到达马代拉群岛这件事就引起恩里克的高度赞赏和惊异，1518年葡萄牙人的船队已抵达中国广东和日本——我们不妨将两次航行距离在地图上把以上作一次对比吧！在当时的人们看来，他们认为航行到印度的风险肯定会比当年航行至披哈尔多角还要小些。正是因为人们受到这种探险发展速度的鼓舞，从而导致世界面貌也跟着必然日新月异，不断发展和进步。可以这么说，当时那些绘制地图的人，还有那些宇宙研究学者即便日夜在奥格斯堡的车间里废寝忘食，但仍无法满足人们对地图的订购。甚至地图刚绘制出来颜色还没干就已经被他们抢走了；同样，出版商们向书籍博览会上供应的各种游记和地球仪也几乎脱销，大家迫切想知道“新大陆”的消息。宇宙研究学者们不辞劳苦，刚刚详尽地绘制出最新的地图，但随着新报道的到来，一切又要作废重来。原来被认为是岛屿的地方被证明是新的大陆；一切都是新的：新的河流、新的海岸，新的山脉，这一切的一切都需要人们一一绘制。看呐，印制者好不容易把新地图刚绘制好，又不得不开始印制最新的经过更正的和扩张的地图了。地理学、宇宙学和地图学在当时短短的50年时间里经历了狂风暴雨一般的洗礼，伴随着狂喜和胜利，前进的速度也一再打破纪录，真是空前绝后的进步。在这50年的时间里，人们首次推翻了自人类生活、呼吸和思考以来首次的认知，也首次真正地确定了地球的形状和范围。谁都没想到，人类自太古以来在此生息繁衍所居住的星球竟然是圆形的。但这一惊人的成就仅仅是靠一代人就取得了，这一代航海家们经受的所有危险的考验，这一代征服者开辟了一切的道路，这一代英豪完成了几乎所有的航海任务。剩下的仅有一次的最美和最艰难的行动还有待付诸实施——即乘同一条船环绕地球航行一周，以此测量和证实地球是圆的，这一创举将有力地驳斥过去宇宙学者和神学家的观念。这次行动将成为费尔恼·德·麦哲尔哈斯的终其一生的理想和命运，历史称此人为麦哲伦。

第二章

麦哲伦的首次印度之旅

他从不愿意在事后炫耀和利用自己的成就，所以他总是悄无声息而平静地退回到后方。或许是他已经预见到命运在不久的未来将交给他一项伟大的事业，通过这项事业他保留多年的考验和历练的机会才能完美应用，于是他懂得要沉默，要静候。

1505 年 3 月至 1612 年 6 月

首批葡萄牙船队将从特茹河驶进陌生的远方，为即将到来的探险考察服务；第二批寻求同新开发地区进行和平贸易的机会；第三批船队则为随时将打响的战斗而装备。从 1505 年 3 月 25 日开始的那个三部曲，成为拉开当时整个殖民时代序幕的三部曲。而且此后的几个世纪，历史一直在重复着相同的过程：首先建立海外代理机构，然后以自保之名建立要塞和堡垒，再用和平方式同当地统治者交换位置，最后就搬来足够的兵力，干脆而轻易地夺走当地王公贵族们的土地和财产。在不到 10 年的时间里，葡萄牙由于取得的首批成就，早就忘记她本来贪求的是什么？获得有限份额的东方香料贸易这个意图已经被迅速地丢弃在命运的游戏中了。从瓦斯科·达·伽马在登陆印度那天开始，葡萄牙就在内心盘算如何立即着手排挤其他国家，并毫无顾忌地把整个非洲、印度和巴西划入自己的领土范围，它甚至大言不惭地认为，从直布罗陀海峡至新加坡和中国的航线从此不该再有别国的船只航行，在这个半球，除了她葡萄牙自己的国民，谁都不许在这做生意赚取金钱。为此，1505 年 3 月 25 日甚至举行了一场壮观的演出。在这一天，葡萄牙首批舰船离开里斯本港，任务就是去占领地球上最大的新帝国。这场演出堪比当年亚力山大大帝跨越赫雷斯彭特海峡。这一次任务所表现出来的傲慢态度，已经将葡萄牙的目的昭然若揭：他们的出海不是为了使某个国家或民族屈服，而是要全世界臣服在她的脚下。20艘舰船升起了船帆，等待国王马诺顾的起锚命令发出。如今的舰队再不是思里克时代的敞篷小船了，而被宽大而沉重的大橹舰所替代，这种舰船前有眺望台，后有舰尾部，不仅桅杆有三桅、四桅的，而且水手也是相当多。除了数百名经过军事训练的水手外，还集中了不下于1600名全副武装、身披铠甲的士兵，每艘船的甲板上还配备200门臼炮，甚至为了妥善起见，还配备了专门的木工和各种工艺工人，以满足他们即便不在葡萄牙也能就地装备新舰船。

这样的排场一出，人们就知道舰队此行的目的了：彻底地占领东方国家。从后来航行的结果来看，给海军上将弗朗西斯科·阿尔迈达封了个印度总督的头衔是值得的；而恰好由被称为葡萄牙第一英雄、航海家、印度洋上将的来检验军事装备也是绝非偶然的安排。

阿尔迈达此去的军事任务是再明白不过的，他就是为着夷平和摧毁印度及非洲所有的伊斯兰教商业城市而去的，当然他的任务不止摧毁和破坏这两项，还要在根据地建立堡垒要塞，一边能驻扎守卫的部队。在贯彻这些军事任务的时候，他首次借用了英国的政治理念，那就是牢牢地在所有出口处和通道都站稳脚跟，并直接封锁从直布罗陀至新加坡的所有海峡。这样一来，其他国家的贸易轻而易举地就被排除在外了。此外，"印度总督"还接受了要消灭埃及苏丹的海军和印度臣民的海上势力，并严格控制所有港口。于是，从葡萄牙君主年的1506年开始，只要是没有葡国护照的船只，任谁都休想运走一粒香料。在此次的任务中，意识形态、宗教使命与军事任务达到了完美的结合，它们彼此齐头并进，马不停蹄地在所有被占领国传播基督教，以期通过神灵的力量来巩固他们的殖民统治。所以，这次军事出航也可以说是又一次十字军东征仪式。临行前的总教堂里，国王亲手将一面绣着基督教十字的白色锦缎旗授予阿尔迈达，希望不久之后这面旗帜就能在异教国家和摩尔人国家的上空胜利飘扬。将军跪下接旗，他身后站着的是已经做过忏悔、吃过圣餐的1500名士兵，他们宣誓对葡萄牙国王誓死尽忠，同时他们也对天主宣誓，定要在异邦的国土上建立上帝的天国。授旗仪式之后，游行队伍庄严地退出教堂，然后穿过全城到达海港，在大炮隆隆的鸣声中向岸上送别的人们告别。随后，各战舰顺特茹河而下，雄壮威武地驶入浩渺大海。此刻的阿尔迈达将军无比激动，他望向大海的另一端，已经在想象占领大海直至地球的另一端的美好景象。

在这1500名在祭坛前庄严宣誓的士兵队伍里，跪着一个名叫费尔恼·德·麦哲尔哈斯的小伙子，时年他只有24岁。当时的他还是个名不见经传的小人物，人们只知道他生于1480年，其他有关他的一切就无从得知了。谁都无法想象后来的他会如此出名，甚至为了争相成为他的出生地，好几个城市为此几乎争破脑袋。后世的编年史作家们一致认为他出生于特拉奥斯蒙特省一个名叫萨布洛萨的地方，但后来通过新的研究，人们又发现这个出生地还有待商榷，最初萨布洛萨之所以被认定为他的出生地是因为一份所谓的遗嘱，但后来证明此份遗嘱是伪造的，人们又得出麦哲伦可能出生于波尔托的结论。但当时人们对他的了解可谓知之甚少，他们不了解他的家庭，只知他曾出身于贵族，不过也仅仅是第四等贵族罢了。但正因为麦哲伦的这一贵族出身，带给他诸多的权利：比如可佩戴和传承一种特殊的纹章，可自由进出王宫。还有人说他早年曾做过侍候列奥诺丽女皇的侍童，不过此一经历显然并不能说明他在那个不确切的年代中有什么特殊重要地位。当这位24岁的“贵族”登上战舰时，他不过普通到只是1500名顺从的士兵中的一员罢了，此次航行他不会受到任何优待，而是同船员和见习水手一起同吃、同住、同生活在相同的船舱里。正因为当年的他只是一名无名小卒，所以他才能在小卒们参加为占领世界的战争且大多阵亡的情况下，侥幸在炮火的危险中幸存下来。最后也只有他一人将小卒们共同行动的不朽荣誉集于一身。

在这次航行中，麦哲伦只不过是普通的一个士兵，此外他什么也不是，曾有人试图在印度战争的编年史中寻到他的名字，但失败了。对于这位未来的世界航海家而言，这一次的参战经历必定教给他很多那个年代不容易学到的东西。除了这一次的参战作战经历之外，人们对这时期的麦哲伦再也说不出个所以然了。“平凡的贵族”并不能给他带去任何的特权，所以人们还是可以对他任意差遣。

刮大风时，他是收帆的水手并要时刻站在泵旁工作；攻击重创城市时，他又是英勇无畏的士兵；修建堡垒时，他是个在烈日下辛勤铲沙的差役；闲暇时，他是个必须背货去做交易的工人；而在国外代理处当警卫时，他又是那个随时需要徒步或乘船参加战斗的士兵。当时这是个苦差事，他不仅要操作测深铅锤，还要定期学习击剑，并永远保持一颗服从命令的心。但正因为他所做工作的繁杂，他才有机会学习很多东西。这多重身份：战士、水手、商人，熟知风土人情、海洋和星宿的专家将他锻炼成了一个勇敢而坚韧的汉子。最后，命运早早地把这个年轻人卷入一系列伟大事件当中，将对他后来的探查地球做最后一次培训，为他的成功打下坚实的基础。麦哲伦这一生中参加过很多次小战斗，其实这些所谓的战斗与其说是战斗，还不如说是抢劫更确切些。在他所有的战斗生涯中，只有之后在坎纳诺尔的海战(1506 年 3 月 16 日)，他才接受了真正战火的洗礼。

坎纳诺尔战役在葡萄牙人占领史上是一个具有决定意义的转折点。1498 年，当伽马首次登陆印度时，他受到了印度卡利卡特省首领的亲切接见，并十分愉快地答应了葡萄牙请求与之贸易通商的请求。但当数年后葡萄牙人乘坐着装备更精良、规模更宏大的舰船重来印度时，这位首领立即意识到，此时的葡萄牙人的目的已经不仅仅是当初的贸易通商那么简单了，他们是在公然谋求对整个印度的统治权。他们的到来让印度人和伊斯兰教商人胆战心惊，因为他们发现自己后院的鲤鱼池里不知何时已经钻进了一条恶狗，闹得大家寝食难安。同时也正像印度人所担忧的那样，葡萄牙人几乎毫不费力地就攫取了印度的海洋霸权。当时因为惧怕这些野蛮的强盗，很多当地的货运船只都不敢轻易驶离港口，一度盛行的香料贸易也被迫中止，沙漠商队也在随后的一段时间里销声匿迹了。从东方到威尼斯，人们已经明显地感觉到对印度的贸易航线已经被强硬地掐断了。起初，哪些失去关税收入的埃及苏丹也曾试图用威胁进行反抗，他们致函罗马教皇，倘若葡萄牙人还认识不到他们的强盗行为，继续封锁印度洋，他们将采取疯狂的报复措施——破坏耶路撒冷的耶稣坟墓。然而，此时此刻，无论是罗马教皇还是某个国王或君王，大家都已经丧失了强权制约葡萄牙的帝国主义的意志了。眼看得不到任何回应，受损害者别无选择只能联合起来，趁葡萄牙人在印度的脚步还未站稳，尽早对其 “下手”。卡利卡特省的首领为进攻做了充足的准备，暗中他又受到埃及苏丹和威尼斯人的大力支持，他们为首领准备了技术精良的铸炮能手和火炮名家，并将他们偷偷地派到卡利卡特来，准备以一次奇袭重创并摧毁基督教的舰队。

然而，或许是幸运，或许是葡萄牙对某个任务的镇定和稳重，一次偶然的事件解救了还蒙在鼓里的葡萄牙人。印度人精心准备的这次奇袭最终以失败告终。当时有个意大利冒险家名叫罗多维科·瓦尔特马，此人正在世界各地漫游。这个人是个胆大，精力充沛，讨人欢喜的年轻人。他的漫游兴趣不是因为他多有钱，也不是为了什么名誉，而是与生俱来的。这个天生的流浪汉曾经坦率地承认：“因为我资质平庸，又不喜欢从书本学习知识，所以我只能亲自用双眼到世界各地进行观察。我始终相信，亲眼见证远比被动地接受道听途说来的东西要更可靠。”所以当他作为一个非回教徒悄然溜进禁城麦加（他的报道一直被认为是对回教徒建于麦加之灵庙的权威描述），经历众多危难自然也就是情理之中的事情了。他不仅到过印度、苏门答腊和婆罗洲（这些地方马可·波罗也全都到过），而且也到达过人们苦苦寻觅中的香料诸岛，可以这么说，他是抵达这里的第一个欧洲人（这对麦哲伦的业绩也是有决定意义的）。就在某一次他从印度返回的途中，装扮成回教徒僧侣的他偶然从卡利卡特的两个基督教叛教者口里得到当地首领已经筹划好即将袭击葡萄牙人的消息。出于基督教徒的团结意识，他不顾自身的生命危险逃到葡萄牙人那边将这个消息告知他们；所幸他的警告来还很及时。所以当1506年3月16日，当地首领率领200艘舰船正想袭击本来毫无戒备的11艘葡萄牙战舰时，不料葡萄牙舰队却已做好了战斗准备并进行了猛烈的反击。这次战斗是“印度总督”阿尔梅达迄今为止经受的最严酷的一次战斗。为这次胜利，葡萄牙人也付出了沉重的代价，在这场战争中，有80人阵亡，伤者更多达200人（对于初始的殖民战争来说这数目巨大）。但毕竟因为反击取得了胜利，从一定意义上说更加巩固了葡萄牙人对印度沿海的统治。

麦哲伦就是这200名伤员中的一个。但从那个年代他的地位来说，他也只有受伤的份，奖赏是跟他无缘的。在那黑暗年代，他所遭受的待遇只能解释为命运。为了方便疗伤，他与其他伤员被运到非洲，其实不如说是扔在了非洲。

在那个陌生的地方，谁会替这个悄无声息的士兵来记录下生与死呢？他在索法拉呆了一段时间，然后以押运员的新身份回到祖国。这一经历似乎也与编年史家们的说法有点自相矛盾——1507年夏，他与瓦尔特马一起乘船回到里斯本。可是，远方世界对这位海员具有征服的魔力，他不会就此丧失斗志，加之当时葡萄牙政府对他多少已有疏离的意味，所以他在故国的短暂停留，与其说是休假不如说而是一种烦躁的等待罢了，他在等待一个机会，等待下一批赴印船队将他带回“冒险”这个他真正意义上的故乡。而此次载着麦哲伦返印的新船队肩负一项特殊使命。此前，他的那位有名望的旅伴罗多维科·瓦尔特马肯定向宫廷报告了马六甲城的富庶，也详细禀报了苦苦寻觅的香料诸岛的具体方位和大致情形，作为第一个亲眼见过这些岛屿的第一个欧洲人和第一个基督教徒，他觉得自己有义务向宫廷提供这个资讯。通过他的报告，葡萄牙王室认识到，如若不能强占这些香料岛屿，也就意味着他们将不能全部占领印度和获得印度的全部财富。而这一切的前提是必须封锁宝库的门户——马六甲海峡和马六甲市（毗邻新加坡，新加坡的战略意义从来被英国人忽略）。但一贯以虚伪著称的葡萄牙并没有立即就派出战舰，而是竟然命令责成罗慨兹·德·塞奎拉率领4艘船谨慎地向马六甲靠拢，先对当地的实际情形做一个考察，最后才装扮成和气的遇难商人弃舟登岸。

1509年，这支小型船队终于抵达了印度，这中间并未发生什么值得一提的事件。如果是十年前，仅仅是向印度卡利卡特市航行，还曾被当作伽马的无与伦比的英雄业绩永载史册并作诗颂扬。可现在，这样小小的任务，即便是一个普通的葡萄牙商船船长都能圆满完成，所以自然也就无需大惊小怪了。当时，从里斯本到蒙巴萨，从蒙巴萨至印度的这些航海路途中，人们对海况熟知详细到其间的每一块礁石、每一个海港，甚至不需要像之前那样找个领水员、也不需要“天文学大师”了。当塞奎拉于8月19日从科欣出发继续向东航行时，这个船队才重新开始向未知海域挺进。

经过3星期的航程，塞奎拉的小船队于9月21日靠近马六甲海港。他们远远一望即知道诚实而勇敢的瓦尔特马的所言非虚，因为在此港口“停泊的船只比世界任何一处都多”。这里船帆林立，停泊着各种颜色、各种型号的来自马来亚、中国和暹罗的船只。在这，无论是中国式的帆船，还是马来人那装有桨叉托架的帆船，都像被吸引了一样纷纷挤进宽阔的泊地。由于马六甲海峡拥有绝对的地理优势，因此它成为东方货物得天独厚的大型中转站也就在情理之中了。马六甲海峡是从东方向西方、从北方向南方、从印度向中国、从摩鹿加群岛向波斯航行的必经之路，几乎每艘船都必须通过这个东方的直布罗陀海峡。繁华的海港自然也是贸易滋生和孕育的土壤，这里是一切商品的集散交换地，既有摩鹿加群岛产的调味品丁香花干、来自锡兰的绿宝石、来自中国的瓷器、来自暹罗的象牙、来自孟加拉的细羊毛织物、来自帝汶岛的檀香木，以及来自阿拉伯的大马士革钟铃和马拉巴的胡椒，也有运自婆罗洲的奴隶。这里是各个种族、肤色和语言密集交杂的东方商业中心，越过市中心那片低矮而杂乱的木板房，我们就能看到其上空巍然矗立着一座辉煌的宫殿和一座雄伟的伊斯兰清真寺。

即便是从遥远的海上远眺这座辉煌的都市，人们都会不自觉地感慨万分，这就让他们不由自主地有了罪恶的渴望。他们想要抢夺这颗在刺目阳光下光彩四射的东方明珠。他们觉得这无价的宝石只有镶嵌在葡萄牙的王冠上，才会更加熠熠生辉。此时的马来亚君主也正从宫中遥看这些咄咄逼人的外国舰船，直觉让他感到惴惴不安和莫名惊诧。这些该死的连割礼都没有进行过的强盗门终于摸到马六甲的大门口了！有关阿尔迈达、阿尔布奎奎打仗的消息以及诸多战争的情报早就传到了马来亚君主的耳中。马六甲人知道，这些可怕的路西坦尼亚人的到来可不像暹罗和日本的船长那样充满诚意。日本和暹罗船长远涉重洋只是为了和他们和平通商，而他们肯定是居心叵测地等待时机，想要在此站稳脚跟，进而抢夺他们手里的一切。所以最好的办法就是不让这 4 艘舰船进港，万一让这些入侵者们伸进来一只脚，那以后就要追悔莫及了。马六甲的苏丹此时也早已得到确切消息，知道葡萄牙人重炮的威力不可小觑，那沉默、冷峻的炮口此时不正虎视眈眈地朝着他们吗？他也知道，白种强盗一旦战斗起来连命都可以不要，他们形同妖魔，势不可挡，所以与他们斗只能智取。苏丹决定虚与委蛇，以谎言对谎言，以欺骗对欺骗，以乔装好客对虚伪的友谊，这样他们就能在葡萄牙人不注意时给以致命的一击。

很快，马六甲苏丹就接见了塞奎拉的使者。如果是不知内情的人，可能会被其热情洋溢的神情所迷惑。苏丹收礼时所表现出来的感激神情蒙骗了所有的葡萄牙人。他装作衷心欢迎葡萄牙人并转告他们：葡萄牙人尽可以在马六甲随意做买卖，不久之后他们将给对方提供大量的胡椒和其他香料，甚至想要多少就有多少。他还热情地邀请舰长们进宫用膳，但对方因收到了警告而推却了他的盛情；但水手们却像脱缰的野马一样肆意在这陌生的都市里东游西荡，寻欢作乐。可不是吗？好不容易终于又踏上了陆地，可以甩开束缚尽情与女人同乐，终于不用在难闻的船舱或者肮脏的小村里过夜了——想起那些村庄里鸡、猪与赤裸的人杂居、栖息的场面，他们还有点犯恶心。在这个华丽繁荣的城市里，水兵大多在茶馆中闲聊，也有在市场购物的，更多的则沉迷于享用辣乎乎的马来亚饮料和新鲜水果，欣喜似乎已经让他们忘记了来此的真正目的。也难怪这些士兵们沉迷了，自从他们离开里新本，他们还从未受到如此盛情而诚挚的接待。与此同时，几百个马来亚人划着轻捷的装满粮食的小舟向葡萄牙人的 4 艘战船靠拢，他们像灵敏的猴子抓着缆绳朝舰上爬，立刻就被舰上从未见过的陌生物件惊得目瞪口呆。此时舰上正在进行欢快的以物易物，当葡萄牙人水手得知那位苏丹已把葡方希望得到的货准备好了，并通知塞奎拉应于翌日上午把所有的小舟派到岸边去托运这些堆积如山的货物时，他们竟感到有些不情愿。

塞奎拉根本没想到竟能这么快就搞到如此珍贵的货物，他都有点得意忘形了，他竟然真的把 4 艘舰船上所有小艇和大部分人都派到岸上去托运货物了，他本人则留在甲板上与一个同伴下棋。作为一个葡萄牙贵族，他认为亲自参与商务贸易这些东西是有失尊严的，所以他宁愿在天气炎热而百无聊赖的时候选择在船上弈棋。另外 3 艘大舰也同样懒洋洋、毫无声息地泊在原地，然而，一种让人不悦的情况引起了加西亚·德·苏萨——一艘小三桅舰的舰长的注意，他看到越来越多的马来人驾着小船慢慢向他们这 4 艘几乎被遗弃的战舰游弋过来，越来越多的小伙子拽着缆绳在往上爬，用上到甲板运货作借口。苏萨顿时心生怀疑，他不得不怀疑那位热情过头的苏丹实际是要从水陆两面对他们发起背叛的袭击了。

所幸他船上的小艇此时还没有放到岸边去，所以他迅速命令最可靠的助手尽快划船去将军舰报警，而这个最可靠的人不是别人，正是我们的麦哲伦。麦哲伦应苏萨之托迅速有力地向将军舰划了过去，当他上去时却发现塞奎拉舰长还在悠闲对弈。麦哲伦对站在两位弈者背后的那几个假装观棋的马来人很是厌恶。他们腰间皮带上挂着随时准备出鞘的弯刀，显然是有备而来。麦哲伦俯身对塞奎拉耳语报警。为了不引起对方怀疑，阴险狡诈的塞奎拉仍旧装作在沉着下棋，他暗中命令一个水兵爬到桅杆的圆形瞭望台向外观察具体的情形。从此刻起也就是从这个时候开始，他下棋时一只手总是攥着剑柄。

但麦哲伦的警告为时已晚，就在仅仅一分钟之后，苏丹的宫殿里升起了烟柱，这是从水陆两面夹攻葡萄牙人的信号。幸运的是，瞭望台上的水手及时发现了这个情况。塞奎拉一跃而起，趁身后的马来人还未及动手就将他们撂倒了。然后集合的警报响了，全体水兵在甲板集合并将所有上了舰的马来人扔到水里。这时更多全副武装的马来人乘小舟从四面八方朝 4 舰划来，想要强行登舰，但最终徒劳无功。塞奎拉赢得了起锚的宝贵时间，接着猛烈的炮火为他出了一口闷气。苏萨的警觉加上麦哲伦的敏捷，重创了马来人的袭击，他们失败而回。

至于那些上了岸的葡萄牙人情况就不那么乐观了。在他们甚至都毫不怀疑、没有思想准备的情况下，他们遭到了分散在马路上的数千名伏击者的袭击，多数人即刻就丧命了，只有为数不多的几个逃到沙滩边，但也为时已晚。因为马来人早就抢占了所有停在岸边的小艇，断了葡萄牙人返回大舰的后路。他们一个个死在马来人的弯刀之下，最后仅剩下一个人还在负隅顽抗，他是葡萄牙人中最为勇敢的一个，名叫弗朗西斯科·塞劳，此人正是麦哲伦的密友，两人有着情同手足一般的友谊。此时塞劳已被重重包围，不仅伤得很严重而且眼看就要遭遇不测。就在这时，麦哲伦与另一名士兵划着小艇过来营救了，为了朋友麦哲伦竟置个人生死于不顾。无所畏惧的麦哲伦挥枪搏击，几个回合下来就把朋友从十倍于他们兵力的马来人手中抢了出来并拽上小艇，保全了他的性命。在这次毁灭性的袭击中，葡萄牙人丢掉了所有的小艇，牺牲了 1/3 以上的水兵。在这次劫难中，麦哲伦的勇敢赢得了一个结拜兄弟，这刎颈之交将对他日后的事业起到了决定性的作用。

麦哲伦的性格本来就是隐而不彰的，如果不是遇到这次机会，他英勇无畏的果敢甚至都没机会表露出来。但这并非他禀性中最引人瞩目的东西。通过这次的事情，人们终于明白为什么印度战争的编年史家会忽略他了，原因就在于麦哲伦从来都不是个爱张扬自己的人，他不屑于哗众取宠。然而一旦接受了别人委以他的重任，或者一旦他自己给自己提出任务，他那些之前隐藏起来的优秀品质就会在行动时将智慧和勇气完美地结合起来。但因为他从不愿意在事后炫耀和利用自己的成就，所以他总是悄无声息而平静地退回到后方。或许是他已经预见到命运在不久的未来将交给他一项伟大的事业，通过这项事业他保留多年的考验和历练的机会才能完美应用，于是他懂得要沉默，要静候。此时的他，经历了葡萄牙舰队在坎纳诺尔的最重大胜利和马六甲最惨痛的失败。以后的他又将在他那严酷的航海生涯中接受另外一次严重的考验——后来发生的一次沉船事故，再次考验了他的勇敢。

当时麦哲伦被派去负责押运货物，人们的经验一般是根据季风定期向国内运送香料。但不幸的是，帆船在名为帕杜阿的浅滩搁了浅。虽然没有出人命，但在撞上珊瑚礁的过程中几乎粉碎，可以用的只有几只小艇，因为不可能马上营救所有的船员，所以只能将一部分受难者留在原地，船长、军官和贵族理所当然地要求乘第一批小艇回去，但这种优越感却激怒了普通海员和“见习水手”，眼看着他们之间就要爆发激烈的争吵。这时幸亏麦哲伦想出了一个折中的方案，他要求所有贵族人士和头领们以名誉担保——即保证他们在安全登岸后会立即派船来接留下的人，就同意让他们先走，而代价就是他自愿一同留下。

他勇敢无谓的姿态可能就是在当时首次引起总司令部对他这位“默默无闻的士兵”的关注，因为不久之后，即在1510年10月，阿尔布奎奎——新的印度总督——在就如何包围果阿之征询各舰长的意见时，发言人中也包括麦哲伦。也就是说，这位普通士兵和海员在默默无闻地服役5年后终于被提拔当了官，被分配在阿尔布奎奎的舰队。该舰队誓为塞奎拉在马六甲的丢脸事件一雪前耻。

就这样，两年后麦哲伦再次开赴远东。1511年7月，19艘经过精心挑选的战舰气势汹汹地再次来到马六甲海港前沿，不久之后就展开了对那位背信弃义的东道主的猛攻。阿尔布奎奎用了差不多6个星期的时间才摧垮苏丹的顽强抵抗。这块令人垂涎欲滴的肥肉终于落入抢劫者的手里，这样好的猎物即便是在得天独厚的印度也从未获得过的。占领了马六甲也就意味着葡萄牙掌握了整个东方世界，也就是从这个时候开始，葡萄牙才终于永远截断了这根伊斯兰教贸易动脉，致使其在数星期内就油尽灯枯。从直布罗陀至马六甲海峡的全部海洋都归于葡萄牙属下。这次的战斗具有非凡的意义，隆隆炮声震撼着当时中国和日本，由此而反馈回来的欢呼声回荡在欧洲的上空。此前，伊斯兰教自远古以来就从未受到任何挫折，但这一次却经受了从未有过的严重打击。为此，激动万分的罗马教皇决定举行公众感恩祈祷，以感谢葡萄牙人为基督教赢得了地球的一半这一丰功伟绩。当时的罗马热闹非凡，经历了自恺撒国王以来未曾有过的胜利演出，一个由特利斯陶·德·昆哈率领的使节团出席这次活动并带来了从印度掠夺来的战利品——被套上笼头的马匹和豹子，而最重要的观赏物则是葡萄牙船运来的一头大象，在民众的欢呼声中，大象应景地向教皇3次下跪行礼。

然而，葡萄牙人对这样的胜利依旧不能满足，其扩张无度的野心被越撑越大。众多历史事实也证明，没有哪个人会因为一次巨大胜利就轻易满足。对他们来说，马六甲不过是他们攫取香料宝库的钥匙罢了，现在葡萄牙人要拿着这把钥匙走进宝库，夺取其他更加富庶的巽他群岛中的香料岛屿——即安渡那、班达、特尔纳特和梯多勒诸岛。他们根据安东尼奥·德·阿布罗伊的命令早已装备好3艘舰船赴此次航行。有几位当代的编年史家说，这次向地球最东端的航行麦哲伦也参加了。但事实上，麦哲伦旅印经历已经快要结束了。此刻命运对他说：够了！你在东方看够了，经历够了！重新走上属于你自己的新轨道吧！事实上，麦哲伦也从未用凡俗的眼光去看待那些童话般的香料宝岛，而是把他们当成自己以后航行的目标，他一生都在梦想它们。从现在开始，他会用诚挚的目光着魔似的长久凝视它们。但他还没有获得涉足天堂般岛屿的机会。对于他，这些美丽的岛屿不过只是一个梦，一个创造性的梦罢了。然而，由于他与弗朗西斯科·塞劳情谊深厚，加之对好友经历似鲁滨逊漂流的奇特故事的憧憬，他也想尝试一下冒险的感觉。而他的挚友塞劳也激励着他去做这样一个冒险——那个时代最伟大最勇敢的冒险。

弗朗西斯科·塞劳个人的奇特冒险经历对麦哲伦后来的环球航行产生了重

大的影响意义。在葡萄牙人连年征战，充满血雨腥风的编年史上，塞劳的冒险就像让人精神松弛舒适的一小段插曲。顿时，本来这个无人知晓的塞劳形象就在被大肆颂扬的舰长们中间脱颖而出，赢得了人们的尊敬。在从马六甲回国后，他告别了好兄弟麦哲伦，同另外两艘舰船的舰长一起踏上了去具有童话色彩的香料诸岛之行。此次航行异常顺利，途中未出任何事故，也未遇到什么艰难险阻，就抵达了那满目葱绿的海滩，并且出人意料地受到了真诚友好的接待。当年伊斯兰教徒来到这偏远海岸时，既无意宣传伊斯兰教的文化，也没有打仗的意图。因此他们的到来并没有打破当地土著居民安详、裸体的自然生活状态。当时他们甚至不知现金为何物，更不要说什么利润了。仅仅拿几个小铃和手镯就能从纯真的岛民手中换来大堆大堆的香料。这些葡萄牙人仅在班达和安渡那两岛略事停靠就满载而归。所以，阿布罗伊将军就决定暂且不去其他香料岛，而是先带着这些宝贝尽快回马六甲。

也许因为贪心的缘故，其中一艘船因超载撞上暗礁而破损，这艘船恰好是弗朗西斯科·塞劳指挥的那一艘。受难的人虽然保全了生命，但他们在一个陌生的海滩迷失了方向。随之而来的孤苦伶仃、可悲的毁灭感在时刻威胁着他们。就在这危急时刻，机智的塞劳略施一计便强占了一艘海盗船，因而得以安全返回安波那岛。当地首领还是像当初一样一如既往地热情接纳了这批不幸的人，并为他们的勇敢所折服。慷慨的首领给他们提供了舒服的住处。这样的盛情一度让这些受难者受宠若惊，他们都不知该如何表达自己的感激之情。作为舰长的塞劳本应按照军责在充分休息和恢复元气后即刻带领这批人乘帆船回到马六甲——回到将军身边去，他本人也将继续为葡萄牙王室服务，誓言和军饷同样要求使他必须这样做，这是他的义务。

但或许是此间天堂般的风光、暖和而芳香的气候诱惑了弗朗西斯科·塞劳。他的军纪意识已经被抛在脑后，甚至倏然间他觉得，即便千里之外的里斯本王宫里的国王埋怨他，甚至要把他从舰长和领退休金者的名单中勾销，他都觉得无所谓了。他此刻才想明白自己已经为葡萄牙做得够多了，风险也担得够了；现在的他只想开始过自由舒适的生活，就像这幸福海岛上那些无忧无虑、赤身裸体的土著居民一样。让其他水手和舰长继续在海里披荆斩棘吧，让他们甘愿再用血汗为外国经纪人购买胡椒和肉桂吧，让他们继续愚忠地在险境中为国王的战斗里拼命吧——仅仅为了让里斯本海关收取更多的关税就牺牲掉自己的自由太不值得了。他塞劳本人作为曾经的葡萄牙舰队的一名舰长，对战争、冒险、香料贸易这些早就腻烦了。这位勇敢的舰长不在乎人们将在以后怎样评价他的所作所为，他此刻想要的就是进入田园牧歌的祥和，像当地亲切的岛民一样开始那原始散漫的生活。对于特尔纳特的君王曾经赠给他伊斯兰教国家最高官员的高贵荣誉，他也不再有所顾虑了。塞劳曾经在君王发动的一次小规模的战争中当过一回军事顾问，为此他得到了一栋房子、外加奴隶和仆人的奖赏。后来他还娶了妻，这位有着褐色皮肤的漂亮女人为他生了两个孩子，也有人说是3个，孩子们的皮肤也是浅褐色。

他勇敢地留了下来，他是另一个奥狄修斯，忘却了他的伊塔卡，生活在黑皮肤的穷人中间，任何名誉天使，任何世俗的压力也不能把他赶出这个人间天堂。直到他去世的9年时光里，他成了一个心甘情愿的“鲁滨逊”，再也没有离开过巽他群岛。在那个葡萄牙满是征服者和舰长的时代里，他虽不是最具英雄气概的一个，却是最聪慧、最幸运的一个。

弗朗西斯科·塞劳的遁世确实带有浪漫情调，这一切似乎与麦哲伦的伟大事业毫无关联。但实际上，麦哲伦的生活方式已经被这个名不见经传的小舰长自甘放弃享乐的做派悄悄影响了。塞劳的遁世观甚至对世界探险史都产生了最具决定作用的影响。这两位结拜兄弟能超越千山万水的空间限制而不断保持联乐。每逢信使从这个岛奔赴马六甲再转赴葡萄牙时，塞劳总会给麦哲伦捎去内容详尽的书信，十分高兴地称赞着第二故乡的富有和舒适。他详细写道：“我在这里找到了一个新世界，一个比瓦斯科·达·伽马找到的世界更丰富、更伟大的世界。”显然， 他已经被热带的魅力所吸引而深陷其中，于是急切地规劝好友辞别忘恩负义的欧洲，抛弃徒劳无功的服役，尽快随他到远东来。毫无疑问，正是弗朗西斯科·塞劳首先让麦哲伦有了这样的想法：抵达这些远东地理位置的岛屿，继而重走哥伦布已经失败的航线（由东向西）而放弃伽马的航线（由西向东）是否可行?

这两位生死与共的兄弟究竟谈到了什么程度，我们已经无从知晓，但无论如何，他们已经商量好了某种既定的方案。因为在塞劳死后的文件里，人们发现来自麦哲伦的一封信，在信中麦哲伦答应好友马上来特尔纳特，并且“不从葡萄牙来，而取道另一航线”；重新寻找并开辟另一航线到远东，成了麦哲伦一生的理想。

在印度服了7年兵役之后，麦哲伦带回故乡的东西仅有3样：新的理想、被晒得黑黑的肉体上的几处伤疤，一个马来亚的奴隶。他于1612年抵达故土，发现里斯本和葡萄牙跟他7年前离开时完全不一样。他这个久经沙场的人心底里泛出一种从未有过的，甚至是不太情愿的惊异。当他进入贝伦城区看到伽马当年在此祈祷过的低矮破旧的小教堂已经被高耸入云的辉煌大教堂所取代，他不禁惊呼起来。其时教堂已经竣工，已经成为巨富的标志。给祖国带来巨大财富的，正是印度香料。走到哪里都是惊诧，每一眼都能看到周围的变化。昔日的小河也一改船只稀少的情况，现在则帆樯如云。河滨的造船厂里，工人们正在热火朝天地挥锤敲打，以期更快地建造出更大的新型舰队。港口则泊满了来自印度和其他外国的船舶，桅杆林立。船只满载货物，仓廪充实。众多巍峨宫殿之间也新修了许多马路。到处是成千上万喧嚣而来去匆匆的人群。外国代理处、可兑换货币的银行、经纪人办事处，到处是操着各种语言，忙乱一团的人们。依靠对印度的盘剥，里斯本在10年内已由一个小城变成世界大都会了。随处可见的华丽的敞篷马车里，贵妇们在炫耀着她们的印度珠宝，身着华服的高官权贵们在宫中阿谀奉承。刚回乡的麦哲伦认识到：他和同伴们在印度流淌的血汗，已经经由神秘的化学作用在此衍化成黄金了。当他们在南方烈日下战斗、受苦，流血并忍受物资匮乏时，里斯本则坐享其成，摇身一变成了亚力山大大帝和威尼斯的继承者了，变成富得流油的欧洲统治者了。故乡的一切变了，人们越来越富裕，越来越追求享乐、奢靡的生活。就好像强占得来的香料，贸易得来的黄金刺激了人们的感官。只有归来时的他依然如故，这个“默默无闻的士兵”，等待他的也是凄凉的境地：归途再不像起航时那般热闹，繁华都已经散场，就像是什么都没发生过一样，费尔恼·德·麦哲尔哈斯离开度过七年的印度，终于回归故里，却像回到陌生的异乡。

第三章

可贵的自由

在位高权重的大官们看来，无名英雄的业绩跟狗屁一样不值一提。权贵们从未离开过牢固安全的宫殿，他们在宫中尔虞我诈，巧取豪夺，他们以占有麦哲伦连同他的同伴们在战斗中得来的财物而洋洋得意。

1512 年至 1517 年

不论过去现在，英雄始终具有铁石心肠，感情在他们这里是不值钱的。为了他们的西班牙和葡萄牙，勇敢的征服者们占领大片世界，却只从国王那里得到微薄的感谢。哥伦布就更惨了，他是戴上脚镣，以一个犯人的身份返回西班牙南部城市塞维利亚的。别人的境况又怎样呢？看看吧：科尔特兹失宠；皮萨洛被暗杀；发现南部海洋的努奈兹·德·巴尔波阿被砍头；来自葡萄牙的船长兼诗人卡莫恩什受到来自地方官的卑劣诬陷，跟他的伟大伴侣塞万提斯一样身陷囹圄达数年之久，那监狱跟粪堆不相上下。这个时代的卑劣和不义还表现在以下事实：卡迪兹和塞维利亚的海港陋巷里，满是四处游荡的归乡的水兵和战士，他们曾为西班牙王室聚敛财富出生入死，虔诚地为他们掠夺印加人的首饰和金库，现在却沦为残废和要饭的. 他们不修边幅，全身恶臭，身上长满虱子，甚至发着高烧。这些在殖民地逃过死神的人，如今却变得像癞皮狗，只能默默无闻地四散在故乡。在位高权重的大官们看来，无名英雄的业绩跟狗屁一样不值一提。权贵们从未离开过牢固安全的宫殿，他们在宫中尔虞我诈，巧取豪夺，他们以占有麦哲伦连同他的同伴们在战斗中得来的财物而洋洋得意。曾经依附宫殿的寄生虫们摇身一变都成了富商贵胄甚至是新建行省的总督。他们用大口袋装黄金，终身俸禄丰厚，却把当年在殖民前线战斗的士兵和军官排挤到一边。谁都不曾料想，哪些在疲惫岁月中全身心奉献的人，归乡之后等待他们的却是被排挤的命运。在坎纳诺尔、马六甲等历次战役中，麦哲伦出生入死，为葡萄牙的荣誉甚至几十次将自己的健康和生命置之度外，可是归来后没有获得丝毫的权利，体面的工作，有保障的生活似乎都与他无缘。仅仅因为他的贵族出身，以及曾在王宫里服务的经历，有幸使他重新被登入领退休金或接受恩赐者的名单中。类似的施恩，起初被列入贵族最末一级，每月仅仅拿 1 000 莱斯（另有一说他作为贵旅士兵每月可领 1 250 莱斯），反正“食俸禄者”这一头衔就落在他身上了，虽然没有任何分量。这看似恰如其分实则徒有虚名的头衔也限制了麦哲伦的权利和义务，他不能再从事其他事业，只能当宫中华堂前的闲散安置者。曾经视名誉和事业心为生命的人，现在终于到了无所事事的地步。但是他又怎能长期安于这种现状、满足于别人施舍一样的叫花子俸禄呢？所以，麦哲伦终将把握契机——尽管不是最佳的契机——再次到军中服役和经受考验，这样的想法绝不会使人意外。

麦哲伦等了将近一年的时间。1513 年夏，机会终于来了，马诺厄尔国王为打击摩洛哥准备发起一次远征，他提供了军事装备，意图用猎刀捕杀海盗式的摩尔人。毫无意外的，麦哲伦这位斗士立即报名入伍了——这决定只能用为了发泄强加于他的无所事事的不满来解释了。过去的麦哲伦几乎全在舰船上服役，在印度 7 年的经历让他成了当时最有经验的航海者之一；可以想象，此次陆上作战，他的才能根本得不到充分的发挥。这次他加入到一支被派往阿扎莫尔的大部队，当了个没有级别的小军官，连独立的指挥权也没有。正如在印度一样，他的名字一样没有见诸报道文章的显著位置，但他本人却不改英勇的本性，始终出现在最危险的前沿。在一次肉搏战中他再次负伤，他的膝盖被敌人猛刺一刀，伤了神经，这已是第三次负伤了，所以他的左腿一直行走不稳，呈半残疾状态。

一个跛子在前线的境况可想而知，既不能快步奔走又不能策马驰骋，看来他已经不能再起到任何作用了。显然这时的麦哲伦本可顺理成章地从非洲撤回，要求较高的伤兵抚恤金，但他仍然坚持留在军中，留在最险恶的战争环境里，也就是留在他的真正的做人原则里。有人给他和另一个军官安排了1个共同的岗位，管理从摩尔人那里夺来的大量马匹和家畜等战利品。但此时发生了一件怪事：牲口圈中的几十只羊不见了。居心叵测的谣言就此而起，盛传这些战利品被麦哲伦及他的同伙秘密地倒卖给摩尔人了。反正进退都是错，要么就是他们的玩忽职守，让摩尔人有了可乘之机。奇怪的是，这种卑劣的诬陷——对国家犯了贪污罪——竟然与几十年后葡萄牙殖民官员诬蔑和侮辱葡国著名人士、诗人卡莫恩什如出一辙。麦哲伦及其同伴本来有很多机会在印度靠抢劫发财，但他俩从埃尔多拉多归乡时却一贫如洗，现在又不得不因为这该死的诬陷而名誉受损。

所幸麦哲伦远比几十年后软弱的卡莫恩什硬气得多，他拒绝接受卑劣者的审讯，甚至拒绝蹲数年班房。他可不像这位卢苏斯人的后裔那样温良恭顺，那样消极避敌，而是在谣言刚刚传开，甚至还无人敢公开对他提出指控时就离开部队回葡萄牙，目的就是要求赔礼道歉。

麦哲伦压根不觉得自己在这起百口莫辩的事件中有什么罪过，从他回到里斯本就要求谒见国王就能看出来。他的本意不是为自己辩护，而恰恰相反，他完全意识到自己是有巨大的功劳的，所以他理直气壮地向国王要求更体面的工作和更好的待遇。这次的非洲之旅，让他又浪费了两年光阴，在那场胜负未决的战役中，他再次受伤，后来几乎成了残疾人。他没想到现在他来得不是时候，马诺厄尔国王根本不给他提要求的时间，与此同时，从葡军驻非洲最高司令部来了通报，批评这个难以管束的“舰长”未经请假就就擅离职守，所以国王对待这个负伤并有功的军官根本不可能有什么好脸色，而是像对待可耻的逃兵一样。不给他说话的机会，三言两语打发他回非洲驻地，必须先到最高司令部待命。军纪迫使麦哲伦必须服从，于是他即刻乘下一班船返回阿扎莫尔。在那里人们虽然不会对他进行什么调查，但也无人敢出头指控他这个屡立战功的人。随后，司令部给麦哲伦开具了确认他光荣退役的证明。带着证明他清白和战功的文件，麦哲伦再次回到里斯本。我们可以想象，当时的麦哲伦会怀着何等愤怒的情绪啊！他不仅没有收到应有的表彰，反而遭到不明不白的怀疑；非但没有获得任何奖赏，反而平添伤痛！也就从那个时候开始，他长期缄默，韬光养晦。36岁的他，绝对不能都像乞丐一样去乞讨自己的权利。

在当时这种情况下，智慧命令麦哲伦放弃一回国就晋见国王和重提那些要求，而是沉默一段时间，尽量在宫中找找关系、找找朋友．采取迂回、讨好的策略，但投机取巧和阿谀奉承从来就与麦哲伦无缘。尽管我们对这点知之甚少，但可以肯定的是：这个被人忽视、沉默寡言、皮肤黑黑的小个儿从来就不具备讨好卖乖的这种本事。所以国王一辈子都对麦哲伦反感也就是情理之中的事情了。连麦哲伦最忠实的伙伴皮嘉费塔也不得不承认，甚至连军官们都恨麦哲伦。诚如拉贺尔·冯·克莱斯特所说，他的处境是很艰难的。他不擅微笑，不知殷勤巴结，从来不会巧妙地表达自己的思想和观念。于是麦哲伦就被不善言辞、内向、孤独的云翳所笼罩，这个形影相吊的人无形中给自己周围制造了一种冰冷、不快和不信任的氛围，唯有少数人同他接近，却无人了解他的本性。朋友们只是下意识地感到，他的韬光养晦之计实际上等同于另一种模糊难辨的事业心，它跟那些公开经营、急迫谋求俸禄和职位的寡廉鲜耻之徒的事业心比起来显得更隐晦。在他那双冷峻、深陷的小圆眼睛和紧闭的嘴唇周围总隐藏着某种不可名状的东西，没办法探究，更无法察觉。然而，大凡心中藏着秘密并紧闭牙关的人，对于胸无城府者、容易相信别人的人来说就不是可怕的。正由于麦哲伦的本性气质难于被人了解，所以一切的阻力可以说都是他自己制造的，别人很难与他相处，即便想为他做事，也可能说不上一句话。也许，这可悲的孤僻者只能艰难地将孤独吞咽到自己的肚子里。

没想到费尔恼·德·麦哲尔哈斯第二次又是独闯宫闱，在没有保护者和支持者的情况下，他选择了宫中最忌讳的方式——带着“诚实正直”去谒见国王。也难怪马诺厄尔国王正襟危坐在御座上，居高临下地接见他。同样在这个御座上，前任国王约奥二世接见过哥伦布，同一地点重现同一历史场景。麦哲伦——这个有着农夫的宽肩、结实矮壮、黑胡须且目光深沉的小个子男人现在给君王鞠躬，孰料君王面露轻蔑之色，马上就把他打发走了。此时他的所思所想绝不会比那位不谙宫中情况的热那亚人哥伦布少。他的胆识、果决和经验等甚至优于著名的前辈哥伦布。如今，这个决定麦哲伦命运的时刻已没有见证人，但是从当时编年史家一致的描述中，我们仍可穿过悠远的历史窥见王宫中的那一幕：小个子麦哲伦拖着残缺之躯跛行至国王面前，毕恭毕敬地呈上文件，想要无可辩驳地证明人们对他的指控实属居心叵测。接着他提出了他第一个要求：鉴于他多次负伤再无作战能力，所以请国王将其月饷提高半个克鲁萨多（约合今天一英国先令）。本来他要求的这个钱数就少得可笑，还要为此而下跪恳求，这对于心高气傲、好强而又爱面子的麦哲伦似乎不大可能：所以，他要的不是半个克鲁萨多银币，而是荣誉和认可。俸禄的多少只是象征性地表明一个贵族在王室的地位。在当时，人们总是勾心斗角，尔虞我诈，看不惯别人比自己强而把别人挤到后面。时年，麦哲已经36岁了，在印度和摩洛哥战争中，他是毫无疑问的老兵，自然不愿甘居人后，他又怎会甘心处于为国王端漱口杯、开御车门的毛头小伙子后面呢？傲慢不容许他往显眼的地方挤，但更不允许他屈居人后、尤其是那些比他年轻，比他低微的人之后，他受不了别人的蔑视，受不了别人忽视他及其业绩本身的价值。

马诺厄尔国王面露不悦地看着面前这个焦躁不安的请愿者。对富甲四方的君王来说，半个银币的事情根本无伤大雅，他厌烦的是此人的做事方式，他没有一丝一毫的谦卑，而是理直气壮地鲁莽要求；根本不想等待国王的恩赐，而是执拗坚持让国王提高他的级别，坚持他的权利。好了，眼前就是个很好的教训这个倔强的麦哲伦的好机会，一定要让他知道到底应该怎么做，怎么等待才是对的！马诺厄尔——这个平时外号是“福皇”的国王——最终因为看不惯麦哲伦鲁莽而没有礼貌的请求而拒绝了他，他也不清楚，以后为了这半个克鲁萨多究竟还要支付多少杜卡滕金币呢？

麦哲伦本该就此适可而止，显然皇上那阴云密布的脸上已经不会再有皇恩浩荡的阳光照耀他了。但麦哲伦没有知难告退，而是依旧保持倔强的神色，安详地立于国王面前，接着提出第二个请求——这个要求才是他此来的本意——他问国王是否可以为自己安排一个体面地为国王效劳的工作，他觉得自己还年轻，手脚都利索，不能一辈子就这样靠施舍过日子。当时，每月甚至每周都有船从葡萄牙港口开赴印度、非洲和巴西，如果可以委任他这样一个熟悉东方海洋情况的人——熟悉的程度也是极少人能跟他相比——当一艘船的船长，似乎是顺理成章的事情。除了瓦斯科·达·伽马，在这个偌大的城市甚至全国也无人敢夸口说自己的航海知识能超过麦哲伦。可是，马诺厄尔国王的情绪已经被极度的不快所占据，他注视着这个满肚子牢骚的人及其强硬的要求目光，终于变得不耐烦了，于是直接冷淡地拒绝，连“等以后再说”这类空话都不给。而是直接说现在没有任何职位可以给他安排。

完了，君无戏言，本来到这个时候麦哲伦应该就此离去。但谁都没想到，他又提了第三个要求，这个不是要求的要求实际不过是个问题罢了。麦哲伦问国王，如果他到国外去谋职，希望得到异国更好的支持，皇上是否会反对吗?这在国王看来似乎是种挑衅，他干脆以一种侮辱性的冷漠作答，让麦哲伦知道，他根本不在乎他想去哪里谋职，无论麦哲伦想去哪里，他都悉听尊便。这也向麦哲伦表明，国王要收回他在葡萄牙宫中的工作，但恩赐还是会被继续承认;但倘若他要背弃国家和宫廷，人们也完全没有异议。

这次谒见没有第三者在场。我们无从知道麦哲伦是否向国王陈述过他那些没有公开的真实计划。也许国王压根儿就没给他表达自己想法的机会，也或许他的想法已经被冷漠拒绝。但无论如何，麦哲伦的这次晋见表明，他想要一如既往用鲜血和生命为葡萄牙服务的意志，已经被国王无情拒绝，也因此他才作出离开的决定。这个决定在富于创造性的人的一生中实在在所难免。

麦哲伦像一个被丢弃的垃圾，在离开王宫时已经知道再等待只是徒劳，前路已经不允许他再犹豫不决了。士兵和海员在战场和航海中学到的一切，他都经历和体验过了。四次绕过好望角，两次由西向东，另两次自东向西等等经历，让他无数次接近死亡，即便敌人的兵器3次刺进他的血肉之躯。他的所见所闻大得无可估量，比那时任何一个著名的地理学家和制地图专家都更熟悉地球的东部。在对别国将近10年的占领期间，他的每一项军事技能都经受住了严格的考验，堪称训练有素、刀剑、火绳枪、大炮、铲子、长矛等武器他无一不精，掌舵、划桨、指南针使用、操纵船帆、使用测深铅锤等航海技术更是不在话下。他对“航海指南”研究透彻，差不多是个“天文学大师”，会用各种航海仪器。可以这么说，比如持续一段日子的无风天气、接连几天频繁出现的低气压、常见的海战和陆战，包围和掠夺、奇袭和海难等等那些别人在书本里读到的东西，麦哲伦都一一经历过。在长达10年的三千多个日日夜夜，他学会了在茫茫大海上没有支援时只能等候，也经历过用闪电般转瞬即逝的一秒钟迅速作出决定。诸如黄种、白种、黑种及褐色人种，印度人土著、非洲黑人、马来人、中国人、阿拉伯人和土耳其人等形形色色的人种他都熟悉得一览无余。他用形式多样的经验服务祖国，无论是在海上还是在陆上，无论何种季节，寒冷抑或灼热的天气，他都无时无刻不在为祖国和国王效劳。然而一切都已经过去，“服务”毕竟是青年人的事，现在他已经36岁了，所以他决定：为别人的利益和荣誉而献身也必须到此为止了。跟每个富于创造性的人一样，他感到前所未有的明朗，是时候为实现自我，对自己负责而努力了。既然祖国已然把他遗弃，他从此也将不再受使命和义务的束缚，打击他的那个拳头实际上是把他打回到自我中来了。

麦哲伦所下的决心并非冲动，当然也不可能即刻引人注目。尽管同代侪辈很少有人能完全了解他的性格特点，但这并不能抹杀贯穿在他一生的各个阶段的本性特点和美德：麦哲伦不善言辞，他沉稳，话不多，在军队的连年征战中他或许毫不起眼，而且性格孤僻，但他所有的观点都是经过独自的深思熟虑而得出的。他的着眼点很广，且能异常冷静地充分思考到每种可能性，如果他内心的看法和计划甚至是决心没有成熟到别人不可反驳的地步，他是绝对不会将之披露出来的。

同样，麦哲伦这一次也是在训练沉默的力量。倘若换另一个人，说不定已经受不了在马诺厄尔国王侮辱性的拒绝马上离开为别国效劳去了，但麦哲伦却依旧镇定地留在葡萄牙长达一年之久。没人知道他在这一年究竟做了些什么，人们顶多发现他经常和一些领水员和船长在一起，和那些曾经在南部海域航行过的人经常聚会，这一点是值得我们注意的，尤其是在老资格的来往于印度的航海家身上。猎人们之间除了狩猎还会谈什么呢？航海家们除了喜欢谈航海和新发现的陆地同样又能谈什么呢？这一年是蛰伏冷静的一年，如果说，麦哲伦详尽地利用马诺厄尔国王的秘密档案库进行了大量研究的话，恐怕不会有人怀疑，这些研究涉及巴西探险考察后的全部海岸图、各种航海日志和航海指南，一个长期赋闲在家的船长如果拥有如此多的闲暇，他会做什么呢？航海家的本性促使他研读最新发现的国家和海洋的书籍以及报道。

更值得注意的是麦哲伦这时结交了一个好朋友。此人名叫鲁伊·法莱洛，后来麦哲伦与他的合作愈益密切。法莱洛本是个脾气暴躁，甚至有点神经质的知识分子。此人有雄辩滔滔之才，但他这种火爆脾气以及好斗嘴的本性似乎跟一贯沉默、深沉和自制的麦哲伦相合拍。但谁都没想到，正因为两人极具禀赋的个性才是原本该两极化对立的却产生了前所未有的和谐，尽管这种和谐只是短期性的。这种和谐性立刻让他们两人看起来好像是不可分割的黄金组合。众所周知，麦哲伦最热衷的是海上冒险和实地研究凡人世界，而法莱洛则嗜好研究抽象的地理和天文学。以前，法莱洛是纯理论家，只顾关门研究学问，从未上过船，更从未离开过葡萄牙，但他却知道天体和地球的最远轨道，而这种知识的获得，纯粹是通过计算、书本、图表和地图得来的。他所具有的这种天赋对于身为制地图专家和天文学家的他来说，毋庸置疑地被人推为这一领域的最高权威。他虽然不会升帆，但发明了关于帆的长度计算体系和方法，尽管有些许误差，但对于即将围绕地球航行一圈的麦哲伦来说，这已经是具有决定意义的工作；虽然他不会掌舵，然而他善于制作海洋地图、航海指南、等高仪和其他当时看来最佳的航海辅助工具。正是由于他的加盟，麦哲伦在航海事业上如虎添翼，得到了很多受用不尽的好处。而麦哲伦以实践著称，战争和冒险是他的大学，教会他天文地理等实际的经验和知识，严格地说他只相信从经历中得到的东西，就是说，他的这点知识是在航海中学到的。正因为两人截然相反的才能和兴趣，所以才能相辅相成，正如推理要靠实践验证，思想要靠行动去实现，精神和物质这种绝妙的搭配也是一种极度的幸运。

这种特殊情况的出现，最主要还因两人相同的命运和经历。这两位在各自专注于自己领域的葡萄牙人，都曾经在精神和尊严方便深受君主的伤害，同样有着想成就终身事业的决心，但同时又都受到来自国王的阻挠。多年来，鲁伊·法莱格一直想谋求皇家天文学家的职位，毫无疑问，无人有资格提出这样的要求，同样的傲慢，就像麦哲伦由于无言的傲慢，法莱洛也由于其暴躁、好强继而火爆的性格激怒了宫廷，他的敌人甚至称他是傻瓜。为了尽快除掉他，他们甚至假手宗教法庭，到处散布怀疑论调，造谣说法莱洛在工作中借用超自然的鬼神力量，与魔鬼是同属一家。这就意味着，他俩都遇到了同样在故乡被人仇视、怀疑，被迫后退的境地。但也正是外界的这种怀疑和仇恨的压力，促使两人心灵相通，志同道合。法莱洛在审读麦哲伦的报告和计划后，用精确的表格和语言来计算验证麦哲伦给人感觉上不是很靠谱的东西，并将之添上科学的根据。理论家和实践家对各自的感知经过多次比较，决心因此而越来越大，热情也越来越高，这决心促使他们要实现共同策划和制定的计划。两人还以名誉和誓言担保，在计划实现之前不对任何人吐露一个字，必要时甚至可以放弃祖国的因素去成就一种没有国家界限的全人类的事业。

现在是时候提出这个问题了，麦哲伦和法莱洛如同阴谋策划者一样躲在里斯本王宫的阴暗角落里，小心而又谨慎地秘密商讨着即将实施的计划。这计划到底有什么史无前例的意义呢？为什么他们将此计划看得如此珍贵，以至于他们要用名誉和誓言来担保呢？计划中到底涉及什么危险的东西，以至两人对它心口合一，秘而不宣，搞得他们好像在藏匿有毒武器一样呢？可是知道答案的人可能要失望了，因为这新计划根本不是他们所想，而是麦哲伦从印度带回来、塞劳鼓励他实现的那个想法——航海去遥远的东方去找那珍贵的源头，那些传说中的香料岛屿，但他们并不打算依靠前人开辟的路线航行，也不是绕过非洲由西向东的航线，而是改走绕过美洲由东向西的航线。计划在未实现之前，当然并不具有什么价值。

众所周知，哥伦布航行的目的根本不是为了寻找（当时尚不知道是）美洲，而是为了去印度。世人还是最后才得知哥伦布的错误——甚至他本人从未怀疑过，直到临死他还以为自己到达的地方是到了中国的康省——而且当时的西班牙并没有因为美洲的偶然发现而放弃到印度的航行。发现新大陆的最初喜悦过后，随之而来的是令人气恼的失望。空想家哥伦布想都没想，就草率地宣布圣多明戈和伊斯帕尼奥拉岛盛产黄金，而具体存在黄金的位置就在地表浅层，所以人们根本不可能在那里找到黄金，后来哥伦布也因此被冠以“吹牛大王”的绰号。那里不仅没有黄金，甚至也没有香料，传说中的“黑象牙”就更不可能有了——因为孱弱的印第安人根本不能当奴隶用。但他们惯于安慰自己，因为只要秘鲁印加人的宝库未被发现，未被比撒罗洗劫一空，只要波多西的银矿还没被开采，那么发现的美洲从商业价值角度来说无异于是一张潜在的中奖彩票。

所以，渴望黄金的卡斯提尔人先将向美洲移民和统治美洲的想法置于脑后，他们迫切需要尽快绕过美洲去远东攫取宝石和香料，对于他们来说那个才是最重要的。所以他们恪守圣旨，克服许多困难，希望能乘舟绕过新发现的大陆，赶在葡萄牙人之前登陆真正的东方宝库——香料诸岛。然而，西班牙人在寻找通往印度的航程中最终还是失望了，在一次次冒险考察后，他们发现的美洲比他们原来想象中的要大得多，所以他们尝试从南部和北部乘船穿越大陆的重重阻隔前往印度，但障碍几乎遍地都是，幅员辽阔的美洲大陆俨然成了不可逾越的障碍。这里随时都有横亘的障碍挡住去路，虽然他们多次尝试，希望从某个地方找到突破口甚至是一个海峡，但终究徒劳。在第四次旅行时，哥伦布调转方向，希望由东向西经印度乘船回国，但还是失败。威斯浦契参加的那次探险考察几乎摸索了整个南美洲沿海，希望抵达远东的香料诸岛——即摩鹿加群岛，但事实证明一样是枉费心机。在科尔特兹的第四份报告中，他曾向卡尔国王承诺在巴拿马找到突破口：驾舟抵达冰海。科特列阿和卡波特希望在北部找海上通道；耶安·德·索里斯沿拉普拉塔河逆流而上，希望在南部成功，但全都无功而返！不可动摇的岩土组成的壁障让他们无论在北部、南部、冰海，还是在热带纬度区的突破上都失败了。最后一次，努系兹·德·巴尔波阿试图从大西洋乘船进入另一大洋，但当他站在巴拿马高地首次仔细观察——他不得不承认这一希望还是破灭了。因为当时宇宙学家在绘制地图时，把南美同南极连在一起加以绘制，导致无数船只的寻找均告失败。想象中的通途始终没有出现，所以西班牙只得偃旗息鼓，带着遗憾同始终也没见到的富庶印度洋永远相隔。

谁都没想到，之前的失败经历竟然会启发了麦哲伦，这个名不见经传的小个子男人即将从隐姓埋名的生活中彻底摆脱出来，以一种胜利者的姿态宣告：“事实上，从大西洋通往另一大洋的通道一直存在着！但只有我知道这条通道，只有我知道它位于何方。只要有船队，我一定能将这通道给你们找到，并且由东向西环球航行一周。”

我们在此已经知道麦哲伦的真正秘密了。这秘密曾经让学者和地理学家们思索了几个世纪。上文我们已经说过，麦哲伦的计划本身并没有什么特别，其实他要做的事也正是前人哥伦布、威斯浦契、科特列阿尔、科尔特兹和卡渡特同样想要做的。但有别于前人的是，他的计划中满是令人惊诧、且有百分之百把握的新东西。这种把握让麦哲伦胸有成竹，一开始就出言不逊，断言有一条由西向东航道通往印度。他跟别人不同，不像别人宣布个什么还要小心谨慎，仅仅“我希望在某地找到通道”这句话斩钉截铁的程度已经证明了他的自信，他肯定地说：我一定能找到通道。因为只有我知道大西洋和太平洋之间存在这样一条通道，我知道将在什么地方找到它。

可是，麦哲伦又怎么会一开始就知道那个通道之所在呢？其他航海家苦苦寻觅也遍寻不得，一切真正就是个谜啊，而且他本人从未乘船靠近过美洲海岸，甚至他的同伴法莱洛也一样。但他的话语肯定有某种意义，他如此断然肯定，很可能只是茶余饭后从某个航海前辈那里听说有这样一条通道。最终的结果我们已经不必探究。倘若真有人先于麦哲伦见过这条通道，那情况才会真正复杂起来呢！那也将不会有以后人们对麦哲伦的肯定——光荣的发现者。那时，人们恐怕要说麦哲伦只不过是后人乘凉，利用了别人的发现为自己贴金了，也就不会有麦哲伦海峡这个命名了。

关于这个问题，真正的秘密其实一直隐藏在麦哲伦的个人历史中。人们不禁疑问：究竟小个子麦哲伦是通过谁、用怎样的方法确知了这条通道，以至于他竟敢于承诺完成环球航行的空前壮举？到底麦哲伦是从哪里得到的消息？这一点，他的密友兼传记作家安东尼奥·皮嘉费塔将在他以后的著作中给予我们第一个暗示。我们要感谢他，真是通过他的报道，我们才知道通道的入口早就呈现在他们面前。但当时无人相信这是连接两大海洋的通道，只有麦哲伦坚信不移，因为他早就在此前得知隐藏的航道是存在的，这一切都要归功于他在葡萄牙皇家秘密档案库里找到的那张地图，地图正是著名的宇宙学家马丁·贝海姆所描绘的那张。皮嘉费塔的报道毋庸置疑，因为马丁·贝海姆一生都在为葡萄牙御用制地图而贡献力量。另一方面，则在于沉默寡言的麦哲伦有幸设法进了秘密档案库。但——魔方密码还未解出，我们还要一一探究，当时贝海姆本人从未参加过任何出海探险，那么他又是从哪里听到消息进而绘制成地图的呢？这条神秘通道的存在，究竟是何人最先知道的呢？肯定是那些从事过航海活动的先辈。如此问题又进了一步：这些无名的航海先辈究竟是谁呢？真正的发现者到底是谁呢？在制成那张图之前，是否早在那张地图和那个地球仪存在之前，就曾经有葡萄牙船只已航行至那条神秘通道呢？我们不妨来看看下面这份毋庸置疑的文件确认：16 世纪初，确有过多支葡萄牙探险队曾经到过（其中一支由威斯浦契率领）巴西和阿根廷海岸，也只有这些人才有可能见到过那条通道。

然而——螺丝钉越深入，新的问题也就越多，究竟那些神秘的探险队到底走了多远？他们真的到过真正的通道入口、真的到过后来的麦哲伦海峡吗？在此有很多种不同的观点，其中有一种观点认为，那些麦哲伦之前的海员们其实已经知道通道，其根据只来自皮嘉费塔的报道以及留存至今的一个地球仪，此地球仪由约翰・舍纳勒制作的，在 1515 年即早于麦哲伦出航之前，已经令人惊诧地分明标上了一条南部通道（虽然后来证明他标的位置是不对的），但贝海姆和这位德国教授舍纳勒究竟分别从谁那里获得了这些情报呢？这件事是无法定论的，在当时那个探险考察时代里，几乎每个国家都基于商业嫉妒心而对考察机密三缄其口。甚至无论是领水员的航海日志、船长的笔记、地图和航海指南，只要在航海结束后都必须被严密封存在里斯本的秘密档案库里。1504 年 11 月 13 日，马诺厄尔国王甚至发布圣谕，禁止“泄露刚果河周边的航行情况，不让任何外人从葡萄牙人的发现中得到好处”，违者将处以极刑。其实，追问在时间上到底谁先谁后的问题是多余的，因为在后面的一个世纪人们意外发现的一个物件，它详细地说明了贝海姆、舍纳勒和麦哲伦所具有的地理知识到底来自何人。这张印刷的纸纸质粗劣，是用德语写的传单，详细地向人们道出了它的由来——16 世纪初葡萄牙某个海外公司经理寄给德国奥格斯堡的巨商维尔塞家族的一份信件，其中用语法错误百出的德语报道说，曾有一艘葡萄牙船在纬度大约 40 度的地方发现了一个与好望角十分相似的海角，并且绕过此海角，人们还在其后面发现了一条由东到西——类似于直布罗陀海峡的宽阔通道，穿过这条通道，人们到达摩鹿加群岛和香料群岛就是轻而易举的事情了，也就是说，这份报道已经明确地点出大西洋和太平洋是相连通的这一事实。

谜团终于解开了，证明麦哲伦“剽窃”和“篡夺”了过去一次探险考察的成果。由此我们得知，如果说那位匿名的海外公司经理和那位旅居里斯本的德国地理学家对葡萄牙人的这次考察成果十分了解的话，那麦哲伦对之的了解则更在他们之上。他的功绩恰恰在于，他十分善于将一个被谨慎保守的空洞的秘密转变成为实际的对整个人类有用的知识，也就是说，麦哲伦的成功就在于他对这个秘密的把握性，以及他利用别人成果时表现出来的灵巧、机智、迅速和果断。

螺丝钉还要再往下拧紧一次，也是最后一次夯实。这个结局无疑让人感到意外，因为今天的我们详知的那些材料就是：那个曾经被我们说过很多次的葡萄牙考察队实际上根本没有到达过以麦哲伦命名的海峡，这也是麦哲伦当年所不知道的东西。麦哲伦仅仅是把对于他们的报道当成了可靠的信息加以接受了。但实际上，这份报道其实是对当时不明真相的人的一种误解，一个由轻信造成的错误。让我们在此对这个问题细细剖析一下吧——究竟那些海员在 40 度纬度附近看见了什么呢？见诸传单上的所载目击者又究竟报道了什么呢？难道报道了他们在那里发现了一个海湾？但实际上，他们进入海湾后，也仅仅航行了两天而已。所以此次航程是注定没到终点，更没有找到所谓的出口，他们仅仅因为一场风暴袭击就仓皇而退，如果说他们见到了，那他们所见的也不过只是一条航行通道的入口罢了，由此他们便误以为——仅仅是误以为——它便是人们寻找良久的通往太平洋的海峡了。而实际上真正的通道的位置在纬度 52 度附近。这个事实我们从麦哲伦时代开始以来就知道了。我们不妨做一番有根据的猜测：当年那些无名的航海者们在纬度 40 度附近究竟看到了什么呢？我们相信，凡是首次亲眼看见拉普拉塔河入海处那一片类似海洋辽阔水域的人都会明白，把这个烟波浩渺的河口混同于一个海湾、混同于一个大海是多么必然的事，也是我们很多人惯性的思考方式。因为欧洲从未有过如此宽阔的河流，由此那批海员乍一见就匆忙下结论也在情理之中了。当年那张根据他们的陈述而绘制出的地图便可证明当年他们对于连通两大洋的航道这一发现有多得意。如果他们多航行一段里程，那么发现真正的海峡通道也许就是他们了，彪炳辉煌的史册也就没有麦哲伦什么事了。舍纳勒也必然会在他的地球仪上标出世界巨川之一的拉普拉塔河。但是我们都知道，舍纳勒以及我们所熟知的地图都没有画上这条河，而只是恰好在纬度 40 度附近把这条河画成了一条神秘的海峡。到此为止，所有问题都理清了：传单上所描述的言之凿凿的事实不过是一个荒谬的误解，但以当时的实际情况来看，这段汇总描述也是情有可原的。所以我们不得不说，麦哲伦当年对于“他得到可靠消息说存在那条通道”所做出的声明以及他根据那些地图和报道而特意制定伟大环球航行计划不过是以讹传讹罢了。而一个谬误，这个真心相信和真心接受的谬误便是麦哲伦心中永远的秘密。

但我们不得不承认，当谬误遇到伟大的天才时，无论这谬误显得多么可笑，只要有幸被天才引领，愚蠢可笑的谬误也可能变成一个颠扑不破的真理。审视我们今天在科学领域所取得的成绩，很多最重要发明无不从是从荒谬的假设开始，但最终却以成功告终，这样的成功事实不下千万！如果当年哥伦布也像麦哲伦一样幸运，得到托斯卡奈利的那张地图——这个完全错误地计算了地球圆周的地图，那么哥伦布又会有怎样的经历呢？他很可能因为地图的误解而误以为船队很难在最短时间内即可抵达印度东海岸——他也就根本没有胆量到世界大洋中去冒险了。麦哲伦如果不是像傻子一样确信贝海姆的那张错误地图和那些葡萄牙海员充满幻想的报道，对于国王的游说也就不会发生了。看看现在，想想当年，我们甚至有点为麦哲伦的莽撞害怕，要君王交给他一支舰队，这恐怕也只有麦哲伦才做得出来。但事实是，只有当他确信自己知道了一个秘密，而且他确定自己可以揭开这个当时地理学上最大的秘密的时候，他才会将自己全心全意奉献给前人那个暂时性的幻想，并最终发现了一个永恒的真理。

第四章

付诸实施

经过长久的筹备之后，他决心将自己那项伟大的计划付诸实施。这个当时任何海员都不敢想的计划，他却要付诸行动了，因为他有把握（或者他自信自己已具备这种把握）最终实现此计划，最大的原因就是他掌握的特殊情报。

1517 年 10 月 20 日至 1518 年 3 月 22 日

此刻，麦哲伦必须下一个责任重大的决定，这个决定是关于他的那项伟大计划的。经过长久的筹备之后，他决心将自己那项伟大的计划付诸实施。这个当时任何海员都不敢想的计划，他却要付诸行动了，因为他有把握（或者他自信自己已具备这种把握）最终实现此计划，最大的原因就是他掌握的特殊情报。但，究竟怎样才能实现这一耗资巨大、危险重重，前途未知的计划呢？他求助葡萄牙国王，但国王把他推开了，如此一来他就更休想从葡萄牙的那些海运公司获得支持。对于一个在宫廷失宠的人，显然委以其船长之重任是可笑的，这些海运公司也没有这样的胆量。那么剩下的就只有一条路了：到西班牙去，既然葡萄牙不欢迎他，但并代表西班牙也排斥他，显然只有在那里麦哲伦才有获得支持的希望，他的人格只有对西班牙王室才有价值。原因有二：一是麦哲伦带去的里斯本秘密档案库的珍贵情报，二是他给即将支持他的西班牙戴上了一顶道义公正的桂冠——这对于他已计划好的行动将有十分重要的意义。通过计算，他的同伴法莱洛认为那些已落入葡萄牙范围的香料诸岛的具体位置肯定位于罗马教皇分配给西班牙的区域内，所以这些岛屿从严格意义上说是属于西班牙王室的财宝，而不是葡萄牙。但后来的事实证明，法莱洛的计算错了，就像麦哲伦所获知的也是个错误的情报一样。小个子葡萄牙船长已经开始畅想自己将会以发现“世界上最富庶的岛屿以及通往这些岛屿的最短航线” 作为最珍贵的晨礼献给卡尔五世，如此一来，获得西班牙宫廷的支持也就轻而易举了。现在，在麦哲伦的心中，只有在西班牙方能助他实现自己最高的人生理想。当然，他也将为此付出最惨痛的代价。当他调头赴西班牙时，他非常清楚，自己已经无法回头，这实际上也是对祖国葡萄牙的一种背叛，由此得到的结局就是他不得不像剥掉自己皮肤一样将葡萄牙贵族名字麦哲尔哈斯永远彻底地丢弃，葡萄牙国王会马不停蹄地把他清除出祖国，他也将不再受法律保护，对于他的同胞来说，“叛徒和无耻的投敌者”这顶帽子他已经戴定了。从一定意义上说，麦哲伦自动放弃葡萄牙国籍的举动是不太合时宜的，他怀着绝望之心到外国谋求实现理想，率领外国船队横渡汪洋大海这种做法和哥伦布、卡波特、卡达奠斯托和威斯浦契的行为方式对比起来，多少有点不合适。因为麦哲伦不仅是单单离开祖国这么简单，从一定意义上说他还损害了祖国的利益。这一点我们不得不承认。当时他明知香料岛屿已在他祖国同胞的占领之下，可他却转而将其拱手送给葡萄牙人的竞争对手——嫉妒心极重的西班牙人。他的行为已远不是胆大妄为，而是对祖国的背弃；而且更离谱的是，他还把自己从里斯本皇家秘密档案库得到的航海机密带到国外，而这些机密又是他获准进入才获得的，用现代的话来说就是，身为当时葡萄牙贵族和原葡萄牙舰队舰长的麦哲伦所犯的罪过一点都不比今天某个军官把总参谋部的地图和行动计划提供给敌对的邻国可恶。然而这种不光明正大的行为唯一的“伟大之处”在于，他没有像走私者那样小心翼翼地偷越国境；而是拿着公开的签证，光明正大地离开。他心里也清楚自己的行为必然会遭人唾骂，即便这样，他还是选择走到敌国去。

然而，一个富于创造性人无一例外地被委身于一种更高的法则，即超越单一民族意义的法则。他成就了对整个人类有促进作用的探险事业，那么，这个人的故乡就不再是祖国，而是他的事业了，他感到这是历史赋予他的使命，他必须要对其负责。所以，他宁可容忍自己轻视国家和时代的利益，而不能容许自己轻视内心的义务，即特殊命运和才能托付给他的光荣义务。在长达几年忠于祖国的经历后，人到中年的麦哲伦才认识到自己的使命。因为祖国残忍拒绝帮他实现这一使命，所出他不得不将自己的理想变成新的祖国，去忠实捍卫自己的理想。于是他果断抹去现有的名字，抛弃公民荣誉，以期自己能在自己的理想中、在不朽的业绩中将自己复活，提升。

对麦哲伦来说，等待、隐忍和谋划的时间过去了。从现在开始，他可以大展拳脚，将自己那大胆的决心终于变成行动了。1517 年秋，他把还不敢下定决心的同伴法莱洛暂时留在葡萄牙，自己则越过了对他来说艰难的卢比孔河——西班牙边界。1517 年 10 月 20 日，在奴隶们的陪同下，他们很快抵达塞维利亚，这些奴隶多年来一直如影随形地陪伴他。这时的塞维利亚还不是新任国王卡洛斯一世的都城——我们分属两个世界，将卡洛斯一世称为卡尔五世——这位 18 岁的君王此时正在从弗朗德林到达桑德尔，在回瓦拉多里德途中，11 月中旬他将驻扎在瓦拉多里德处理朝政。麦哲伦呆在塞维利亚度过这段等待期，这时呆在这里比任何地方都好，因为塞维利亚海港是通往印度的门户，港口的大多数船只又都从瓜达尔基维尔河驶往西方，这里到处蜂拥着商人、船长、经纪人，海外机构经理等。为了方便管理这些人，国王派人将自己的商行设立在该市，这就是著名的印度商行。海员和商人的所有文件资料比如：档案、地图、情报信息以及报告等均将在此处汇集和保管。此处又是商品交易的具体所在地以及航运经纪人的办事处，人们通常将它称之为航簿商会，其实严格意义上说，它是一个咨询机构，那些凡是在经济上想要资助探险考察的商人们，以及想要探险实施考察的船长们经常在这个机构的监督下洽谈。反正几乎所有打着西班牙国旗旗号进行新探险的人，首先必须到这个机构来获得允许，或者获得资助，这样他们的探险才是真正开始了第一步。

但麦哲伦与他们不同，他并不急于迈出这必不可少的一步。这也从一个侧面证明他那谨慎的态度，以及惯于沉默和等待的特殊性格。他可不想跟那些空想者、那些盲目乐观的糊涂思考者，以及哪些爱慕虚荣的自我欺骗者为伍，麦哲伦就是个精确的计算者、缜密的心理学者和超脱的现实主义者。此前，他已经分析利弊，慎重考虑过各种机会并得出结论。他知道主动送上门可能并不会引起别人的关注，只有别人领着他并为他开门，他才能真正登堂入室。但找到合适的中间人并不容易，可这儿谁认识他呢？此前他在东方航行了7年，大部分时间都在阿尔迈达和阿尔布奎奎的麾下战斗，虽然也曾小有名气，可这一切在塞尔维亚是不值一提的，因为根本没有人认识他。当时的塞尔维亚城里满是去职的冒险家和绝望者，他们流连于酒馆和商店，这些人中也有曾在哥伦布、科尔特勒尔和卡波特领导下航海过的老船长。退一步说，他来自葡萄牙，而且他的国王还不知将要如何处置他，他的流亡者身份，甚至是叛国投敌者的尴尬境地注定在此间不会受到欢迎。而且，印度商行又缘何要信任他这个不知名的外国佬。想到了这些，初来乍到的麦哲伦决定先不去跨那个门槛。阅历丰富的他明白在目前这种情况下该做什么，不该做什么。同每个准备实施计划和提案的人一样，他必须找到某种 “关系”，托“人情”才可以。在即将和这些有权有钱者进行谈判之前，他自己也必须有拿得出手的后台来为自己撑腰才行。

事实上，经过长期预谋的麦哲伦已经在西班牙找到了这种不可或缺的“关系”。因为不久之后，他马上就成了迪戈·巴尔波萨家里的座上宾，并且受到热情的接待。巴尔波萨的遭遇多少跟麦哲伦有些相似。他放弃葡萄牙国籍已好多年了，从40岁起就去西班牙工作，如今已谋到重要职位——军械库的刑事法官。此时他已经颇受全城的尊敬，还被授予“圣提阿戈的勋章骑士”的荣誉。对于初来乍到的麦哲伦来说，他这个担保人再理想不过了。通过某些巧妙的牵线搭桥，巴尔波萨一家同麦哲伦成了有血缘关系的近亲。同时巴尔波萨也是先于麦哲伦奔赴印度的航海家，相同的经历把这两个男子汉紧紧地联系在一起。恰巧巴尔波萨的儿子杜阿特·巴尔波萨又从父亲身上继承了冒险的兴趣，也曾经在印度、波斯和马来亚纵横航行，当年颇受好评的游记《杜阿特·巴尔波萨的自由》也出于他之手。如此一来，这两条汉子立即结为好友。当时有许多在同一前线战斗过的殖民主义军官和士兵们互相结成同盟，他们之间的亲密程度远远高于这类同业行会的那些航海前辈们，他们居然能从几乎不留性命的海难中幸运地活下来。巴尔波萨是个极为好客的人，他甚至请麦哲伦住在他们家里，住了没多久，巴尔波萨的千金小姐就博得精力充沛、令人敬仰的麦哲伦的青睐。此时麦哲伦37岁，几乎是顺理成章地，他成了刑事法官的乘龙快婿。这样一来，他在塞维利亚就有了牢靠的根基。这个丢掉了自己国籍的人随之加入了西班牙籍，再不是漂泊无依者，而是摇身一变成了塞尔维亚人了。由于他与巴尔波萨的友谊和亲情的关系，他获得了妻子 60 万马拉堆迪斯的陪嫁钱。现在对于跨进印度商行的门槛他再也没有什么可顾虑的了。

究竟麦哲伦在那儿受到怎样的接待？他本人又向他们说出了怎样的结果，现在这个问题已经无据可究；虽然我们不知道与法莱洛联手的麦哲伦向这个商行倾吐了多少自己的计划。但从当时哥伦布那里遇到的类似情况看，他们可以推测，商行不可能贸然就支持他的建议，一开始肯定是先拒绝，甚至加以嘲笑。这个结果无论在过去还是在今天，我们都能够理解，谁都不会愿意也不会贸然冒担当责任的风险介入陌生人的行动，商行当然也不例外。商人的职业敏感决定了他们对一切不合常理的东西都持怀疑态度。所以，这次即将具有决定性历史意义的计划还是没有得到当时负责这一事情的机构的支持，由此更能凸显出这个计划当时是怎样在抛开和违背当局的情况下实现的。

在获得中枢机构的支持这件事情上，麦哲伦抱了很大的希望，但没想到通往国王接见室的重重大门中最重要的一扇门没有向他敞开，面对这样的日子麦哲伦难免会气馁。不是吗？这意味着他西班牙白来了，别人也白推荐他了，甚至他花的钱估计也要打水漂了。为了成功，他说的那些有违他意愿的谈话和热情同样白费了。总之，他的任何叙说都没有得到商行里的 3 位专家的信任，更别说来研究他的计划了。

在战争中，经常会出现某个统帅以为自己被打败了，正打算撤退并打扫战场时，却意外地来了个信使，这个信使像天使带来好运一样向他们禀报：敌人撤退了，并把战场和胜利留给这个本来以为自己已经失利的统帅了。一分钟就改写历史的事情出现了，仅仅就这一瞬间，天平就从最低落的最低点翘到幸运的最高点。这样的幸运的一分钟也发生在麦哲伦身上了。他意外地接到商行另一位成员的通知，此人是一起聆听他陈述计划的 3 个专家当中的一个——用麦哲伦的话说，他们中另外两个当时叽叽咕咕地议论着，表现出的是拒绝的神色。但没想到这位详细倾听了全部计划的专家竟然对计划表现出了浓厚的兴趣。这位专家名叫尤安·德·阿兰达，他是商行业务经理，他希望私下里能进一步详细听听这个有趣的、他认为很有希望的计划，并希望麦哲伦同他主动联系。

瞬间而来的欣喜让麦哲伦觉得这是命运的安排，然而安排给他的东西实在俗不可耐并不具有怎样难得的意义（根本不是现在青年人在教科书里所颂扬的那样），因为同国王、君主、船长和商人所抱的目的一样，阿兰达根本不关心对地球的探险、发现以及造福人类的意义，他也不是有什么崇高的思想或纯粹的一时高兴就准备资助和维护这个计划，他的支持可以说是职业商人的敏锐，毫无疑问，他已经嗅出麦哲伦计划如果开始实施，肯定会有一笔好买卖可做，其实正是这个所谓的发财梦才让这个所谓的专家对此计划有了深刻印象。而打动他的也许是麦哲伦论证的清晰，也许是他姿态稳健而又浑身上下散发着浓浓的阳刚之气，或许是他那坚定的自信，反正这位专家以理智的直觉悟出这庞大计划后可能隐藏着巨大的商机。他作为皇室官员的身份不得不为皇室考虑，但因为觉得皇室从麦哲伦计划中无利可图，所以他的官方身份使他拒绝这计划，但这并未影响他以私人身份“在肚皮里”——用商人行话说——接受这笔生意——即出钱资助，这样至少可捞取不菲的中介佣金。以皇室官员的身份拒绝，又以私人暗中谋求，此种做法不是什么慷慨和正当的。事实上，后来印度商行因阿兰达的这次投资而将他告上法庭。

与此同时，麦哲伦如同一个着了魔的傻子一样迅速行动起来了，为了自己的计划，他要打消一切道德层面的疑虑，需把拉着车子前进的“马”的缰绳紧紧地掌握在他的手中。在这样一个关键时刻，他向阿兰达泄露了的那个“秘密”，已超出他对法莱洛发誓所允许的范围。不过令他高兴的是，事实表明阿兰达已经完全站在他这边，来帮助他实现自己的理想来了。但是，这个商人在与麦哲伦这个素昧平生的人合作，并将投入金钱和影响力在这笔生意上之前，他会做任何一个训练有素的商人在相同处境中都会做的事：首先他到葡萄牙打听清楚。麦哲伦和法莱洛的信誉，此次他派去暗访的人物不是别人，就是克利斯托弗·德·哈洛。此人之前曾斥资帮助过刚开始几次赴巴西南部的考察，而且具有广博的看人资质。幸运的是，连老天爷都在帮助麦哲伦，他的打探结果非常棒，所有熟悉麦哲伦的人，几乎都认定他是个经验丰富、久经考验的航海家：法莱洛更是一个非凡的地理学者。

最后一道隐藏的门槛终于也跨过去了！从这个时候开始。这位印度商行经理，这位在宫中讨论航海事宜时说话掷地有声的人物，已暗下决心要帮麦哲伦做好这笔生意，当然这首先也是他本人的生意了。本来麦哲伦与法莱洛搭档已经如虎添翼，现在又增加了第三个同盟者，麦哲伦计划的队伍在逐渐扩大。在这 3 人的集体中，麦哲伦擅长实际经验，法莱洛擅长理论知识，阿兰达则具有作为总投资者所拥有的超级关系网，接下来他也将充分运用自己的这张关系网为即将而来的航行服务。一旦麦哲伦的计划变成阿兰达的生意，此人就绝对不会放过任何有助此计划的机会了。他几乎是毫不犹豫地向滞留在卡斯梯尼亚的国务总理写了一封长信，报告并陈述了此计划的重要性和可行性，并且介绍麦哲伦为“是可为陛下效犬马之劳，开创丰功伟业的人”，还进一步通知枢密顾问，要确保麦哲伦尽快晋见国王。更让人开心的是，这位热心的经纪人公开对外宣称，自己不仅愿意亲自陪同麦哲伦奔赴冗拉多里德，而且他更会自掏腰包提供麦哲伦旅行和滞留的所有费用。一夜之间事情发生了翻天覆地的变化，所有原本不看好麦哲伦的人此时几乎都改变了想法。这让麦哲伦大喜过望，他在西班牙一个月就得到的东西远比他在葡萄牙无私奉献了 10 年所得到的要多得多。鉴于通向王宫的重重大门已经悉数敞开，所以他立刻写信给法莱洛，让他不用再为无法航行的事情有所顾虑，而是尽快来塞维利亚，并将向他详谈此次事情之所以这么顺利的前因后果。

看到这里，人们肯定认为，诚实的天文学家法莱洛将怀着无比期待这次商谈是如何获得了惊人的进展，或许还会激动地拥抱麦哲伦呢。但事实上，纵观麦哲伦的一生，几乎没有哪一天不是充满暴风骤雨——接下来的时间里，这象征性的规律也将不断地在他的身上重复——麦哲伦卓有成效的首次成功使法莱洛感觉自己跟他比有点相形见绌，这种自卑的想法加之他敏感、倔强易怒的脾气，所以当他得知阿兰达引荐他们去晋见国王的动机并不是出于纯洁的博爱而是为了某些商业盈利的目的，这个事实终于让这个为人处世有所欠缺的占星家怒不可遏了。

两人因此而不可避免地爆发了一场争吵。法莱洛指责麦哲伦食言，在没有知会他的情况下就将他们两人共同掌握的秘密向第三者透露了。这种背叛感让法莱洛陷入怒不可遏的歇斯底里中，为此他拒绝与阿兰达一起去瓦拉多里特王宫，尽管阿兰达提供经费，但碍于法莱洛傻乎乎的执拗态度，此计划随时有破产的可能。就在大家都犹豫不决之际，阿兰达接到了来自宫廷的喜讯，他们谒见国王的申请已经被恩准了。3个伙伴为佣金问题究竟如何进行分割又讨论了两天，最终才在快要到王宫大门口时候达成一致。狩猎还没开始，想象中的熊皮已经被瓜分好了，答应给阿兰达的经纪人活动费是赢利的1/3。但后来实际付给这个聪明绝顶的商人的劳务费远远不到1/3。阿兰达此时已经打开审时度势的头脑，告诉自己该如何控制接下来要面对的局面：在他看来，国王虽拥有至高权力，却缺乏经验，所以想要拿下国王，必先搞定国王的枢密院顾问。

但枢密院里的情况远远比他们想象的复杂，形势也相当不利。当时枢密院共有4人参加议事，其中3人是：乌特莱希特的主教阿特里恩、国王年迈的老师贵劳骏·德一克格伊克斯以及国务总理绍瓦格·尼德兰德尔。三人中，主教大人是埃拉斯姆斯的朋友，也是未来的教皇。而且此3人的目光都更多地注视着德国，因为西班牙国王卡洛斯最近在德国接受了王冠，所以他要把哈布斯堡变成统治世界的君主。对于这3个既是封建贵族，又很喜欢读书的人文主义者来说，倘若有某一个计划对西班牙有潜在的好处，那么这个计划就是正确而合理的。另外一个枢密院里的人，也是唯一的西班牙人，即颇有名气的——也可以理解为臭名昭著的——冯塞卡。这位既是布尔戈斯的主教、又是印度商行的保护人，最要命的是，他也是枢密院里唯一具有航海专业知识的人。当听阿兰达首次提起冯塞卡这个名字，麦哲伦不禁感到前所未有的担心，因为几乎每个航海者都知道，当年正是此人成了哥伦布遇到的最残酷的敌手。此人既具有现实主义的态度，浑身上下又散发出浓浓的商人精明气。因此这个人的性格也必然是矛盾的，凡是幻想中的计划，他想都不想就会加以怀疑和反对。但此时麦哲伦反而不那么太担心了，他怀着不怕失去任何东西的坚定的信心，破釜沉舟一般向这些枢密院成员走去，接下来，该是他贯彻自己使命的时候了，他将为他的计划进行有理有据的辩护。

这次具有决定意义的会议究竟谈了些什么内容呢？表面上看我们现在拥有林林总总的报道，很容易就能明白会议的具体谈话内容。但恰恰因为报道繁多，我们反倒迷惑了。但有一点是确定无疑的，这个黑瘦黑瘦，个子虽小但身体和口才都结实强硬的人，将在这个时刻给世人留下某种印象。麦哲伦那被太阳晒得黝黑的面容和雄辩家的口才已经在人们心中形成了一种深刻的印象，同时麦哲伦给人留下的稳重印象，也让枢密院顾问们相信这个葡萄牙船长绝不是那种一贯只会“放风”的幻想之徒。此类幻想之徒自从哥伦布成功后就多次拿着各式不切实际的计划成群结队地奔到西班牙王宫来寻求支持。但这些人中，几乎没有一个人比麦哲伦在东方走得更远、经历学到的更多。当麦哲伦将香料诸岛及其地理位置、气候条件和无可估量的财宝一一讲述给人们时，人们才惊异地发现，他的信息比所有西班牙档案室里所拥有的都可靠，当然这种自信也得益于他与瓦尔特马的相识和与塞劳的情谊。但麦哲伦的成就远非如此，具有决定意义的胜利尚未演完，接着他一挥手，将他从马六甲带回来的那个奴隶叫到自己的面前。顾问们显然是第一次看到这种人种，他们惊讶地盯着这个肢体匀称、身材修长的马来人看，觉得一切都太不可思议了。据说后来麦哲伦还把一个从苏门答腊带回的女奴也叫了出来，她所说的语言叽叽喳喳，众人一点也听不懂，这名女奴就像一只蜂鸟翩然振翅飞进了国王的接见室。最后，麦哲伦还特地朗读了他的好朋友塞劳的一封亲笔信——这位现在已是特尔纳特刚刚履任的最高官员——以此作为他所说的一切的最有分量的证据：“这儿是一个被瓦斯科·达·伽马发现的国度，它比整个世界任何富有的国家都更伟大、更富庶。”

等吊够了高官们的胃口后，麦哲伦才不紧不慢地开始做结论，提要求。他说，那些富得流油的香料宝岛远在印度以东，而且借此机会说明以前葡萄牙人由西向东航行远赴香料诸岛的路线是错误的，绕了很多的弯路。以前那些人，通常是先绕过非洲，接着横渡印度洋，最后才进入巽他群岛海域；但事实上，由东向西的航线则要保险得多，实际上这条航线也是罗马教皇分给西班牙的。但自从发现美洲之后，新大陆就成了封锁去往香料岛屿的巨大障碍。而且人们之间所说的美洲南部不可绕行过去的说法实际也是错误的。麦哲伦表示自己已经得到确切信息，知道在美洲南部有一条还未被很多人发现的通道，倘若有人愿意给他的航行计划提供一支船队，那他就将自告奋勇去揭开这个秘密，目前这个秘密只有他和法莱洛两人知道。他还表达了自己要为西班牙造福的决心。只有取道这一航线，西班牙才能先于葡萄牙人之前夺取这个世界宝库。麦哲伦这时向国王深深一鞠躬——这位身体瘦弱，脸色苍白，生有哈布斯堡人前突的下唇的国王，同时又被麦哲伦誉为当代最强大的君主之一的国王显然有点被麦哲伦的话语打动了。麦哲伦继续鼓动国王的热情，如果能顺利占领香料诸岛，那么国王毫无疑义地将跻身世界最富有的君王之列了。

也许是看到了国王脸上的犹豫和顾虑，麦哲伦插话说，也许国王陛下有顾虑，担心派一支探险队去摩鹿加群岛会进入葡萄牙的范围，这段范围曾经是罗马教皇在划分地球范围时分给葡萄牙的。麦哲伦向西班牙国王保证他的担心完全没有必要，因为他确切知道那群岛的具体地理位置，而且之前法莱洛已经做过很多次计算，所以他麦哲伦能够确证，这些宝岛实际上是位于罗马教皇许诺给西班牙的区域内。如果此时西班牙明明拥有此毋庸置疑的特权却弃之不用，而眼睁睁地等着葡萄牙人在西班牙领土上站稳脚跟，那将成为西班牙历史上的巨大错误。

说完这些，麦哲伦的讲述就此打住，因为他的报告将从实践转向理论，接下来，将借助子午圈和地图来证明香料诸岛确属西班牙王室的财产。而这些正是他的同伴法莱洛所擅长的，所以他退到一侧，让他从天文地理学角度陈述理由。法莱洛抱来一只地球仪，将麦哲伦的讲述概括地演示给了大家。通过这种具体的比划，大家清楚地看到，香料诸岛的确位于罗马教皇分割的属于西班牙领土的范围的那一半球。他接着用手指比划着那条他和麦哲伦即将准备要走的路线。不过后来的事实证明法莱洛全是凭空想象来计算经度纬度的，因为这位天文学的地理学家尚无法得知那个尚未被人发现、且更无人横渡过的太平洋的阔度。此外，20 年后的人们也将根据实际肯定，其实麦哲伦的结论是错误的，实际上香料诸岛不是位于西班牙领土的范围内，而是属于葡萄牙的。此时这位激动的天文学家频繁地打手势侃侃而谈，但实际所谈的一切都是计算错误的。但我们可以理解的是，无论何人，无论他处于何种地位和环境，他总是愿意相信对己有利的事。当这个学识渊博的地理学家说香料诸岛确属于西班牙时，国王的顾问们压根就没有兴致去反驳他。当然，这其中不乏有人好奇，想在地球仪上瞧瞧那条具体通道——也就是人们苦苦寻觅的穿越美洲南端、后来被命名为麦哲伦海峡的通道——到底在哪个具体的地方，但实际上，他们的地球仪上根本就没有标出这个具体的位置。法莱洛这样解释他的意图，他有意不标出这个位置，因为不到最后时刻，天机不可泄露。

国王和他的枢密顾问们一起听了麦哲伦和法莱洛的讲述，基本上同意了他们的计划。我们已经无从探究当时他们究竟是抱着姑且听之的态度，还是真的对这个计划产生了兴趣。但正在这个顺利的时刻，又发生了一点小小的意外。原来麦哲伦不仅要通过航行去香料岛攫取财富，而且他想要环球航行，以最终确定地球范围，想要借此否定至今已出版的所有地图，对这一可以成为壮举的计划感兴趣的人不是那些人文主义者和学者，而恰恰是冯塞卡——布尔戈斯的主教。所有的航海者对这个疑心重重的人无不畏惧三分，而他这时竟出乎所有人的意料声称同意麦哲伦的计划。或许是对他当年曾迫害过哥伦布这件事心存内疚吧，他不愿自己再次被人说成是与伟大思想敌对的人。为此，他约麦哲伦私下长谈，也可能正是这次长谈真正地说服了他，反正，最终一切的决议之所以能及时批复，还是得益于他的点头，麦哲伦计划原则上被批准了。不久之后，麦哲伦和法莱洛接到官方的信函，要求他俩尽快把计划中所需要的具体要求和建议当面呈报给国王的枢密院。

由于这次谒见国王，麦哲伦所有的计划都实现了，以前所没有的东西也都有了。我们不得不说，人一旦幸运起来，他将会有持续很久的幸运。一旦幸运来到麦哲伦的身边，其余的幸运自然也会对他言听计从，常伴左右。短短几周的时间里，麦哲伦被赠予的东西比以前几年的获赠都多得多。如今他不仅娶了妻子，而且妻子爱他；他不仅结交了朋友，而且朋友们都全力支持他；他不仅找到了资助者，而且资助者们把他的理想当成了自己的理想；他不仅争取到了国王的支持，而且获取了国王的信任。在这一连串让人激动的幸运之中，一个具有决定意义的胜利也即将落入麦哲伦的手中：谁都没想到后来在塞维利亚出现了海运企业家哈洛的身影，这个佛兰德富豪、大投机商几乎同那个时代国际上所有的大资本家如维尔塞家族、富格尔家族等都有合作关系，而且他已经斥资装备一系列装备精良的探险考察队，更可喜的是他在里斯本也设立了海运公司。而当时虽然马诺厄尔国王同意了麦哲伦的计划，但是对于投资，他却表现出了吝啬和不义。这种行为激怒了哈洛。他是这样一个人，所有凡是会触怒国王的事，他就特别想干。再加上他了解麦哲伦，信任麦哲伦，而且他从商业观点出发认为麦哲伦的计划很有可行性，所以向麦哲伦肯定地允诺，如果西班牙王室和印度商行不愿对麦哲伦的计划进行投资，他将与他的商业伙伴一起斥资扶助麦哲伦建立他渴望的船队。

这个允诺是麦哲伦以前想都不敢想的，因此麦哲伦于仓促间做了两手准备。他先是叩响印度商行的大门，乞求一支船队的投资。然而即便他谒见国王并得到了同意，依然有很多人对他的计划吹毛求疵并横加评论和压制。现在他口袋里已装着哈洛愿意提供的资金，所以这时的麦哲伦俨然是以资本家和建议者的姿态出现的。他高傲地说，即使朝廷不愿接受这次冒险他也丝毫不以为意，麦哲伦这样说着的时候神情里满是无所谓的态度。他之所以这样做，是因为他已经不再需要这些吹毛求疵者的投资了；而现在，他唯一恳求的只是悬挂西班牙国旗航行，为此他允诺给西班牙王室提供未来 1/5 的盈利作为回报。

这个新建议最终消除了西班牙王室的最后顾虑，显然这个结果是有百利而无一害的，然而一反常规的是，枢密院竟然振振有词地作出不接受此建议的决议。当时的枢密院估计已经料到既然那些老奸巨猾的商人哈洛之流都愿意对此计划进行投资，说明此航行计划到时候肯定将有丰厚的利润回报，所以他们的意思是最好从国库中斥资，这样既可保证肥水不外流，又可维护西班牙的荣誉。经过短暂的讨价还价，麦哲伦和法莱洛的要求悉数被皇室接受了。匆忙之间，所有机构都获悉了此事，这个好消息像一阵风几乎传遍了里斯本的大街小巷。1518 年 3 月 22 日，卡尔五世以其皇太后尤安娜（疯癫的）的名义同麦哲伦和法莱洛亲笔签署具有约束力的合作合同。

长篇大论的合同开宗明义地写道：“兹因赫尔南多·德·麦哲伦阁下——出生于葡萄牙王国的骑士——以及贵族鲁伊·法莱洛已经离开葡萄牙王国且愿为我们服务，即在属于我们的大洋范围内为我们服务，为此，我们同两位签订以下合同。”

繁冗的合同内容之后是一系列的附加条款，其中第一条保证麦哲伦和法莱洛在未知海域拥有航行和研究的特权以及独家权利，同时合同以矫揉造作的宫廷文风写道："尔等必定有幸发现一切属于吾国疆界之内的大洋，在尔等开赴之时，若有另外之人亦同样做此航行，此行为即可认为损害尔等利益，此为极不合宜之举。且因尔等已为此计划殚精竭虑。为此，朕的恩惠、意志及朕本人承诺，在最近10年内不允许任何人为达到尔等早已谋划的探险目的而在同一条航线上和航道上航行。倘若有人企图实施此类航行并乞求朕恩准，朕将知照尔等，以便尔等自行其是。"在以下的经济条款中，鉴于麦哲伦和法莱洛良好的意愿和业绩，我们将给予他们将获得的所有收入的1/20作为回报．这些收入来自他们发现的国家。此外他们还许诺，如果他们新发现6个以上的岛屿，那么他们将对其中两岛拥有特权。此外，这个合同也像与哥伦布签订的合同一样，将赠予他们本人以及继承者荣誉头衔以及那些被发现国家及岛屿的总督衔身份。合同规定随舰队派出一名王室经理、一名国库司库和一名出纳员，但这绝非限制各舰长的自由，而是协助他们的工作。国王一再强调自己有义务装备5艘具有一定吨位的舰船并为它们准备好相关的人手、储备够用两年的粮食和炮弹。这个具有世界历史意义的合同的结尾写道："综上所述，朕以名誉和君言担保，各条款将悉数恪遵，为此目的，朕命令拟定以上合同并以朕名义签署。"

此外，这个合同还着重订了条规，要求西班牙一切官方机构和办事人员从上至下必须知道这个合同，以便随时随地满足麦哲伦和法莱洛提出的任何要求，也就是说，此时所有社会阶层、官方机构，甚至从世袭贵族到每个士兵都要知道这件事。这几乎就是明确宣布了，从这时起，整个西班牙王国都在为这两个不知名的葡国流亡者服务了。

麦哲伦对自己勇敢的梦想再无别的期待。正值青春年少的卡尔五世本来是个性格优柔寡断，不急不躁的人，所有的人都不理解为什么他竟然突然变得如此急不可待，热情有加的样子，这不像他的性格，加之对这次阿耳戈航行事必躬亲的态度，也让很多人诧异。不过，这毕竟在麦哲伦的计划中起到了重要的作用。我们可以十分肯定的是，在麦哲伦那充满着刚毅、果敢的性格和勇敢的胆识的计划里，肯定有某种东西打动了这位年轻君主的心。在所有参与了这件事的官员们当中，唯有国王对于快速装备舰队和早日出航催促得最频繁。甚至他要求具体监督这件事情的官员要每周一次向他汇报此事的进展情况。而且，一旦有某种阻力出现，只要麦哲伦伸出求救的双手，他立刻就会发一封诏书打击并消灭掉违抗的意志。国王在此事上的果断和勇敢，让人们差点对他之前在长期统治中左右摇摆的态度产生怀疑，这位国王一向以耳朵根子软遭人背后非议，恐怕对于麦哲伦此次的有求必应是他人生中唯一一次的果决。后来他表现出的不可动摇的忠实，更是在麦哲伦的整个航行中起到了十分重要的推动作用。有了国王的眷顾、有整个西班牙的效力，倏忽之间，麦哲伦甚至有时候自己都会对这梦幻般的待遇提升感到怀疑和慨叹，这与他此前在故乡的遭遇形成了强烈的反差。在葡萄牙，他不仅失去了故乡、职位，甚至频繁遭受中伤和蔑视，如今他却在一夜之间升任为一支舰队的总指挥，更因此而成为圣提阿戈的勋章骑士和未来所有新发现岛屿和国家的总督，拥有生杀予夺的大权。现在看来，他不仅成为了一支无敌舰队的主宰，更主要的是他首次成了走自己理想道路的主宰者!

第五章

一人VS千人

同麦哲伦不同，具有相同世界声誉的哥伦布——“汪洋大海上的唐·吉诃德”，他几乎是个淳朴天真和不谙世故的幻想家，遇事不是自己处理，而是喜欢把具体的准备工作交给助手和领水员，而麦哲伦在这方面则类似拿破仑，喜欢大胆建构出自己的所思所想，然后再针对具体的细节，各个深思熟虑击破解决，天才的想象力与天才的实践能力相互结合。

1518年3月22日至1519年8月10日

世人在评价伟大英雄人物的伟大业绩之时，往往喜欢将关注点放在他们富于戏剧性的、充满诗意的时刻，这简化了的观察方式一针见血地道出了英雄们成功时的艰辛和幸运。比如只看恺撒跨过卢比孔河，比如只看拿破仑立于阿尔科勒桥上。具有历史意义的功绩，往往都需要经过不乏创意的准备工作以及种种坚忍不拔的通向成功的阶梯。但这些也经常由于被人忽略而显得朦胧不明。至于麦哲伦，激起画家和诗人创作欲望的正是他那富有戏剧性且充满诗意的时刻：他率领自己的舰队通过被他发现的海峡。然而，他那无与伦比的备受人们敬仰的力量却是在他获准创建舰队、面对重重阻力依然毫不动摇地装备舰队时表现出的毫不畏惧。当时他只是个名不见经传的小人物，甚至也欠缺在组织才能方面的经验和考验，突然面对这样一项几乎都没有借鉴先例的艰巨任务：装备一支由5艘舰船组成的舰队，准备一次史无前例的航海旅行，因为没有先例的借鉴，因此，此前的所有规范对这次航行都不适用。也因此，即便有人想要为他出谋划策也只能是想想而已，因为没有人知道那些未曾有人涉足的区域和海洋的具体位置，也没有人知道将要面临的问题，而麦哲伦作为冒险的第一人，只能凭自己未来的具体实践来告知他自己环绕地球航行要持续多长时间，尚无人走过的航线将把他带到什么国家、气候和民族文化里。在装备舰队时，只要是能想到的各种可能性必须考虑周全，做好十足的准备，既要考虑天气方面北极地区的严寒、热带地区的酷暑、风暴和无风天气，要准备时间长达一年，甚至是两三年的航行，而且还要考虑是否会受到海上袭击，并准备反抗袭击所需要的一切东西，贸易也在考虑的范围内。他必须独自估计几乎所有不可预测的事情，并通过激烈的思想斗争尽快强行得出结论，此外还要对付各种意想不到的阻力，当筹划中的问题不断涌出的时候，长期沉默是金的他，终于有机会在众人面前表现自己卓尔不凡的另一面。同麦哲伦不同，具有相同世界声誉的哥伦布——“汪洋大海上的唐·吉诃德”，他几乎是个淳朴天真和不谙世故的幻想家，遇事不是自己处理，而是喜欢把具体的准备工作交给助手和领水员，而麦哲伦在这方面则类似拿破仑，喜欢大胆建构出自己的所思所想，然后再针对具体的细节，经过深思熟虑各个击破，天才的想象力与天才的实践能力相互结合。正如拿破仑在闪电式快速越过阿尔卑斯山之前的几个星期必须预计好进军途中的每一个细节一样，详细到每到一地每天要准备多少磅火药多少袋燕麦。这个要征服环球航行所有困难的人在装备舰队时也必须通过精确的预想，尽量避免未来两年或三年后可能出现的物资匮乏等一系列困难。一旦要将这个漫无边际的计划付诸实施，不可避免会产生无数障碍和阻力，而要克服这些障碍和阻力对一个势单力薄的小个子男人来说真是一件让人头疼的事情。单单造船这一项工作就经过长达数月的努力。尽管卡尔国王承诺由他做一切的总策划，并下圣旨命令各级官府鼎力相助，然后命令与执行结果之间总会存在数不清的阻力——哪怕是国王手谕——也存在个别的迟疑和阻碍。事情总是如此，真正富于创意之事必然只能而且只能由创造者去实现。事实上，麦哲伦也做到了，在完成他一生中最重要工作的准备阶段，事无巨细总是他本人亲力亲为，从不假手与人。他一方面在同印度商行、朝廷、供货商甚至工匠磨破嘴皮进行谈判，另一方面他又监管具体事情的每个细节，本着对那些将生命托付给他的人极度负责的责任。他甚至亲自核算和检验每件货品和每笔账，亲自检查每条缆绳、每根桅杆以及甲板上的每件武器的质量。对麦哲伦来说，5艘舰船从桅杆到龙骨他都做到了了若指掌。正如摩尔人在新建耶路撒冷时一手拿剑一手拿汤勺一样，麦哲伦在装备这支将要驶入未知领域的舰队时不得不同时抵御来自方方面面的阻力，要对付那些不惜代价也要阻挠舰队顺利出航的敌意和嫉妒。这个事事都必须依靠自己的汉子需同时在三条战线上英勇搏斗，即对抗来自外部的敌人、本国的敌人以及各种阻力。克服这些所有的阻力，才是衡量一个人是否成功的真正标尺。

第一个向麦哲伦发起的冲击来自葡萄牙。葡萄牙国王马诺厄尔不久之后就知道西班牙国王同麦哲伦签订合同的消息。此时这位国王才意识到拒绝麦哲伦的代价是多么大，但后悔已晚，假如西班牙人由东向西航行先于葡萄牙人抵达摩鹿加群岛并占得先机，那么葡萄牙之前因对香料垄断而每年为国库带来20万杜卡滕的收入将化为泡影。这对葡萄牙来说将是何等的灾难啊，对葡萄牙的国库将构成多大的威胁啊！因此，马诺厄尔国王势必会竭尽全力阻挠麦哲伦这次考察。为达到目的，这位国王可谓无所不用其极。他公然命令驻西班牙王国的大使阿尔瓦洛，达·科斯塔，让他一定要把麦哲伦的计划扼杀在萌芽状态。

科斯塔即刻就开始四处走动，他打算从两端着手。首先他找到麦哲伦，恩威并用，诱逼兼施，劝导麦哲伦说，你若为外国君主效劳，知道这是对上帝和本国国王犯下多大的罪过吗？另外，马诺厄尔国王正打算与卡尔五世的妹妹联姻，倘若国王因为你的事情一怒之下拒绝联姻，那将造成怎样的局面呢？此时的麦哲伦也在考虑并纠结，他也想过要重新侍奉葡国国王，但他不知道此举是否更明智、更忠诚和更纯洁呢？或许他放弃计划了，将会得到葡国王在里斯本对他慷慨的行赏。但麦哲伦心知肚明，从马诺厄尔国王对他一贯反感的态度来看，他完全能想到，回去等着他的绝非荣华富贵，而是赶尽杀绝。所以他最终遗憾地对科斯塔说，现在为时已晚，他已对西班牙国王许诺，因此他必须兑现诺言。

小个子麦哲伦在“外交棋赛”中虽然显得渺小，但他的信念让他从未被打倒。别无他法的科斯塔大胆“逼将”，具体他是怎样纠缠和强逼年轻的西班牙国王的，我们无从得知，但从他致马诺厄尔国王的信件中我们看出他已经几近失败了。

“关于麦哲伦之事，只有上帝知道我做了什么，我是怎样费心劳神为此事奔走。我已对西班牙国王力陈此事……向他指出，倘若一个国王违背另一个与他友善的国王之意愿，收留其臣民为自己服务，这是何等地奇怪和丑恶……”我请求他考虑，用如此微不足道和毫无把握的事情伤害陛下是多么不明智的举动。陛下拥有足够有才能的本国臣民，随时可以进行探险考察，根本不需要使用这个对陛下不满的人。而且我还让他知道，此前两人曾请求回国，但没有得到西班牙的许可。显然这消息让陛下您伤心了。最后我请求他为了他本人和陛下的福祉起见应采取如下措施：要么允许那两个人回国，要么把麦哲伦计划推迟到明年。”

此时，年仅18岁的西班牙国王才刚刚即位不久，他没有足够的外交事务处理经验，所以听到科斯塔的无耻谎言，说麦哲伦和法莱洛曾经试图要回葡萄牙而遭到西班牙宫廷的横加阻挠后，竟然感到非常诧异。科斯塔报告说：“他如此诧异的态度，让我也感到吃惊。”但这位葡萄牙大使的另一建议——希望西班牙把这次探险考察推迟一年。年轻的君王还是从这个建议中瞧出了端倪。如果推迟一年时间，那么不是正方便葡萄牙在此期间派出一支舰队捷足先登吗，所以他冷冷地拒绝了科斯塔的建议。无奈之下，大使又设法找到乌特莱希特的主教阿特里恩，不料主教也不想帮他的忙，而是把此事“踢”给枢密院，最后枢密院又“踢给”布尔戈斯的主教——此君一方面采取拖延战术，一方面迷惑科斯塔，他总是有礼貌地保证说，他的堂兄不会也不想给马诺厄尔国王出难题。这样一来，葡萄牙的外交抗议已经形同虚设，如同一份无用的文件被悄悄地搁置在文件堆里了。科斯塔一无所获，相反，葡萄牙充满嫉妒的干涉对麦哲伦的计划实施竟然起到了意想不到的推动作用。世界上两大君主的情绪因为一个尚不出名的贵族麦哲伦产生了离奇的命运交叉。直到卡尔国王把一支舰队托付给了麦哲伦，马诺厄尔国王才知当年那个小个子军官如今已经摇身一变成了西班牙国王眼中的要人。马诺厄尔国王越是想阻止这个计划，甚至想方设法将麦哲伦弄回去，卡尔国王就越是觉得他不能被收买，一定要重用麦哲伦。西班牙越是力图加快出航的步伐，葡萄牙就越是狂怒地千方百计加以阻挠。

但葡萄牙国王并没有就此罢休，而是继续施加压力给里斯本，里斯本又派给葡萄牙驻塞维利亚领事塞巴斯蒂安·阿尔瓦列兹另一项企图破坏舰队的秘密任务。这位领事本身就是个职业间谍，没事的时候老是在麦哲伦的舰船周围蹑手蹑脚地晃悠，而且还对运到甲板上的货物进行查看和计数，与此同时，这个老谋深算者甚至同港口的西班牙船长们建立了亲密的友谊以此为他服务。在一次与他们的见面中，阿尔瓦列兹还假装生气，问卡斯提尔的贵族们是否真的对可笑地重用了这两个越境的葡萄牙人并对他们俯首帖耳。俗语说得好，最笨拙的手也搅动民族主义这根绳索。不久之后，由于他的挑拨，塞维利亚的海员对于他们国家重用两个葡萄牙人无不发牢骚，甚至骂大街。在他们眼里，怎么身份近乎卑微的两个难民竟然吹吹牛就得到了西班牙的重用，甚至还把一支舰队交给他们，任命他们当将军，做勋章骑士？这不是开玩笑吗？阿尔瓦列兹要的就是这样的效果，经过这类船长在餐桌和酒馆时私下的嘀咕，真正的民众骚乱正在被蓄势点燃中。他们的美梦是最好能剥夺麦哲伦的指挥权，甚至是结束掉他的性命。必须承认，这个干练而富有煽动力的特务非常成功地运用民族情绪发动了一次民众骚乱。

众多周知，无论哪个知名的港口，总会有大批不知如何打发时光的懒鬼。十月的某一天阳光璀璨，天气似乎也在帮助这帮无所事事者。懒鬼们被唆使成群结队地围着麦哲伦的旗舰“特利尼达特”号晃来晃去。此时，该舰正停靠在沙滩上，人们正在用麻絮在塞缝隙，检修龙骨，并开展着一系列下水前的准备工作。懒鬼们也混杂在工人中间，他们两手插在裤兜里，嘴里吞吐着西印度产的新烟叶，看到老实的造船工人们正拿着锤子、木塞、沥青和粗麻塞补缝隙，顿时气不打一处来，其中的一个懒鬼指着“特利尼达特”的桅杆大喊道：“真不要脸，这个不知从哪里冒出来的无耻之徒麦哲伦竟然在塞维利亚的西班牙皇家海港，而且还在西班牙舰上悬挂葡萄牙国旗，真是无耻之极！安达卢西人可不能容忍这种赤裸裸的挑衅！”可是，此时发表者震怒言辞的懒鬼们显然不知道自己已经被利用了，他们根本不会意识到这个对有伤民族尊严之事表现出义愤填膺的极端爱国者不是西班牙人，而恰恰是葡国国王的领事，也就是所谓的间谍——塞巴斯蒂安·阿尔瓦列兹，在接下来的事情中，他充当了了煽动者的角色，不管怎样，事情向不好的方面发展了，正如他们所预料的那样，懒鬼们接二连三地跟着起哄了。另一些好事者听到这边的喧哗和叫喊，也马上从四面八方赶过来，加入到闹事者的行列。有人甚至建议说，不用跟他们瞎啰嗦，干脆把那面外国旗扯下来才够解气。说话间，一帮人已冲到旗舰上。

从凌晨3时起就在监督工人干活的麦哲伦听说了此事以后，连忙给匆匆赶来的刑事法官解释误会，说旗舰桅杆上没有西班牙国旗纯属偶然，因为今天本要悬挂的西班牙国旗正好被人拿去重新染色了。而此时桅杆上的另一面旗也根本不是什么葡萄牙国旗，而是他本人的将军旗，这旗他有权利也有义务要在自己的旗舰上升挂。他彬彬有礼地向人们澄清误会后，便恳请刑事法官运用权力帮他将粗野的起哄者统统赶下甲板。

但是，平息众怒远比挑起他们的愤怒要困难得多。这群乌合之众本来就是没事闹着玩儿，况且刑事法官本身又站在他们一边。所以现在能做的只能是先把他们所说的外国国旗扯下，否则他们将行使自己的权力了！最后，连印度商行的最高官员马蒂恩措博士都来到甲板上企图从中斡旋，但他的话一点作用也没有。刑事法官这时喊来港口监督、爱国的苏库尔斯和大批警察加入到他们的阵营。苏库尔斯声称，麦哲伦的过分干预使整个西班牙民众蒙羞，所以他不管三七二十一就下命令逮捕葡萄牙舰长麦哲伦，理由仅仅是因为他在西班牙港口悬挂葡萄牙国旗。

此时马蒂恩措加大了干预的力度，他对港口监督提出严重警告，提醒他逮捕被本国国王以皇谕和御玺任命为最高官职的舰长将是一件危险的事。此举大大否定了皇家官员们的威信。希望他最好不要染指，小心引火上身。但为时已晚！拥护麦哲伦的人同港口那帮懒汉们已纠缠在一起，剑拔弩张，一触即发。此时的麦哲伦只有用不可动摇的沉着镇定才阻止了骚乱的进一步恶化。麦哲伦表示他愿意降旗，甚至愿意清船，即便流氓们想要动手也可以任意把国王的财产封存起来，但如果造成了任何损失，这责任只能由皇家海港官员们承担。这句重话一出，原本还激动不已的刑事法官就感到形势对他已经极为不利了。那些民族自尊心受到“伤害”的人一面抱怨一面撤下，几天后便尝到鞭子的滋味，因为麦哲伦立即致函国王诉苦，说因他的原因使国王声威受损。卡尔五世即刻为他的将军撑腰，对海港官员施加了严厉的惩罚。事实证明，阿尔瓦列兹高兴尚早。

因此麦哲伦未受任何阻碍，继续开展工作。

麦哲伦的极度镇定粉碎了卑鄙的阴谋。可是一波未平一波又起，在这个粗网眼的计划上，刚缝合一处线缝，另一处线缝又被扯开了，恼人的事每天发生。印度商行起初消极抵制，直到国王手谕炸响在他们的耳畔，这些官员才从执拗的不管不问中醒来，但在装备过程中，国库司库一再说印度商行无钱，看来整个行动计划即将因为资金缺乏而被无限期搁浅。麦哲伦却丝毫不惧，他早已经想好克服这个障碍的办法。他说服宫廷，让一些有钱的股东参股，无敌舰队需要的800万马拉维迪斯，其中200万将由临时安排的哈洛集团尽快着手筹集。为此，该集团获得了如下特权：对以后的各次探险考察，他们也将以相同的定额参股。

资金问题得到解决后，适宜于航海的舰船就开始真正建造，配备以必要设备。当5艘由国王亲批的四桅大帆船首次亮相于塞维利亚港口时，它们并不显得多么豪华气派。“它们太陈旧了，仿佛是七拼八凑造出来的，”这让间谍阿尔瓦列兹相当得意，他即刻向葡萄牙报告了这一情况，“我毫不夸张地说，如果让我乘坐这样的船去加那利群岛，我会被吓死的。船身的肋像黄油一样软。”可是对于麦哲伦这个曾来往于印度、历经考验的航海家来说，他知道有时骑老马远比骑马驹保险，能干的工匠可把久航的旧船修好，而且这样不会误时。在工人们根据他的指示日夜抢修旧船之际，他已经派人在四处招募航海的水手了。

新麻烦马上出现了！虽然招募工作在塞维利亚紧锣密鼓地进行着，但收效甚微，所需的250名水手名额还是空缺很大。而且最可怕的是，这时候谣言四起，人们私下谣传说，这是一次可怕的航行，甚至连负责招募的头头都不知道究竟这些航行要到哪里去；更让他们担心的一点是，水手需要带两年的口粮上船，这真是史无前例，也是让人们最为担心的地方。虽然最后人数勉强招满，但这却不是想象中的仪仗队，而是衣衫褴褛的军队。被招来的水手们各色人种都有：西班牙人、葡萄牙人、德国人、英国人、塞浦路斯人、巴斯克族人、希腊柯弗岛人、意大利人，甚至还有黑人。现实马上让人们想到福尔斯塔夫新兵。新兵里满是地道的亡命徒，生命对于他们已经没有意义，他们宁愿将自己的生命卖给魔鬼，那样至少还能拿到津贴，有赚大钱的希望。所以四海漂泊对于他们来说，无疑跟穷苦的日子比起来没什么差别，甚至更好一点了。

水兵刚招满，问题就接踵而至。印度商行对麦哲伦招募过多葡萄牙人进这支皇家舰队意见很大，他们提出抗议，拒绝将任意一个子的津贴付给外国佬。但根据敕谕，此次航行，麦哲伦享有不受任何制约的权利，所以他才完全按照自己的想法挑选人员，也因此他据理力争，坚持自己的权利。所以，当问题出现时，他再次致函国王请求援助。但这种尴尬的局面甚至连国王都不理解，他下令船上最多可以留5名葡萄牙人。麦哲伦妥协了，表面上看是照顾国王的面子，但实际他自己也害怕过多的葡萄牙人留在船上或许会使他们拥有过多的独立性。这个问题解决了，但新的麻烦又来了：因为物品送达不及时，人们为了省钱就从外省甚至德国人那里购买。这严重伤害了船上大部分人的感情，其中一名舰长甚至当众侮辱麦哲伦，让他为难。麦哲伦不得不再次求助宫廷，用“御油”做“润滑剂”缓解并解除人们之间的摩擦。总之，争吵和牢骚总是没完没了，为了解决这些问题，麦哲伦只有没完没了地跟国王或者官方通信，也因此投递的信函和国王反馈回来的手谕接二连三地到来，多到几十次。人们都觉得航行要搁浅了。

也许正是因为麦哲伦具有坚毅、清醒的力量，所以每次当他遇到阻力时，总是能顺利克服。那位为马诺厄尔国王卖力的领事不得不伤心地看到自己一切想要破坏探险考察的小花招都被对手用坚忍不拔的抵抗而失败了。此时，航行的一切准备都做好了：5艘舰船都挂上新帆，装满了要用到的物品，万事俱备，只欠东风，只等起航的命令发出了。麦哲伦以为到这个时候应该不会再有什么让他烦恼的事情了，但是他想错了，即便到这个时候，阿尔瓦列兹箭袋里的毒箭还时刻保持着蓄势待发的状态，他企图在麦哲伦即将上船之际再来最后一次劝说，这次他直接专攻麦哲伦的软肋，企图使最后一次的干涉能起到作用。最后一次垂死挣扎之前，他写信给自己的主子马诺厄尔国王，他在信中写道，“现在是时候对他告知陛下交给我的事情了，我前往麦哲伦的寓所准备拜访他。但是我却看到他正在为航行而收拾自己的行李，他身边的筐里和箱子里装满了口粮和其他物件。看到这些我知道他铁了心，要去干凶险之事了。我意识这次不谈很可能永远都没机会了，所以再次提醒他，说我作为葡国的公民，作为他的朋友不能眼看着他犯这么严重的错误，我几次指出他这样做是在犯一个很大的错误。我给他做了一个比喻，他前面的道路就像圣卡塔琳娜的轮子，丝毫不知道前路将潜藏着无数未知的危险。如果他能及时迷途知返，一定会重获陛下的恩宠，他应该明白此刻自己的处境。在这座城里，几乎所有有身份的卡斯提尔人都在议论他卑微的出身，受到的教育的糟糕……而且自从他与葡萄牙王国对着干开始，人们就已经将他看作叛徒了，又怎会对他有一丝一毫的敬重呢？”

然而，这最后的劝诫和威胁丝毫没有对麦哲伦产生任何作用。在他看来，阿尔瓦列兹不过是打着友谊的幌子来为自己谋利益的那种人，这一点，麦哲伦可是比任何人都清楚，而且现在几乎整个塞维利亚城乃至整个西班牙在思想意识领域都与麦哲伦为敌，甚至那个卡斯提尔贵族舰长只能咬牙切齿地听命于他这位将军的，但这一切跟自己的伟大理想比起来，又能怎么样呢？就让塞城的刑事法官先生们对他咬牙切齿吧，就让那些喜欢嫉妒的人蜚短流长地发牢骚吧，让贵族老爷们愤愤不平而寝食难安吧。舰队不仅之后就要准备起航了，以后再也没有任何国王和君主阻挡他的理想了。一旦进入公海上，他们想什么都只能是白想了。现在他主宰自己生与死的时间已经到来了，他可以按照自己的想法主宰自己的道路和目标了，从此后，他麦哲伦就不再为任何人卖命，只效力于自己的理想和使命了。

但此时阿尔瓦列兹实际上还没有打出他隐藏已久的最后一张王牌，是时候该拿出手了。他一如既往假惺惺地打起“朋友”牌，还要对麦哲伦进行最后的规劝，“真诚地”警告麦哲伦，那位主教的“甜言蜜语”和西班牙国王的种种许诺并不可信。虽然西班牙国王任命他和法莱洛为舰队将军，可是你麦哲伦能保证国王不会暗中派人来监视和限制你的最高指挥权吗？你又敢肯定别人不会对你充满戒备而有所保留吗？麦哲伦啊，你可不要再糊涂了，也不要让别人把自己弄得如此糊涂啊！尽管你现在手握玉玺和救谕，但你的最高指挥权在我看来像风一样并不可靠。还有——这句话他本来不想说的，但又觉得不得不说——被委派跟麦哲伦一起航行的御用监官实际上已经了接受了来自的国王各种密令，“这些密令，他只会在来不及挽救自己名誉时知道”。

“来不及挽救名誉。”麦哲伦心中的怒火直往外窜。平时善于克制自己的刚毅汉子，现在竟然是这样的表情，这无疑表明，这支毒箭射中了他的软肋，因此那个“弓箭手”可以高傲地报道说：“我的消息是多么灵通，他对此非常惊讶。”但作为创造者，麦哲伦对这个计划潜在的不完善之处和危机一直心知肚明。对于阿尔瓦列兹的暗示，他也有所察觉，早就知道西班牙宫廷是两面派的态度。许多迹象让他忧心忡忡，别人都不会在明面上与他玩牌。国王对他不得雇用5个以上葡萄牙人的规定，不是已经违背了合同吗？宫里的人真的相信他是葡萄牙的奸细吗？那些被安排进来的王室经理、国库司库和出纳员，难道真的只负责管理账目吗？他们是不是真的奉命监视他或奉命从他手中夺走最高指挥权呢？很长时间以来，麦哲伦对这股背后的恨和背信弃义的寒流感受颇深。这个奸诈但消息灵通的间谍所提示的情况是可能的，这一点不可否认。他为这次航行的一切都做了周密筹划，唯独无法抵御眼前的危险，就好像人们无法预料不确定的事情——这是一个人最痛苦的地方。他自己与陌生的一桌人玩牌，还没到出牌时，他已经被疑虑搞得魂不守舍了——虚伪的牌友们发誓联手对付他！

实际上，麦哲伦所经历的正是莎士比亚陛下的科尔奥兰式的悲剧，由于名誉受损，科尔奥兰不得不投奔他人，莎士比亚曾经对这一悲剧作了入木三分的不朽描绘。同科尔奥兰一样，麦哲伦一样也是个热情的爱国者，甚至长期以来都献身于为祖国服务的事业中。但祖国回馈给他的却是不公正的待遇。不仅不支持他的所作所为，而且对他横加排斥，以致麦哲伦总是报国无门，不得已的情况下为了实现自己的价值和理想只能投入为敌国服务。然而，至纯的思想从来都只会对投奔者投去不信任的目光。这种情况在罗马、在塞维利亚表现尤甚，当时怀疑如影随形紧紧地吸附在投奔者身上，这怀疑就是：谁曾经背离过一面国旗，那他也可能会背叛第二面国旗；谁曾经离开一个国王，那他也可能对别的国王不忠。所以，无论投奔者怎么做都是输，即便胜利了也摆脱不了输的命运；如果万一真的失败了，他更不得不承受千夫所指，陷入万众唾弃的境地。无论何时何地，投奔者总是形只影单，要一人独自面对来自全体民众的责难，而且这类悲剧往往只在英雄可悲地发现自己可怜的处境时才真正开始。也许就是在这一瞬间，麦哲伦已经第一次接收到种种灾祸的拜访信号了。

但纵观历史，人只有与超强的命运搏斗，才更能凸显出人的英雄本色。也正因为怀着这样的信念，麦哲伦果断击退了那个心怀鬼胎的人。退一步说，即便以后西班牙国王对他的效忠以怨报德，他麦哲伦也不可能再同马诺厄尔国王达成任何协议了。讲信誉这一原则是麦哲伦坚守的原则，所以他必然忠于自己的誓言、职务和卡尔国王。阿尔瓦列兹只得悻悻然告退，此时此刻，他不得不认为或许只有死神才能把麦哲伦这样的铁汉碎尸万段。最后，他在寄回里斯本的报告结尾阴险狡诈而又虔诚地表达了如下的希望："他们这次航行的结果肯定也会像当年科特列阿兄弟的一样，但愿能让万能的上帝高兴。"他的意思就是，希望麦哲伦及其舰队像勇敢的科特列阿兄弟那样无缘无故就消失在无名的海洋上。历史上科特列阿兄弟的毁灭及其葬身地一直是个无法破解的秘密。如果真像他想的那样实现——即麦哲伦葬身于此次航行中，那他的陛下就可高枕无忧，永受世上所有君王的崇拜和羡慕了。

阴谋的警告毒箭没有射倒麦哲伦，更没有停止他前进的脚步，但阿尔瓦列兹的警告如箭上的毒汁已经化作灼人的烂疮，这怀疑的毒汁从此深深植根在麦哲伦的心中并很快化脓。这毒汁让麦哲伦时刻保持警醒着，他知道自己在舰上随时都会被敌人包围。但这种预警似的敏感并没有使他软弱，反而出人意料地强化了他的意志，如今，他要重新下定决心了。那些看见风暴来临的人都知道，挽救船上所有人的办法只有一个，那就是由舰长牢牢掌舵，而且只能让舰长独自一人掌舵。

让一切阻碍自由意志的东西全部滚开吧！谁敢上前挡路，那迎接他的只有拳头！自从他了解到实际上王室经理和国库司库是被安插在自己背后的国王的间谍之后，他反而坦然了，也更决然地要自己实施彻底的自主，行动更加无所顾忌。他深知，在这具有决定意义的时刻，他必须凭借一人意志的领导和决策，才能保证舰队航行的顺利，所以舰队的指挥权不能也不可能分散在两个将军身上。只有一人凌驾众人之上，才能在必要时力排众议。所以，在如此凶险重重的航行中，他绝对不能因为法莱洛歇斯底里、斗勇好胜的性格所影响拖累。因此必须赶在舰队离港前，就甩掉这个累赘！对麦哲伦来说，法莱洛早已是多余的包袱了。这个空头的理论家、占星家、天文学家不仅无法在具体的诸如招募水兵、用柏油和麻絮塞补船缝、选择和分配口粮和给养．检验毛瑟枪以及制订勤务条规的工作中给予任何帮助，而且还经常在别人精疲力竭、劳累艰辛的工作后报以嘲笑的口吻。他的所作所为明显认为这一切根本不是他的任务。如果麦哲伦让这样的人上舰，那不如说他给自己的背上绑上巨石，这只会影响和拖累他的实际计划。他麦哲伦所需要的是左右逢源的自由之手，既要敏捷应付眼前的危险，又能时刻防范来自背后的阴谋。

后来麦哲伦究竟是通过怎样的外交手腕成功甩开法莱洛的呢？我们不得而知。法莱洛自己的说法则是自己通过占星知道此行的危险性，自己很可能一去不复返，所以他知趣地主动退出了。表面上，他这次被追放弃出航的原因，还被委婉地说成是因为职务的提升，因为他接到的皇谕只是任命他为第二舰队（只在图纸上有帆樯和桅杆）的全权指挥。所以他只帮麦哲伦绘制各种地图和天文图表。终于，万千种的困难被麦哲伦一一排除，连着最后的一难也总算排除掉了，如今他的计划已经恢复到刚开始时那样简单：仅是他本人的思想和行为。现在虽然一切都压在他一人身上：重负，艰辛，危险都需要他一个人来应对和处理，但实际上这正是上天给予他富于创造性的本性中的最大幸运。从这个时候开始，他麦哲伦只需要对自己负责，因此他也下定决心要顺利完成自己选定的终身事业。

第六章

出航

身为经验丰富的航海家，麦哲伦深知自己对此次向未知领域的航行所肩负的重任，也知道如果因为疏忽和轻率而遗忘某个物件，哪怕是多么微不足道的物件，在航行途中也会因为无法及时补给而状况百出；鉴于以上特殊情况，所以任何一次疏漏或过失都不会有及时改正的机会。

1519年9月20日

1519年9月10日，在同卡尔国王签署合同的1年零5个月后，此次航行计划中的5艘舰船终于要奔赴去执行它们伟大的使命了，它们驶离塞维利亚停泊地，顺流而下直接奔赴位于瓜达尔基维尔河入海处的圣路卡德巴拉梅达，这里也是对舰队做最后一次检查和补给的地方。

此前，正式的告别仪式已经举行过了，在圣玛丽亚德拉维多利亚教堂里，麦哲伦下跪宣誓对西班牙忠诚，然后集合全体水兵，怀着被万众敬仰的荣誉以及仰视他的人群，从市长桑科·马丁内兹·德·莱瓦的手中接过国王旗。或许此时的麦哲伦会忆及当年自己首航印度前，也同样经历了跟今天一样的一幕。但不同的是，当年的国旗是葡萄牙国旗，当时他怀着同样激动和忠诚的心情向那面国旗宣誓，向另一个国王——即葡萄牙的马诺厄尔国王表达自己的誓言，那是怎样一腔甘愿为他抛头颅、洒热血的热情啊？正像当年阿尔梅达将军把绸质的旗帜打开并高擎于下跪者头顶时，他这个年轻的士兵怀着无比敬畏的心情仰视着将军一样，现在这265名水兵也以同样的心情仰视着他——主宰他们命运的领袖。

圣路卡海港位于马迪纳·西多尼阿公爵的宫殿对面。

在向未知海域航行前，麦哲伦将在此对舰队做最后一次巡视，就像音乐家带着担心的爱意看着心爱的乐器一样，他对这5艘帆船也一样充满爱意和了解。虽然之前他第一眼看到这些破烂的船只时多少有些不快和吃惊，因为它们都是久航且年久失修被废弃的船！但后来因为人们出色的修补翻新工作，硬是把这些旧船船舱肋材全部更换，甚至从龙骨到桅杆顶尖全都涂上沥青并上蜡，然后补缝清洗让它们如今都像新的一样。在漫长的修补工作中，麦哲伦为了看船只的木材是否已经腐朽或者被虫蛀，亲手敲击了每块木板和舱板，除此之外，他还要检查每个螺钉、钉子和每根缆索，以确保它们都足够结实。随后，他们挂上用亚麻布制做的全新船帆，并在上面绘上西班牙保护神圣地亚哥的十字符号。如今，每个物件都被清洁而整齐地摆放在正确的位置。再也没有间谍甚至嫉妒者敢嘲笑这些经过翻新而"返老还童"的大帆船了。虽然这些船在行驶上还达不到其他船那样快的速度，但再也不是只用在划船比赛中的船了。现在，船身阔而深，多了许多专门用于装载物品的舱室，船身虽然笨重，但它所具有的优点则是可经受最严酷风暴的袭击，即便是行使在惊涛骇浪中，也能保证万无一失。在修整翻新这些船只之前，人们早就想到了它们可能遭遇的种种危险。在这些姐妹舰船中，重达120吨的"圣安东尼奥"号规模最为引人瞩目，但麦哲伦却将这第一大舰交给尤安·德·卡尔塔格纳指挥，自己选择了轻10吨的"特利尼达特"号做旗舰，其用意究竟是什么，我们不得而知。按吨位算，第三大舰是90吨的"康泽普沁"号，卡斯帕尔·奎萨达被任命为该舰舰长。"维多利亚"号（它将给这个名字增添光彩）重85吨，则由路易斯·德·门多查指挥。"圣提阿戈"号重75吨，舰长为约奥·塞劳。当时的麦哲伦特别对不同型号的舰船吃水深度做过比较，结果是他选择将吃水较浅、相对较小的船作为侦察以及前卫舰用。另一方面，在公海上要使不同吨位的姐妹舰船保持队形不散，也只有拥有了特殊的航海技艺才能实现。

麦哲伦还是依照惯例依次检查各舰所载的物品，尽管此前这样的检查他已经做过很多次，他经常从扶梯爬上爬下，再三将所有财物精确录入清单。通过被保留下来的档案材料，我们可以发现，这个世界史上最富于幻想的冒险家，在细节方面所表现出来的精确和无微不至，他需要通过严密的计算以确保万无一失，甚至一把榔头、一条绳索、一袋盐、一刀纸的价钱都要一一被登记在厚厚的账册中，半个马拉维迪也不放过。这位怀着平常心的登记者记下的这些零碎的明细账目，或许比任何激情的言辞都更能说明麦哲伦那非凡的耐性。身为经验丰富的航海家，麦哲伦深知自己对此次向未知领域的航行所肩负的重任，也知道如果因为疏忽和轻率而遗忘某个物件，哪怕是多么微不足道的物件，在航行途中也会因为无法及时补给而状况百出。鉴于以上特殊情况，所以任何一次疏漏或过失都不会有及时改正的机会。因为每个钉子、每捆亚麻、每个铅块、每滴油、每张纸在航行的过程中都是极其珍贵的，不是用大钱，甚至不是用鲜血就能轻易得到的。如果仅仅是因为遗忘了某个备件就导致整条船报废，因为某个计算有误而使整个行动计划破产，那就太得不偿失了。

在最后巡视时，麦哲伦把最严格、最细致的目光集中在口粮和给养上。因为在此次航行中，人员多达 266 人，而在这次根本无法预计将持续多久的航程中要消耗多少粮食呢？这是一笔根本无法计算出具体数目的烂账，因为谁都不知道究竟要航行多久。正是因为预见到了这些问题的严重性，为慎重起见，麦哲伦根本没对全体船员讲过——在口粮得到补充之前，航行可能要持续数月，甚至数年，所以他宁可多带，以保证航行的不时之需。所以，即便是对于小船舱而言，所带的粮食数量就很可观了。最重要的食品莫过于应急的面包干，麦哲伦叫人运到船上的面包干有 21 0380 磅，连同包装袋一共花费了 37251 0 马拉维迪。经过人们初步的预算，这一储备足够两年之需。看到这密密麻麻的口粮储备清单，人们总是容易联想到这是一艘 20000 吨级的现代远洋巨轮，而不是总吨位为 500 至 600 吨（当时 10 吨合现在 11 吨）的 5 艘零散的舰船了。可以想象一下，在狭窄而昏暗的船舱里储放着各种各样的东西：除了袋装的面粉、大豆、大米和荚果外，还有数目可观的副食品，例如 5700 磅腌猪肉、200 桶鳀酱、900 块圆形干酪、450 袋大蒜和洋葱，并且配有各种食品和佐料：151 2 磅蜂蜜，3200 磅马拉加葡萄干和杏仁，充足的白糖、醋和芥末。在起航前的最后一刻，7 头活母牛被赶到了船上（这些忠诚的四脚动物寿命不长了），这是为保证航行之初人们对牛奶的需求而准备的，之后如果牛没有奶水或者死掉，人们还有鲜牛肉吃。但对舰上那些嗜酒如命的彪形大汉来说，葡萄酒比牛奶显得更为重要。为了让全体人员时刻保持良好的情绪，麦哲伦派人到克塞列兹买来上好的葡萄酒，数目多到417坛，外加253桶，从理论上说，如此多的食物足以让水兵们在两年多的时间里有充足的午餐可吃，而且晚餐都有葡萄酒可以喝。

拿着清单，麦哲伦从这艘船走到那艘船，逐一检查核对。甚至在核查的过程中，他还要不断回想是否还有其他东西需要再次购买，这项艰辛的复核，算账，付款工作让他消耗了多少体力和精力啊！白天他要同朝廷和商人斗争，夜晚又要为所带的物品是否足够而担惊受怕，生怕忘了什么或分错什么！现在一切终于都准备好了。265张嘴巴在航行中的吃的问题解决了。但舰船呢，它们既是死的，又是活的，在同海上的凶险搏斗时，它们同样会因为消耗体力而降低抵抗能力。诸如风暴将船帆撕破，将缆绳扯断，船身上的木板和金属被海水腐蚀，阳光使涂料褪色，夜晚消耗的蜡烛和灯油等这些情况也被一一考虑在内，每个部件被要求必须两倍或多倍储存好，比如锚、缆绳、木材、铁、铅以及用来做新桅杆的木料、做新帆的亚麻布等等。因此除了数目可观的食品，这些舰船还装上了不下于40车的木料，还有数吨焦油、沥青、蜡和亚麻，以备随时用来修补船只和堵塞漏洞；当然所需要用到的工具也是必不可少的：军械、钳子、锯子、钻头、螺丝、铲子、锤子、各种型号的钉子、长矛，几十把大鱼叉，几千个钓钩，还有足够的渔网都准备好了。后期准备的这些工具，有的甚至是为食物匮乏时准备的，这样人们就可以在途中捕鱼。除面包外，随时捕捉上来的鱼也可作主要食物。在灯光照明方面，夜间照明有84盏小提灯和14000磅蜡烛，这还不包括为舰上做弥撒用的大蜡烛。至于航海工作，那考虑得就更为长远了，清单中备有罗盘、罗盘指针、计时沙漏、星盘、象限仪和面积仪等航海工具，每样都准备了很多件。甚至为方便核对账目，他们还为财务官员准备了15本空账本（除了中国，旅途中什么地方也弄不到纸张）。途中可能会出现的突发事件也被考虑到了，所以准备了药箱，简单的外科治疗用具，甚至还准备了用于对付反叛者的手铐和脚镣。还有娱乐用的5个大鼓、20个铃鼓，另外还配备了几把小提琴、几支笛和风笛。

以上的清单，只是麦哲伦那颇具荷马史诗风格的舰船实物清单中的一部分，难免缺一少二。一桩桩一件件都是舰队所有人在这次不可预计的旅途中所需要的。然而上文我们也早已提到过，西班牙国王把一支共耗资800万马拉维迪的舰队派往未知的远方，并不是为了猎奇，而是想要舰队可以为他们带回荣誉的地理学成果，以及让企业家财团为之动容的金钱！为了换取途中西班牙这边所希望得到的商品，舰队还巧妙地选择好了数目繁多的交换品。具有丰富航海经验的麦哲伦，深知那些大自然子民的淳朴和慷慨。有两种东西在当时的航海中所向披靡，那就是镜子和铃铛。当黑皮肤和黄皮肤的大自然子民们，第一次从镜子中怯生生地看到自己的容貌时，镜子所带来的狂喜也就可以预料了；而铃铛则给旅途中所能遇到的儿童带来欢乐，并勾起他们的兴趣。这些会发响声的玩意儿被带上多达20000多只，小镜子也有900面，大镜子10面（可惜到那边，大部分被敲碎了），刀400把，全是“德国造”（实物清单中特别注明，400把刀是最低价的德国货），50打剪刀，当然还免不了带上五颜六色的各种小玩意，诸如手帕、小便帽、黄铜手镯、假宝石、色泽绚丽的玻璃制品等等。在所有的交换品中，还有几套土耳其西装被当作天堂服饰放在旁边，除此之外还有一些粗陋的普通服装，很刺眼，质地为天鹅绒和羊毛，在本国都是无人问津，不值一文的次品。但正如香料在欧洲国家所受到的待遇一样，这些看似粗陋的商品很可能是外国人眼中的新奇玩意。这样无论买方还是卖方在商品交换中都可以得到10倍于原价的赢利，狠狠赚一笔。

以上提到的类似于梳子、小便帽、镜子和玩具这些，当然只会用在友好的场合，即当地人愿意与他们和平交换之时。但他们也考虑到了万一发生战争怎么办，因此舰队专门配备581门大炮、7门大口径炮和3门重炮。此时这些大炮正从舱口向外露出凶猛的神色。但由于炮弹的弹丸都是用铁石做的，差点让舰身不堪重负，再加上重达数吨、准备以后继续浇铸用的铅。其余的武器还包括1000支梭镖、200支长矛和200块盾牌，这些装备充足的武器，已经昭示了舰队此次航行必胜的决心。此外，他们还为超过一半的水兵配备了头盔和护胸板，特意为将军本人从毕尔巴鄂定做了两套铠甲，从头至脚都是用纯铁打造。穿上这安全的铠甲，即使走在陌生的部落里，也可以放心大胆了，就像来自宇宙空间的超人，谁也无法伤害他。尽管麦哲伦从心底里不希望有战争发生，这是他与世无争的性格决定的，但为了航行，总要以防万一。这支舰队的军事装备绝不低于当年科尔特兹率领的舰队。1519年夏，科尔特兹带领着装备精良的武器，用很少的人就占领了世界的另外一端——一个几百万人的王国，也就是从这个时候起，西班牙的英雄年代宣告开始。

麦哲伦的沉稳特性再一次提醒以及警醒着他，为此他觉得有必要再次深入地对每艘舰船的所载货物、装备和航行的安全性逐一做最后的检查。最后要审查检阅的对象就是全体水兵了！招募这些水兵着实费了很大的劲，后来又花了好几个星期才把他们从海港附近最偏僻的巷子和酒馆里叫回来，这些士兵要么脏兮兮的、衣衫褴褛；要么嬉笑怒骂，一点风纪也不懂。问题还不仅在于他们的磨蹭，他们中的大部分人的语言也是一个问题，他们一直说着混乱不堪的“世界语”，一部分人说西班牙语，另一部分人说意大利语，还有一部分人说法语，剩下的那部分就更是葡萄牙语、希腊语，加达鲁西亚语和德语混杂着运用。要费心将这盘“散沙”聚拢起来使之变成一个优秀、可靠、严谨的水兵群体，看来还需要一段时间。但麦哲伦想的却没有那么复杂，他觉得只要这些人一旦上船，只消用几个星期就能牢牢控制他们！这自信来自他7年士兵、海员、上过战场的实际经验，只有感同身受的麦哲伦知道这些水兵究竟需要什么，也知道该用怎样的要求去对待士兵们的问题，在他心里这倒不是什么值得过分担心的事。

可是，当他瞥见那3位西班牙人——即国王派来给他当另外3艘战舰舰长的西班牙人时，他的心里不由得紧张起来，这种紧张让他十分不快，他浑身肌肉也不禁绷紧，仿佛一名进入决斗状态的角斗士，在面对敌手时表现出来的那样。此时那个国王的督察官尤安，德·卡尔塔格纳——也就是麦哲伦不得已用他取代法莱洛，而将之安排为“圣安东尼奥”舰舰长的那个人。当麦哲伦的眼光扫向他时，从他的眼睛里看出了几分冷淡而趾高气扬的神情。那是怎样一种不加掩饰的轻视啊！或许他就是故意将自己的鄙视显露出来的，显然这位富有经验的航海家参与进来的目的不是那么单纯的，其不可抑制的野心从他那不屑的神情里已经充分显现出来了，即便这位卡斯提尔贵族千方百计想要控制住自己的功名心，可是那怎么可能呢？况且国王又授予这个布尔戈大主教的堂兄以“联络员”的头衔，他会像他发誓的那样甘心屈居麦哲伦之下吗？当他藐视麦哲伦时，麦哲伦马上就想起阿尔瓦列兹对他耳语的警告：看来不光是他，还有另外的人口袋里也揣着特殊的权力，是有目的而来的，难道他麦哲伦真要等到来不及挽回名誉之时才会明白过来吗？细细揣摩过后，就会发现指挥“维多利亚”号的路易斯·德·门多查的眼神同样充满敌意，在船只还未离开塞维利亚时，这个人就已经敢于抗命，但为时已晚，麦哲伦已经找不出理由解雇这个隐蔽的敌人，因为国王已经把“司库”头衔授予了他。不，军官们在圣玛丽亚主教堂、在展开的旗帜下向他发誓表示服从和忠诚根本是在做戏，其实他们的内心早就潜藏着敌对和嫉妒的情绪，看来他必须对这些西班牙贵族保持警惕了。

不过除却以上烦恼的事情，还是有值得庆幸的事情，至少麦哲伦成功地避开了敕谕和合同中让人愤恨的限制条款。因为在众多的船员们中间，有将近30名葡萄牙人，其中大部分都跟他有朋友或者血缘关系。瞧，这位是他的堂弟杜阿特·巴尔波萨，此人尽管年纪轻轻，却已是一名富有经验的航海员。这位是阿尔瓦诺·德·梅斯奎塔，也是麦哲伦的近亲；还有埃斯特弗奥·戈默茨，此人最引以为傲的身份则是当年葡萄牙最优秀的领水员。这位是约奥·塞劳，虽然名义上是西班牙人，而且他曾随皮查洛和阿里斯率领的西班牙探险队在卡斯蒂亚滞留过，但他又是与麦哲伦有生死之交关系的弗朗西斯科·塞劳的亲戚，所以他对麦哲伦的情谊也如同他的亲戚一样纯粹而坦诚；此外，约奥·科瓦尔霍对麦哲伦此次的航行也大有帮助，因为他多年前曾在巴西呆过，且与当地一名褐色皮肤的女子成婚并生了一个孩子。以上两人深谙巴西语言和地域以及风土人情，故能在未来充当优秀的开路先锋。倘若能成功取道巴西而顺利进入马来语地域范围，到达摩鹿加群岛，接下来又有一个人可以发挥他的作用了，就是麦哲伦的那个奴隶，他很适合在当地充当翻译。从以上所述的情况来看，至少麦哲伦的情况并没有多么糟，至少在265名船员中，他完全可以信赖的人有至少半打或者一打。虽然这数量本身也是非常少的，但对于已经别无选择的麦哲伦来说，至少是得到帮助的力量源泉，虽然眼前的形势并不十分乐观，也不像他想象的那么顺利。

麦哲伦神情严肃地检阅了水兵队列，其实他也在考查每个人，悄悄盘算谁会在关键时刻拥护他，谁又会跳出来反对他。由于费心思考这个问题，以致他不自觉地眉头紧锁。但就在他本人对此还无所察觉的时候，紧张的情绪早已烟消云散了，他不禁微笑起来了，天啊，他竟然差点把这个人——意大利人安东尼奥·皮嘉费塔忘了。这个最后时刻才突然来到舰队的、看似多余的一个人，事实上，他性格文静、谦虚，而且也很年轻，他出身于温岑察一个世代贵族之家。看到这里也许有人会发问，一个贵族怎么会钻到这个由冒险者、热衷功名者、贪财者甚至亡命之徒组成的奇怪群体中来呢？实际上这纯属偶然。年轻的皮嘉费塔骑士早前与国王首席书记官的随从人员一起来到位于巴塞罗那的卡尔五世的王宫，当他偶然听到人们在谈论一支神秘的探险队时，对他们将取道一条陌生的航线开辟去东方的道路，产生了浓厚的兴趣。那可是迄今为止从来都无人去过的目的地啊！因为他读过威斯浦契于1507年在其故乡温岑察出版的《航海之国》，当年威氏曾在书中谈到自己的兴趣是"走向世界，发现宇宙奇迹"。这个作者在无形之中成了影响皮嘉费塔的人。此外，罗多维科·瓦尔特马在那本广为流传的游记中描述因探险而看到的新奇景象，也让这个年轻的意大利人感奋不已，他已经迫不及待地想像他崇拜的作者那样，亲眼看看汪洋大海"伟大而令人悚惧的事"，而且这一想法一度令他激动无比。于是当他遇到这样一个机会，又怎会错过呢？他乞求卡尔五世允许他参加这次神秘的探险考察，于是国王便把他介绍给了麦哲伦。也正因为如此，这个特殊的理想主义者一不小心就从理想走到了现实，现在已经成了这些专业航海者、敛财者和冒险者中的一员了。他参与这次冒险，既不为名，也不图利，而是纯粹出于一种狂热地想要环游并探究世界的激情。也就是说他是纯粹意义上的"业余爱好者"，竟然因为"半瓶子醋"的爱好，就即刻出发，为满足自己那种急于观察、经历、欣赏和受惊的乐趣，而将自己的生命孤注一掷在这次航行中了。

但正是这个看似不起眼的人，将在接下来的航行中充当起最重要的角色。实际上这一点与麦哲伦当初把他当作一个多余者，多少有点戏谑的味道。如果某个人空有某些伟大的业绩而无人帮他记录下来以流传千古的话，那这种业绩即使再辉煌又有什么用呢？成就了一个英雄业绩，并不代表这个业绩就圆满了，因为只有当某种东西真正成为知识和精神留给后世时，它才是真正圆满的。被我们称之为历史的东西，也并不是某些曾经发生在时空里的重要业绩的总和，其实可以这么说，实际上世界历史所涵盖的内容有时候仅仅是偶然被作者和学者陈述过的某个小片段而已。比如，如果没有荷马，阿基利就什么也不是，阿基利的形象也就不会像今天我们所熟知的那样而是模糊难辨的；如果编年史学家们没有用自己的陈述将这些业绩“定格”，如果没有艺术家形象地用各种写实或是浪漫主义的手法将这些业绩再现的话，那么我们可以毫不夸张地说，历史上的每个业绩就好比空洞的波纹，最终会遗憾地消失在历史事件的茫茫大海中，什么痕迹都不会留下。如果我们只拥有彼得·马尔提尔10件遗物中的一件，甚至连马克西米利安·特朗西尔瓦奴的简短书信以及领水员的几幅枯燥的图画和航海日志都没有的话，那么我们对麦哲伦其人其事也就不甚了了；恰恰是这个看似的多余者、这个“嘴上无毛”的小骑士的记录，才让后世如此敬仰麦哲伦的伟大业绩。

当然诚实的皮嘉费塔并不是沉默寡言的人。在写作方面，他的冒险精神也在时刻体现着。虽然对于航海来说，他仅仅算个业余爱好者，而且对于察言观色也不十分擅长，因此，当麦哲伦与那些舰长们之间存在着心灵上的某一时刻的紧张时，也会让好似处于睡眠状态的他忽视了。但恰恰因为他很少关心人际关系，所以他更能从别的方面最为细心地观察细节，就像刚开始写作文的中学生写远足的记录一样，他活泼而公正地记录下了发生在麦哲伦身边的种种详情细节。但也不能因此就认定他的文字总是可靠的，因为他本性淳朴善良，所以即便有时被资深领水员的谎言诓骗，他也不会很快察觉。那些人早就看出他是个乳臭未干的小伙子，所以经常捉弄他。但他因为充满好奇心而翔实描写的某些细节，足以弥补因为他荒诞不经的想象所带来的文字上的缺失。为了鲜活地记录麦哲伦的航海细节，他殚精竭虑，采用类似于贝励志（语言学家）的方法，更采取对所有事都刨根究底地询问巴塔哥尼人的方法，没想到这种做法无意中竟然给这位小骑士带来了历史性的声誉：他编纂了第一部美洲词汇字典。但他的更高荣誉还不止这些，在莎士比亚的晚年作品《暴风雨》中曾经借用了皮嘉费塔游记里的一个场景。可以说，这部游记带给很多人益处，而莎翁从这部游记里获得的绝对比任何人都多。皮嘉费塔作品里的某些东西经莎士比亚一借用，就得到了不朽的融合，更提升了他们彼此作品的魅力，这魅力犹如雄鹰展翅翱翔高空一样，把原本无足轻重的名字一道带入了永恒之境，这对于当时在作家之列中还不怎么靠谱的皮嘉费塔来说，绝对是再也没有的美事了！

结束巡视的麦哲伦心静如水，放下心来。对他来说，终于可以给自己之前的估计和预想打一个满分了，因为凡是需要的基本都通盘考虑到了。然而冒险考察航行本身就是一种挑战，是向超出凡人想象和估计的力量发出的挑战。即便再思虑周到的人，也可能会迎来一去不返的结局。于是，麦哲伦在自己的理想即将成行之前，为了以防万一还是抽出两天时间写了遗嘱。

几乎每个读了麦哲伦遗嘱的人都会被遗嘱的内容所感动。一般来说，立遗嘱并在遗嘱上署名的人一般都知道自己大概有多少财产。但当时的麦哲伦又怎能知道呢？哪怕是大概的知道也不可能——实际上他又有多少财产可以遗赠呢？经过这次航行之后的他或许会变成乞丐，也可能摇身一变成为富甲一方的有钱人，但这些都还是未知数。实际上，他的全部财产都存在于与国王签署的契约里。假设麦哲伦成功找到了连接大西洋和太平洋的神秘通道，并最终抵达香料诸岛且满载香料而归，那么这个出发时的穷光蛋肯定会衣锦还乡且成为大富豪。如果他有幸能在途中发现新的岛屿，那么连他的子孙也可获得统治新岛屿的世袭总督头衔。反之如果他走错航道，或者船毁人亡，那么他的妻儿就不得不靠教堂的救助勉强果腹。如今命运全靠上苍来怜悯，因为也只有他才有能左右风浪的力量。麦哲伦——这个虔诚的天主教徒，他早就谦卑地将自己的身心都投入到上帝那不可知的意志里。所以，在这感人的遗嘱里，人们首先看到的不是针对人和官府的交代，而是对“至高无上的、万能的上帝，我们的主宰，永远统御一切的主宰”做出交代。他在遗嘱中的说话口吻先是基督徒，继而才是贵族，最后才是丈夫和父亲。

在麦哲伦那虔诚的遗嘱里，含糊其辞或思路混乱这种现象是绝对不会出现的。在一切令人惊异的预想中也提到了他自己的身后事。一切他都预想到了，而且条理清晰且层次分明地一一做出交代。“倘若这次我的生命行将终结，进入到上帝的永恒国度”，他希望“最好在塞维利亚，即在圣马丽亚德拉维多利亚教堂能专门辟出一小块地方”做他的坟冢。假如他在途中过早地被死神夺走生命，以至可能连尸首都找无法运回故里，“但愿人们将我的尸体置于最近处的某个忠于圣母的教堂里，以乞求最终的安息”。

在接下来的阐述中，这个信仰坚定的基督徒既虔诚又精确地将自己的一部分遗产分割给教会机构，合同中规定如果航行成功，他将得到大概1/5的赢利，而他则将这其中的1/10拿出且分成相等数量分别赠予圣马丽亚德拉维多利亚教堂、圣马丽亚蒙塞拉特教堂和位于奥帕尔多的圣多明戈教堂。还将另外的1000马拉维迪赠予塞维利亚小教堂，就是在这个教堂，他（出航前）曾经在此接受过神圣的晚餐，并且希望上帝保佑以后（在幸运归来后）能有在此再吃圣餐的荣幸。实际拥有的银币也被分成了几部分，其中一部分给教会用来组织圣事活动；一部分用于赠送给从异教徒手里解救出来的基督徒俘虏；一部分则赠送给位于圣拉扎洛的病弱院为院里的老弱病残们出一份绵薄之力；第四和第五部分则被分别赠予德拉布巴斯医院和卡萨德圣塞巴提安医院，他希望在那里接受布施的人们能“为他的灵魂向上帝祈祷”。此外，他还希望人们能对他的遗体做30次弥撒，然后埋葬在圣马丽亚德拉维多利亚教堂后再做30次弥撒。此外他还决定：“在埋葬我的当天，要让3个穷人穿上灰布做的外套、要让他们至少有一件衬衫、一双鞋和一顶帽子，以便让他们为我的灵魂向上帝祈祷。我希望，在这天不仅这3个穷人得到救助，而且还能有另外12个穷人因我也都有饭吃，好让他们为我的灵魂祈祷。另外我希望为这些人捐出一个杜卡滕金币，捐给涤罪所。”

教会在遗嘱中获得了他遗产的一部分，接下来，人们期待看到他给妻子儿女分遗产了。但令人感动的是，这位虔诚的基督徒更关心的是他的奴隶的命运，其中夹杂着他某些难以释怀的情感。或许，他的良知许久之前就已经认真思考过，一个真正的基督徒是否可以像拥有财富、土地和衣裳一样，将一个奴隶，一个已经接受基督教洗礼，有了共同信仰，拥有不朽灵魂的人视为自己的私有财产。不管怎样，麦哲伦不愿带着这种不安的心情见到上帝，所以他在遗嘱里写道：“从我死去那天开始，我的俘虏及奴隶恩里奎——生于马六甲市，26岁，即不必行使作为奴隶和仆人的所有义务，完全可以按照自己的意愿行事。另外，我将从我的遗产中拿出一万马拉维迪资助他。因为他已经是一名基督徒，能为我的灵魂向上帝祈福，我愿意赠予他这笔遗产。”

他满怀热情为自己的未来生活做规划："首先确定那些善举，即便到最后上帝要审判他这个十恶不赦之人，那些善举也可以为他赎罪。"接下来，麦哲伦的遗嘱开始针对自己的家人。他对家人的交代更侧重于无形资产的拥有，而并非金钱和财产等有形资产：叮嘱家人继承他的盾形徽章和贵族名称，即便他的儿子活的时间没他长——不祥的预感，麦哲伦家族的第二代、第三代仍然可以佩戴他的徽章。这位贵族像其他基督徒一样，在遗嘱中迫切渴望着永恒。

再往下，麦哲伦在遗嘱里将自己"尚不确定"的财产分给了自己的妻儿。最后，麦哲伦将军在遗嘱上郑重地署上自己的名字"赫尔南多·德·麦哲伦"，字迹刚劲有力，一如他的为人。可是，命运的安排无法由一支鹅毛笔掌控，也不会因为向上帝宣誓就可以改变。任凭人的意愿再强大，也无法和命运的专横相抗衡。麦哲伦的遗嘱全部落空，成为一张无用的废纸。他选定的继承人无法得到继承；他思及的穷人无法得到安慰；他的遗体无法在他期望的安息地安葬；他的盾形徽章也将就此失传。唯一永垂不朽的是他成就的伟大航海业绩，比世界上任何航海家的成就都更伟大，这也是他留给全人类的唯一一份令人想念的遗产。

在尽完最后一次义务，麦哲伦迎来了离别的时刻。他的妻子抱着他们的儿子站在他面前，抽泣着，再次怀孕的身体不停地颤抖。他和妻子在一起生活了一年半，这是他第一次体会到真正的幸福，也是他人生中最幸福的时光。麦哲伦最后一次拥抱了妻子，又握了握她的手。麦哲伦不忍心再看到妻子流泪，怕自己会心软，于是快速登上小船，顺流而下前往圣路卡，那里有等待他的舰队。麦哲伦和舰队的全体船员在圣路卡小教堂里忏悔，然后一起吃了圣餐。

1519年9月20日，星期二，这是个被载入世界史册的日子。清晨天刚刚放亮，舰队的所有舰船在铿锵的声响中起锚，帆樯随风鼓荡，大炮的轰鸣声渐行渐远：人类历史上最远的航行、最勇敢的冒险拉开了帷幕。

第七章

寻觅还是寻觅

已经没有退路而言了，如果下令转舵向巴西航行，他就不再是军官们的指挥官，而是他们的俘虏了。于是他下了一个很大胆的决心。就和科尔特兹一样，在同一年破釜沉舟地断了自己的退路，麦哲伦也下定了决心把舰队和人员牢牢地拴在一个最偏僻的地方，就是他们逼迫他返航也不可能了。

1519年9月20日至1520年4月1日

1519年9月20日，麦哲伦带领舰队驶离了大陆。在那个年代里，西班牙已经开始在远离欧洲的地方扩张领土了。舰队航行了6天之后，在加那利群岛靠岸，便于补充淡水和粮食。这里是属于卡尔五世的领土，这些世界航海家在继续去往未知的领域航行之前，再踏一次祖国美好而坚实的土地，再呼吸一次母语氛围中的空气。

最后一次短暂的休息就要结束了，麦哲伦正打算下命令起航的时候，从西班牙那里有一艘三桅帆船开了过来，远远地向这边招手。这艘船为麦哲伦带来了他的岳父迪戈·巴尔波萨的秘密消息。大多数情况下，秘密消息一般都说明是坏稍息。巴尔波萨告诫他的女婿说，他得到了非常可靠的消息，舰队里的西班牙舰长们已经订立了秘密合约，在航行的途中打算坚决不服从麦哲伦的指挥。计划这个阴谋的头目就是尤安·德·卡尔塔格纳，也就是布尔戈主教的堂兄。麦哲伦没有理由去怀疑岳父警告的正确性和可靠性，这完全和间谍阿尔瓦列兹那一次暗地里的威胁相互印证了："已经派出了其他的人，而且发布给他们另外的指令，不要等到他没有机会挽救名誉的时候才会知晓。”不过既然事情已经到了这个地步，面对着迫在眉睫的危机，麦哲伦的坚毅会变得更加坚毅。他很有气魄地给塞维利亚写了一封回信，表明无论发生什么事情，他都会毫不动摇地为国王效劳，用生命来保证。他没有让舰队里的任何一个人知道，他人生中收到的最后一封信是为他带来的警告，让人压抑又是千真万确的。他下达了起锚的命令，几个小时之后，加那利群岛的山峰在远处渐渐模糊了，对舰队中的绝大多数人来说，这是最后一次遥望祖国的土地了。

航行中有着种种困难和危险，麦哲伦最艰难的任务之一是一直要保持5艘吨位不同、航速各异的舰船队形不散，始终保持一个整体。如果丢失了任何一艘，那么在这个没有航道的茫茫大海里，就别想再把它找寻回来。因此，本着和国王签署的协约精神，麦哲伦在出航之前就建立了一个特殊机制以保证各艘舰船相互联络。虽然他已经把大致的航向告诉给了各舰的船长和领航员，可是一航行到公海上，命令就只有一个，那就是紧紧跟着旗舰“特利尼达特”的航行轨迹。在白天这个并不困难，就算是遇到大风，各个舰船还是可以互相看到的，可是到了晚上，各舰要保持不断联络就很困难了，他们必须利用灯光信号来制定周密的联络方法。当夜晚来临的时候，他们就会在旗舰尾部的一个灯笼里将木头火炬点燃，以便让后面跟着的各艘舰船看见指引航向的旗舰。如果旗舰上除了木头火炬之外，还点了两个航灯，就是告诉各舰要走得慢些，或是因为风向不利需要抢风行驶；点了三个航灯，就表示马上会有风暴，需要收了下帆；点了四个航灯，就表示要将所有的帆都收了。如果旗舰上的木头火炬闪烁发光或者鸣炮，就是提醒后面跟随的舰船要小心附近的浅滩和沙滩。如此这般，他们利用夜间灯火语言制定了有着丰富内涵的信号系统，来应付一切可以预见到的特殊情况或者事故。

如果旗舰上有这类灯火信号出现的话，后面跟着的各舰就必须马上用同样的方式回复，以便让舰队总指挥知道，他们是不是已经明白了命令，而且在执行这个命令。除了这个以外，各舰还需要在每天傍晚的时候向旗舰靠拢，给将军问安说：“向您致敬，舰长和指挥官先生！”而且要接受分配给3个夜里值班的人的命令。4个舰长每天都会定期向将军汇报情况，从表面上看，纪律从第一天起就有了保障，旗舰引领，各舰跟随，将军对航线享有决定权，其他舰长都必须毫无疑问和怨言地服从。

一个人的手里掌控着这样集中的、权威的领导权，再加上这又是一个寡言少语的葡萄牙人，他像命令新兵一样每天命令其他 4 位舰长到他身边汇报工作，接受指令，然后再把他们打发回舰，就如同他们是小兵一样，所以这些人的内心里也起了一些变化。他们毫无疑问地都抱着这样的希望——必须说他们没有任何的不好。要是说麦哲伦在西班牙的时候，对这次航行的真正目的守口如瓶是担心“通道”秘密成为人们口中的谈资，继而可能会有泄露给间谍的危险的话，那么现在处于公海之上还这样地小心谨慎就没什么必要了，他应该把他们叫到旗舰上，拿着地图为他们详细地讲述一下，这个到现在还被隐瞒着惹人猜疑的计划。麦哲伦不仅没有这样做，反而是更加沉默地难以接近。他没有征求过他们的意见，也没有让这些久经考验的舰长出谋划策。他们不需要劳心动脑，只需要服从白天的旗帜、夜晚的灯笼，就好像狗跟着主人那样。西班牙舰长在最开始的几天里，很平静地接受了麦哲伦沉默而又理所当然的领导，不过当麦哲伦将军并没有选择从西南方向径直向巴西航行，而是选择了向南的航线直接到达了塞拉利昂，紧靠非洲海岸航行的时候，卡尔塔格纳就在每晚例行的会议上面提出了一个问题，那就是为什么违背了之前的命令，改变了航线？可是并没有得到回复。

之所以提这个问题，卡尔塔格纳并不是为了表示自己的不屈（有必要强调一下这一点，因为为了降低麦哲伦的过错，大多数的时候这个人都被说成是一个从开始就心怀不轨的叛徒）。他被国王任命为“联络员”，而且还是规模最大的舰船的舰长、西班牙王室的监察官，他这样彬彬有礼地向最高指挥官提问，为什么要改变已经定下来的航线，这样做是完全符合逻辑的，而且是非常正当的。况且从航海的角度来看的话，卡尔塔格纳也确实是有道理的，因为麦哲伦命令走现在这条新航线已经被证明了是绕道行驶的，它会让舰队无端端地浪费掉 14 天的时间。那么到底是什么原因让麦哲伦改变了航线，我们就无法知道了。或许他沿着非洲的海岸向南航行到几内亚，是为了在那里截获“真正的信风”——这是葡萄牙航海的秘密，西班牙人是不知道的。或许他偏离了习惯的航线，是为了躲避葡萄牙马诺厄尔国王派往巴西的船只，打算把麦哲伦舰队夺过来。无论怎样，麦哲伦用正当的、朋友一样的态度向舰长陈述一下改变航线的理由其实不会费什么力气，可是麦哲伦认为，这里面涉及的情况很复杂，不只是向西南或是向南再向西南多走几海里的事情，而是关系到了纪律的问题——是否承认一开始就要保证舰队纪律的问题。如果恰好如同他的岳父对他的警告那般，舰队里果真有叛徒的话，他就应该逐个地去辨别，假如真的有对他隐瞒的不正当的命令，他就应该弄清楚，这对维持他的权威是有好处的。卡尔塔格纳质问他，这对他来说是一件好事，因为这样肯定会有个结果，看一看这个西班牙的希达尔戈到底是和他平起平坐还是在他的权威之下。事实上官阶的高低反而搞得有点模棱两可了。卡尔塔格纳是以钦定的监察官的身份被派来的，无论是他的资格还是他作为“圣安东尼奥”号舰长都是没有建议权和咨询权的，完全接受麦哲伦将军的领导，可是当麦哲伦将同伴法莱洛排挤掉之后，卡尔塔格纳就取代了法莱洛的位置，被任命为“联络员”了。这样的话情况就改变了，因为“联络”就意味着是配备给他当副手的。两个人现在都各有各的证据，有圣谕撑腰。麦哲伦可以说圣谕指明了将舰队的最高指挥权交给他一个人，卡尔塔格纳也可根据圣谕中的话：“如果他发现了某种疏忽，或者在他人考虑不全面、洞察力失常的时候，他是有权参与管理的。”“联络员”可以要求将军对某种行为作解释吗？在这个问题上，麦哲伦的态度毫不含糊，他用粗暴的言词立即回答了卡尔塔格纳：“谁也没有权力要求我作出解释，你们只可以选择跟随。”

事实上，这的确是粗暴的。麦哲伦宁可选择马上挥棒打击，也不愿意选择用威胁或商讨的方法达成协议。他冲着西班牙舰长们毫不避讳地叫嚷着：“你们不要有任何的幻想，这里我说了算。”麦哲伦有一只随时可以出击的愤怒铁拳，可是这只手缺乏某种能力，尤其是在粗暴打击的地方需要耍点手腕以便于平息事件的时候，他恰好缺少这种能力。他永远也没学会这种技巧，那就是用亲切的方式来处理很棘手的事件，用诚恳坦然的态度和上下级进行沟通，所以从开始就注定了会在舰长们这个最重要的力量中心，形成一种紧张、敌对、愤怒的氛围。当卡尔塔格纳质问为什么要改变航行的路线，而这种改变又的确被证明是麦哲伦很明显的失误，这个时候有一种隐蔽的不满情绪就会越来越激烈。麦哲伦所说的借助信风并没有取得成功，舰队在风平浪静的大海上漂泊了两个星期，后来又遭遇了一场特大的暴风雨。我们根据皮嘉费塔富有浪漫色彩的报道可以知道，他们因为圣安塞尔姆、圣尼古拉和圣克拉拉等各位保护神的神灵闪现（就是在暴风雨时看到桅杆顶端的电光火球）才得以解救了。由于麦哲伦独断专行的做法，改变了航线，无端端浪费了14天的时间，卡尔塔格纳终于无法忍受了，他认为麦哲伦忽视了别人的建议，不能接受别人的批评，因此他打算让整个舰队看一看，他——卡尔塔格纳——并不是那么尊重这样一个不负责任的航海家。虽然他和往常一样每晚还是服从地把“圣安东尼奥”号开到旗舰旁边，而且还是会登上旗舰向将军汇报情况，接受指令，不过他第一次没亲自出席在甲板上放礼炮向将军致敬的仪式，而只是派了军需官代替他出席的，这个军需官是这样向将军请安的：“向您致敬，舰长和指挥官先生！”

麦哲伦一点也没有弄错，他不会单纯认为这个错误的问候是偶然的无心之失。当卡尔塔格纳吩咐别人称呼他是“舰长”而不是“将军”的时候，就是对整个舰队说，“联络员”不承认麦哲伦是上级。麦哲伦马上派人叫来了卡尔塔格纳说，他希望从今之后注意其他人的问候方式，一定要正确得体，然而这个时候的卡尔塔格纳也拉下了脸，冰冷地反驳了一句说：“很遗憾，我这次派来问候的人已经是舰上最优秀的一个了，下次也许会是一个实习水兵。”从此之后连续有三天的时间，“圣安东尼奥”号都没有来问安，这是为了给整个舰队看看，以向大家表明，这艘舰船的舰长对这个葡萄牙指挥官的极端专制是不认可的。这个西班牙骑士公然向麦哲伦挑战了，他由此获得了声誉。他并不是一个隐藏的阴险叛徒，像一些人们口中的那样。

一个人在关键时刻的态度比任何时候更能看出他的个性，一个人潜在的力量和能力只有在遇到危险的时候才会被激发出来，无论是古代还是现代。个性在中等温度之下显得暧昧，它藏在可测之镜的下方，只有在紧急时刻来临的时候才真正显露出锋芒来。麦哲伦面对危险的反应自始至终都是一样的，每当遇到大决断的时候，他总会变得更加沉默又冷峻，让人害怕得仿佛冰冻了一样。就算遭到最粗野的侮辱，也不会让他深藏在浓密睫毛后面的瞳孔发光，让他紧闭的嘴唇抽动一下，他完全掌控着自己的感情。这种冷静让他可以细致入微地观察，就好像观察透明的晶体一样。他让自己在冷静的沉默中封闭了起来，这个时候正是他谨慎思考对策的时候，在他的一生里，头脑发热、按捺不住而匆忙出击的情况从来没有发生过。在闪电落地之前，总会有很长一段时间的深沉缄默，如同乌云聚积。

这一次麦哲伦依然选择了沉默，不了解他的人——西班牙人还不了解他——一定会以为他忽视了卡尔塔格纳的挑衅，其实他已经在准备着反击。他知道想要用武力在公海上把规模最大、武器装备最精良的一舰之长从岗位上拉下来是不可能的事情，那么现在就先选择忍耐吧，对，只有忍耐！最好是装装糊涂，不把这个当回事。他就是这样用沉默来应对侮辱的，就和他平时那样善于沉默：怀着宿命论者的热情、农夫的韧性和赌徒的激情，沉默着，沉默着！人们看到他在旗舰上安详地走来走去，仿佛已经完全沉醉在了舰上平日里的一些小事情里。“圣安东尼奥”号已经不再对他问安了，傍晚也不再对他祝福了，对待这些他好像一点也不生气。各个舰长甚至有了一种错觉，觉得这个像谜一样神秘的人突然有了和解的意向。他借着一个水兵严重违规的事情，第一次把四位舰长都叫到了旗舰上，一起商讨处理决定。舰长们立刻就想到，麦哲伦和同伴敌对，这一定让他感到丢面子了；他一定已经意识到改变航线是错误的，所以他不得不改变策略了，不能继续将富有经验的老同伴当作下人那样对待了，而应该向他们求救。卡尔塔格纳也来了，他终于得到了一次机会，以发泄曾经受到的长期拒绝，以为可以就事论事地讨论了，于是又重提旧事了，就是麦哲伦到底是为了什么原因要改变航线。按照原先的计划，麦哲伦一直保持着冷静，很吻合他的性格，如果卡尔塔格纳对他的排斥态度越来越激烈，那才是他所期望的。国王的“联络员”自以为有了自由批评的权利，而且看起来他也完全践行了这一权利，他怒气冲天地公然拒绝服从麦哲伦。优秀的心理学家麦哲伦早就料到了他会是这个态度，正好给了他利用的机会以便达到自己的目的，因为这是他出击的好时机。他立刻使用卡尔五世授予他的不受制约的权力，一把抓住了卡尔塔格纳的胸，愤怒地说：“你是我的囚徒！”然后命令他的军械官和警官把这个叛乱者抓了起来。

其他的西班牙舰长都震惊坏了，你看看我，我看看你，没有说话。几分钟之前他们还和卡尔塔格纳站在同一阵线，现在心里还是对这个老乡满是同情，反对外来的掌权者，可是麦哲伦命令部下抓捕反对者，就好像抓捕罪犯一样，出手又猛又快，有如恶魔一般已经摧毁了他们的意志。卡尔塔格纳向他们求救也没有用了，谁也不敢上前一步，甚至都不敢看麦哲伦，这位敦厚的小个子男人第一次让自己的令人生畏的力量冲破了沉默的封锁，显露出了锋芒。这时候有人打算把卡尔塔格纳关到炮塔里面去，其中的一位舰长用自己的名誉担保，唯唯诺诺地向麦哲伦求着情，说卡氏是西班牙贵族，不方便给他戴铁镣囚禁他，只要将他交给他们当中的一个人当作俘虏看管就可以了。麦哲伦同意了这个建议，条件是他要求门多查负责监视卡尔塔格纳，不过门多查必须要发誓，必须随时听从将军的调遣。就这样解决了一切。一个小时之后，另一位西班牙军官当上了“圣安东尼奥”号的舰长，他叫安东尼奥·德·科卡，他每晚都会从舰上向将军敬礼，举止得体，毫无差错。航行的路上再也没有发生别的事情。11月29日，桅杆瞭望台上传来了一声喊声，报告说看到巴西的海岸线了。他们没有靠岸，只是在伯南布哥附近远远地眺望了一下。终于在12月13日，经历了十一个星期的连续航行，5艘舰船相继驶进了里约热内卢港。

对于这些筋疲力尽的海员来说，里约热内卢就像天堂一样美好。他们陶醉在这市庭的华美里，这里的景色最起码不会比前些日子里所见到的逊色。里约热内卢(Rio de Janeiro)以罗马神话中的肇始神哲那斯(Januarius)的名字而得名，因为它发现于1月份。可是Rio这个叫法是不正确的，因为人们猜测在这地势复杂的岛屿后面应该是一条大河的入口。当时这座城市已经在葡萄牙人的势力范围之下了。麦哲伦下令靠岸，葡萄牙人还没有建立固定的居住处，也还没有修建防御性的炮台，景色宜人的海湾没有一个人，非常安静，所以这些西班牙舰船可以放心大胆地从组成葳蕤海滩屏障、神话一样的岛屿旁边驶了过去，没有任何的阻碍就抛锚停泊了。登岸的小艇刚刚靠在岸边，土著人就急急忙忙地从茅屋里，树林中跑了出来，接待这些身穿铠甲的士兵，虽然他们有些好奇，但是完全没有什么戒心，心情很好，可以信赖。皮嘉费塔后来听说这些野蛮人有时会将杀死的敌人穿在长矛上面烧烤，如同在圣灵降临节上从牛身上割下一块块肉一样，吃得非常惬意。皮嘉费塔得知这件事后很是寒心，不过他们如同神明一样的素不相识的白种人没有这种欲望，所以水兵们不用使用麻烦的火绳枪和笨重的长矛了。

过了几个小时，活跃的商品交易开始了。在这方面，皮嘉费塔可以说是得心应手。在11 个星期的航行中，这位富有进取心的编年史作家没有找到什么写作素材，只是随便写些与鲨鱼和奇怪鸟类有关的小故事，就好像玩耍一样。对于卡尔塔格纳的被捕，他假装在梦里一样装着没看到。现在他要把这里所有美好的事情都记到日记里，文具盒里的笔都不够用了。他并没有描绘四周多么奇特的景致，当然我们不能强制要求他写这些，因为描写大自然是 3 个世纪之后的事，让雅可布·卢梭是首创者。皮嘉费培很喜欢记述各种各样的新奇水果，“大大圆圆的像冷杉球果一样、味道香甜可口的”菠萝，还有他觉得很像板栗的“土豆”，还有“甜杆”，也就是甘蔗。简单愚昧的土著人以极其便宜的价格将自己的粮食卖给了他们。这个诚实的年轻人的喜悦已经无法形容了，有着褐色皮肤的当地人用五六只鸡换了一个小小的钓钩，两只鹅换了一把梳子，10 只漂亮的鹦鹉换了一面小镜子，用可以让 12 个大汉管饱了吃的鱼换了一把剪刀。就为了换一个小铃铛（我们记得舰队带的铃铛不少于两万只），他们拖来了重重的一筐土豆。皮嘉费塔用一副旧牌里那张脏不拉几的王牌换了 5 只鹅，土著人自己还以为他这个没有经验的骑士上当吃亏了。年轻的女孩子也出奇地便宜，皮嘉费塔用他那温柔的笔锋写道：“头发是她们身上唯一的衣服。”要买两三个女孩只需要用一把刀或一把斧头就可以了。

就在皮嘉费塔忙于用日记形式写报道的时候，水兵们正在吃喝垂钓、和惹人欢喜的褐色女孩打打闹闹中打发着时光，此时的麦哲伦却在专心致志地思考着继续航行的事情。他只希望所有的船员的体力可以再次恢复，还要继续严律军纪。他的心中满载着的是对西班牙国王给予的责任，禁止部下在整个巴西沿海购买奴隶，禁止使用武力，以不让葡萄牙人抓到反对的把柄。

友好的姿态让麦哲伦取得了一个卓越的成功。因为他们从来没有给当地的土著人造成什么不快的事情，所以土著人也渐渐扔掉了所有的恐惧心理。当庄重的弥撒在海滩上举行的时候，这些单纯得有如孩子一样的人们成群结队地快乐地来到了这里，满怀好奇地注视着这个奇特的仪式，以为是白人为他们带来了盼望已久的雨水。他们看到白人跪在一个被人高举着的十字架之前，就也跟着跪了下去，两只手环抱在胸前。虔诚的西班牙人认为这是一种表明这些人已经在潜意识里接受了神秘信仰的好迹象。在这里停留了13天，舰队在12月底驶离了这个难忘的宽阔海湾。麦哲伦的良心不是当时所有占领者可以比较的，他能够问心无愧地继续航行，就算是在这里不能为国王占领疆土，他作为虔诚的基督徒却可以为天主赢得新的灵魂。在这一段时间里，没有发生什么让人伤心的事情，没有一个土著人被强行带走，背井离乡。无论是来的时候，还是走的时候，麦哲伦都很平静。

水兵们很不情愿地离开了像天堂一样的里约热内卢，很不情愿离开这个有着无穷魅力的巴西海岸，现在已经不可以靠岸了，麦哲伦不允许他们再休息了。内心的焦躁让这个坚不可摧的人向着那个“通道”猛扑——那是他根据马丁·贝海姆绘制的地图以及某处一个报道预算出的“通道”。如果那些葡萄牙人说得正确的话，而贝海姆地图上标明的纬度同样正确的话，那么这个“通道”就一定在圣玛丽亚角后不远的地方，所以麦哲伦直奔这个海角而去，一刻也不停歇。终于在1月10日他们发现了一个小山丘，在一望无际的平原上突起着，他们给这个小山丘起名为“蒙特维的”（现在叫蒙得维的亚）。他们从极端恶劣的天气里自我解放了出来，进入到了一个向西延伸仿佛没有尽头的广阔海湾。

其实这宽阔的海湾就是拉普拉塔河的入海口，不过麦哲伦并不知道，只是满怀着无法抑制的热切仔细盯着那个地方看，那个地方是一些秘密报道预示给他的。在那里，气势磅礴的潮水正向西汹涌而去，这里一定是那条他在贝海姆地图上见过的、人们寻觅已久的“通道”。

这个地方的位置好像和他在里斯本得到的消息完全一样，一些在专业知识上具有权威的陌生人告诉他的，这肯定就是“通道”，就是那个传单上所记载的葡萄牙人20年前想要通过的“通道”。皮嘉费塔证实了这一点，舰队的其他人也一致认为是这样，发现了这条宽阔的水道，那条盼望已久的通道终于找到了。这里的水面浩瀚宽阔，两岸清晰可辨。和欧洲的莱茵河、渡河、埃布罗河、特茹河的入海口相比简直有着天壤之别，欧洲那些河流的入海口沉闷得让人打瞌睡。这个海湾一定是另一条直布罗陀海峡、英吉利海峡和达达尼尔海峡，它连接着大西洋和太平洋。舰队的官兵相信着他们的领导，梦想着几天后就可以通过新发现的航道，到达另一个南部的海洋，也就是有如神话一样的“南海”（“Mar del sur”）。这片海域通往印度、日本、中国、香料诸岛屿，过了这片海域就可以获得世上所有的珍宝和财富。

麦哲伦第一天看见这辽阔的水域，就以为实现了自己的梦想。他在这里，只是在这里寻觅，这个阶段表现出来的顽强和执著的精神证明了他确实是这样判断的。可是在拉普拉塔河的入海处的寻觅徒劳无功，确切地说麦哲伦在这里耗去了15天的光阴。他们一到这里就遭遇了暴风雨，等到暴风雨稍微弱一些的时候，麦哲伦就给舰队分好了工，让较小的舰船在被误以为是通道的拉普拉塔河内向西航行（其实是逆流而上），他本人亲自率领着两艘大舰横向穿过这个入海口向南航行，想要摸清楚这条通道向南延伸到多远的地方。当小舰在向河的上游航行的时候，他在不紧不慢地、精确仔细测量着海湾南面的整个范围，然而结果都是让人失望的。麦哲伦满怀激动地在“蒙特维的”海湾航行了15天后，终于看到了返航舰船的闪闪发亮的帆影，可是桅杆上并没有悬挂欢快飘扬的小旗，舰长们带回的消息让人十分沮丧，那就是这条被大家乐观地认为是正在寻觅的通道，其实只是一条大大的淡水河。人们为了纪念同样在此寻找去摩鹿加的航道的尤安·德·索利斯，就把这条河暂且命名为德·索利斯河（后来命名为拉普拉塔河）。索利斯当年在这里不仅没有找到航道，而且还把性命留在了这里。

麦哲伦浑身的肌肉坚硬如铁。他不能让舰长们和水手们觉察到他的失望情绪，他的信心被打击殆尽。这时候将军才知道了马丁·贝海姆的地图是错的，葡萄牙人说的找到了通道的消息也是急功近利的错误，而他却把环球航行计划建立在了这个骗人的信息上；法莱洛的所有计算和论断全是错的，错，错，错，他向西班牙国王和他的枢密顾问们承诺和担保的东西竟然都是错的。如果说这条通道毕竟是存在着的——麦哲伦到这时还是坚信着，现在必须牢牢记住“毕竟”两个字——那么它一定在更南的某个地方。但是向南航行并不是要向热带前进，因为他们早就已经越过了赤道，而是在向南极靠近。赤道另一边的2、3月份不是故乡冬季的结束，而是冬季的开始。如果现在不能很快地找到通向“南海”的通道，就意味着失去了绕过南美的最佳季节，这样的话就只有两种选择了。

要么退回到温带，要么在这里的某个地方过冬。

就在侦察舰船失望地返回来的时刻，这个不祥的意念给麦哲伦的心灵蒙上了一层阴影。就和他此时阴郁的内心世界一样，外部世界也变得阴郁了。海岸越来越空荡冷寂，天空越来越阴沉黑暗，南方那亮丽的光线熄灭了，蔚蓝的天空黯淡了，堆满了阴沉的灰色密云。热带森林带着浓郁的芳香远远地去了。这香气飘到距离海岸线远远的地方，向靠近的船只亲热地撒娇！巴西那平和动人的风景、挂满果实的茂密树林、婀娜多姿的棕榈、五彩缤纷的动物以及殷勤好客的褐色皮肤的男女都不见了。这里的海滩上，只有摇摇摆摆的企鹅当人靠近的时候畏怯地蹒跚着，海狮慵懒笨拙的在岩石上打着滚，除了这些，周围看不到其他的生物。在这让人窒息的荒凉之中，人畜好像都不存在了。有一次在海滨看到一群身穿兽皮的野人仓皇逃窜，好像爱斯基摩人。水手们摇动着铃铛，挥动着彩色帽子都无法将他们吸引过来。如果想进一步向他们靠近，他们就会很快地跑开，表现出了明显的拒绝和不友好；要想找到他们的栖息地，也是白费力气的。

麦哲伦坚持紧靠海岸航行，越来越艰辛，航行的速度也越来越慢了。每一个小海湾、小海港都要彻底调查、用沿锤测量，麦哲伦早就不再相信那张起初吸引着他，后来在航行过程中出卖了他的地图了。可是或许，或许还会有奇迹出现，在某个地方“通道”突然出现了，而且在冬天到来之前，可以穿过它进入“南海”。人们可以明显感觉到，这个变得没有把握的人现在仅仅保存的一线希望，就是希望那张地图和葡萄牙人在测定纬度时出现错误了，希望通道在他们错误估计的位置的更南面的几海里处。当舰队在2月24日再次靠近了浩渺的圣马蒂亚斯海湾的时候，希望的火焰又一次熊熊燃起了——本来在这之前这个希望已经几乎要熄灭了。麦哲伦又派较小的舰船先行，看这里是不是就是渴望中的通往摩鹿加群岛的通道，然而还是毫无结果。这里又是一个封闭的海湾。除此之外又勘察了两个海湾，一个叫帕图斯海湾（因为有很多企鹅得名），另一个叫特拉巴约海湾（为了纪念在这里登岸的海员经历过的难以想象的艰难困苦），可是全都无功而返了；被冻坏了的海员带回来的不是人们渴望的消息，而是一种被他们打死的属于黏鱼科的多刺海鱼。

在阴沉的天幕下，人们只得沿着海岸继续航行。沿途的景象越来越荒凉，让人们心中充满了惊惧。白天越来越短，夜晚越来越长。舰队早就已经不是在柔和的蔚蓝色中航行，也没有了微风推动船只前行。现在只有冰冷的风暴凶狠地撕扯着船帆，雪粒和冰雹噼里啪啦地落下来，海洋里波涛汹涌，到处充满了危险。在这样恶劣的天气里，舰队耗掉了两个月时间才只走了一小段路程，就是从拉普拉塔河至圣朱利安港。他们几乎每天都在和肆虐的飓风做着搏斗，那个地区的飕风远近闻名，它折断了桅杆，刮走了船帆。天气一天天地变冷了，一天天地变暗了，可是还是看不到一点儿“通道”的影子。被耽搁的几个星期的时间，现在开始复仇了，当舰队在仔细探察那些海角海湾的时候，最险恶的敌人——寒冬提前到来了，站在他们面前用暴风雨挡住了他们的去路。半年时间过去了，可是麦哲伦对目标的了解并没有比在塞维利亚出发时更多一些。

时间长了，舰队的全体人员的心理都发生了动荡，他们本能地感觉到有一些什么东西不太对劲。招募他们的时候，不是说这次航行的目的地是香料诸岛吗？不是说到美丽的南方，天堂一样的世界吗？麦哲伦的那个奴隶不是把他的家乡说成是安乐园、随便一伸手就可以摘到珍贵的香料吗？不是有人许诺他们可以发财而且可以很快回家吗？然而现在根本不是这样。这个寡言少语的人将他们带到了这片越来越冷的荒凉的地方。在这里阳光也没有活力，偶尔穿过云层，可是范围太小了；在大多数情况下天空都被浓云笼罩着，空气中散发出雪的气味。寒风刮在脸上就好像刀割一样，冷冰冰地往他们破烂的衣服里面钻。如果伸手去抓冰冻的缆绳，手指就会被冻在上面；呼出的热气立刻就会在嘴边凝固。周围是那么的荒芜，充满了可怕的绝望。野蛮的食人者这时候也躲避着严寒。除了贝壳和多刺大海鱼之外，找不到任何动物和植物果实。这里的生物宁愿在冰冷的水里呆着，也不愿在受风暴鞭打的荒寂海滩上停留片刻。这个发疯的葡萄牙人为什么要出卖他们？究竟要把他们带到什么地方去呢？难道要把他们带到冰国和南极去吗？

麦哲伦尽力安抚着他们粗暴的牢骚，可是没有什么作用。他劝解他们说，请不要这样垂头丧气的，不会让他们总是品尝寒冷的滋味的。挪威和冰岛的海岸在更高的纬度区域里，不过在春天也和西班牙海一样是便于航行的，应该勇敢地再多坚持上几天，尽管情况有些危急不过还是可以度过这个冬天的，等到天气好转一些再继续航行。然而舰上的人员不是用空话就能平复的，他们说，不，不能这样比较，到这样的冰雪海域里航行并不是国王的计划，现在将军对他们说什么挪威冰岛，和那个根本是两回事情。那儿的人们从小就已经习惯了寒冷，而且离开家航行只有8天或10天的话还是相对踏实的，可是他们自己却被带到这个荒凉的鬼地方来，这里没有基督徒来过，也没有异教徒、食人者、熊和狼在这里栖息过。他们在这里到底要干什么呢？为什么非要选择这条偏僻的航线呢？不是已经有一条东印度航线可以很方便地通往香料各岛吗？没有必要再走这个冰天雪地的地域了。面对将军的安抚，他们就是这样直白大声地回答的。因为有黑暗掩护着，他们的牢骚更加多了。于是，在塞维利亚就已经广泛提到的怀疑又开始活跃起来了。这个讨厌的葡萄牙人是不是在玩弄两面派的手法，是不是要把这5艘舰船和全体的水兵全都毁灭掉，而他自己却在葡萄牙国王面前邀功呢？

那几位西班牙舰长，这时候暗暗怀着一种幸灾乐祸的心情，静静地观望着水兵越演越烈的不满情绪，自己却不说话，也避免和将军交谈，很明显地更加沉默了。然而他们的沉默比水兵的喧闹更加的危险，因为他们对航海技术十分精通，所以麦哲伦被一张错误的地图搞得迷失了方向，对“秘密目标”早就失去了把握，这些全都瞒不过他们的眼睛。如果他果真根据经纬度知道“通道”的位置的话，为什么还要派船沿着拉普拉塔河逆流而上去考察呢，还白白浪费了15天的宝贵时间。为什么他会派人对每一个小海湾都进行好几天的精确测量，而且一次又一次地浪费宝贵的时间呢？麦哲伦要么欺骗国王，要么用知道“通道”位置的信念在自欺欺人。现在这一点已经没有疑问了，他只是在寻找着通道，根本就不知道通道在哪里。每当看到麦哲伦一看到海岸线出现的缺口就出神地盯着海滩，他们那种幸灾乐祸的心情不加掩饰地就表现了出来。希望他继续把舰队带进严寒，走得更远一些！他们根本就不用抗拒和抱怨他了，那一刻很快就会自动到来。到时候麦哲伦就必须承认：“我不知道应该怎么办了，没办法干下去了。”他们那时就可以把指挥权接掌过来，让这个沉默的家伙低下他高贵的头。

在这几个星期里，麦哲伦的精神状态简直糟糕透了，因为他寻找通道的两次希望——第一次在拉普拉塔河，第二次在圣马蒂亚斯海湾——都宣告破灭了，事实是那么的残酷。再也不能隐瞒他曾经那么相信的贝海姆的那张地图，那么相信的葡萄牙陌生领航员的论断（被人们轻率地认为是真实的论断），可是这些相信其实都是错误的。就是面临着最有利的情况，“通道”确实存在，那也只能选择继续向南航行，也就是向南极靠近，可是今年已经错过了穿越通道的最佳时机了。冬天的脚步跑在了他的前面，打破了他的如意算盘。9个月的时间过去了，麦哲伦没有如他轻易许诺过的那样，到达摩鹿加群岛，他的舰队还是在胡乱闯荡着，为了生存和残暴的飓风搏斗着。

承认事实的真相或许是最明智的做法。把舰长们召集起来一起开会，讲清楚地图和那些说法将自己玩弄了，要等到春天到来才能找到“通道”。现在最好的选择是返航巴西海岸躲避这风暴，到那个友好又温暖的国度，那里有有助于健康的气候条件，在那里度过冬天，修缮舰船，休养生息，等到春天来了之后再重新向南航行。这也许是一条最明智的道路，也是最人道的选择。

然而麦哲伦做得已经太过了，不可能再往回撤了。对于有一点怀疑他的“秘密”的人，他施行了严苛的处罚，这伤害到了西班牙舰长们，将国王派到舰上的最高官员抓起来，还像对待罪犯那样对待他。这所有的一切，只有用一次有着决定意义的大胜利才可以抵消掉，他只需要暗示（更不用说承认了）现在他对自己的事业已经没有把握了，不像在家的时候对国王许诺的那样。如果那样的话舰长们和水兵们就不会让他指挥了，甚至是最低级的见习水兵也不会对他脱帽致敬了。对于麦哲伦来说，已经没有退路而言了，如果下令转舵向巴西航行，他就不再是军官们的指挥官，而是他们的俘虏了。于是他下了一个很大胆的决心。就和科尔特兹一样，在同一年破釜沉舟地断了自己的退路，麦哲伦也下定了决心把舰队和人员牢牢的拴在一个最偏僻的地方，就是他们逼迫他返航也不可能了。之后他如果在春天找到了通道，就可以赢得一切，如果找不到，就彻底输了这场战争。麦哲伦没有中间的路可以选择。全靠着固执的思想给予他坚持的力量，只有非比寻常的胆识才能挽救他。这个不能被人算计的谋划者正在悄悄地准备一次决定性的反击。

风暴越来越猛烈了，严寒袭击着舰队，舰队几乎已经无法前进半步了。向南航行了相当于纬度 12 度的距离，竟然花了整整两个月的时间。3 月 31 日，人们终于在光秃秃的海岸线又发现了一个海湾，将军的第一眼，或许可以说是满怀希望的最后一眼了，希望海湾是敞开的，这是盼望已久的“通道”吗？哦，不，海湾是封闭的！虽然是这样，麦哲伦还是下令驶入。得到的第一个消息是这里不缺淡水，而且有鱼。麦哲伦于是马上下令抛锚。让舰长和水兵们吃惊甚至害怕的是，将军没有通知和征求任何人的意见，就决定在这个圣朱利安海湾建立了过冬的营地，这个海湾在纬度 49 度，没有人知道，也没有人居住。这里是整个世界最偏远、最阴暗的角落，任何航海家都不知道这个地方的存在。

第八章

哗变

麦哲伦看出的这个弱点正是他们数量占绝对优势时的唯一劣势所在。如果充分利用这个机会闪电般出击的话，没准就可以扭转战局，依靠着十足的勇气去赢得这盘已经输掉的棋。

1520 年 4 月 2 日至 1520 年 4 月 7 日

圣朱利安海湾地处偏僻，天空阴云密布，正赶上寒冬季节，就好像在一个寒冷的监狱里一样。这时候已经激化了的矛盾必然会继续激化，比在公海上还要激烈。面对这样紧张的气氛，麦哲伦竟然采取了一项一定会让不满情绪继续加剧的措施。他没有为此而选择退却，这毫无疑问地证明了麦哲伦坚定不移的不妥协精神。

只有麦哲伦自己知道，即使是在最佳情况下，舰队要想抵达富饶的热带国家也需要几个月的时间，因此他下令更加严格地控制口粮的定量。在这个世界的尽头，从第一天起就宣布开始大量缩减面包和葡萄酒的分配，这肯定会激怒本来就心怀不满的水手，正是众怒难犯，麦哲伦的勇气可嘉啊！

事实上也正是这个得力的举措后来才挽救了整个舰队。如果不实行无情的定量供给，舰队根本不可能经受住随后到来的那次著名的、持续一百多天的横渡太平洋的航行考验。然而水兵们对于这没有明确目标的航行计划，内心充满了冷漠，他们根本不愿意接受限量供应口粮的决定。生存的本能告诉他们，就算他们的将军因为这次航行享誉天下，他们中也最少会有四分之三的人会为将军的胜利悲惨地因饥饿、冷冻、劳累或物资缺乏而送掉性命。如果粮食不够的话，就回去啊，他们还抱怨说他们向南航行比以往的任何舰队都要远，回家后谁也不会埋怨他们没有尽到责任，他们之中的很多人已经冻死了，招募他们的时候并不是说来冰海，而是去摩鹿加群岛啊！

现代西班牙史学家们描写麦哲伦对这类反叛言论的回答，不太符合他直接冷漠的性格。他们在叙述的时候，为了增强说服力，过度地用了波卢塔希和楚西迪底斯的笔法，他们让麦哲伦说：这些水兵作为卡斯提尔人的表现太懦弱了，忘记了这次航行的目的是为国王和祖国效劳，对此他感到很惊讶。当他被授予了指挥权之后，他的前提就是要在陪伴他的人身上找回那自古以来激励西班牙民族的勇敢精神。所以他自己宁可把生命留在这里，也不愿意带着耻辱回去。希望水兵们戒骄戒躁，静静地等待冬天过去。现在缺少的物资越多，以后得到君王的赏赐就越丰厚。

可是事实上，多么动听的演说也不能安抚饥肠辘辘的人们。在危急的时刻，拯救麦哲伦的不是这些修辞学家，而是他自己的钢铁般的不容改变的毅力和决心。停靠港湾的开始，他就有意要把那股反抗势力引出来，用铁腕手段摧毁他们。和痛苦地拖延矛盾相比，让矛盾马上爆发可能是更好的选择；和让对方逼得走投无路相比，毫不留情地反击那些隐藏的敌人是更好的选择。

最后的斗争一定会来临，而且很快就会来临，麦哲伦不再隐瞒这个。他和舰长们在沉默中暗藏的紧张和戒备，在最近几个星期里已经到了最紧张的地步，他们之间在同一条舰上碰面的时候，都冷淡得让人窒息。沉默总有爆发出来的时候，引起骚乱和暴力事件。

造成这样危急局面的过错如果说是西班牙舰长们的责任，那还不如说是麦哲伦的责任。简单地将麦哲伦手下那些反抗的军官说成是心狠手辣的反叛集团、是喜欢嫉妒的人，这种常见的说法太陈词滥调了。在关键的时刻他们不仅有权利，也有义务向麦哲伦询问他的意图，因为这不仅关系他们自己的生命，也关系到国王托付给他们的全体水兵的生命。如果卡尔五世专门任命卡尔塔格纳、门多查和科卡作为舰队的监察官，分别担任皇家经理、国库司库和出纳员的职位，那么国王也就同时赋予了他们某种责任。他们对属于国王的财产，也就是5艘舰船负有监管的责任，如果这个财产陷入危机里面，他们就必须保卫它。更何况这致命的危机就在眼前。几个月过去了，麦哲伦还是没找到那条盼望已久的通道，更没有抵达马六甲海峡。因为麦哲伦的苦苦思索，这些对国王宣誓效忠、领受着国王俸禄的监察官们终于要求麦哲伦最起码应该把他的“伟大秘密”向大家说一些，当着军官们的面把他的地图打开来。这个要求其实没什么不合适的，他们的要求只是本该就这样的事情。领导者不应该继续三缄其口了，应该和他们坐在一起，共同商讨舰队今后的航线，正如德·卡诺后来在他的笔记里总结的那样。

然而麦哲伦这个人在没有把握取胜之前，是绝对不会打开那张地图的，这是他痛苦的源头，也是他错误的源头。他不公开贝海姆的地图自然是为了“藏拙”，这地图上将“通道”标记在了纬度40度的地方；在罢免了卡尔塔格纳后，他也不会承认“那些错误的报道误导了我，而我误导了你们”。他不允许别人质疑那个通道到底在何方，尽管他曾经夸下海口说可以找到。他本人还没有找到答案所在，所以他必须咬紧牙关假装不知道，如果有喜欢多事的人靠近他追问的话，他就打算挥拳揍他一顿。总之现在形势是国王的监察官们终于拽住了这个总是在回避的人的袖子，要求他说一说未来的计划，而后者只要一天没有找到通道，他的计划就老是错误的。他不能让人抓着不放，不能让人逼迫着给答案，那样的话他就会失去信誉和权威。

这也就是说，道理在舰长们这边，而危机在麦哲伦这边。倘若说他们现在步步紧逼地对他提要求，这个要求和催促就不是泛滥的好奇心，而是受国王托付的责任。还要对他们的名誉再多说一句，他们并没有搞什么袭击麦哲伦的阴谋。为了让他知道他们的忍耐已经到了极限，要给他一个暗示。倘若麦哲伦愿意的话，他是可以明白这个暗示的。麦哲伦打算通过一次集体活动，在活动的时候做出彬彬有礼的姿态来缓和一下舰长们对他独断专行的愤怒，所以他派人郑重地邀请他们在复活节星期日的时候一起做弥撒。然后在旗舰上和他一起进餐，不过这些西班牙贵族不是那么容易就会被“吃请”收买的。仅仅依靠开玩笑就骗到了圣提亚戈骑士勋章的高贵主人麦哲伦在9个月的时间里一直认为，让这些富有经验的航海家和官员参加舰队计划的商讨是没必要的。因此现在他们应该是很感激他给他们的这个后无来者的恩赐，而且还赏脸共进午餐。他们一丁点儿感谢都没有，甚至一点儿谦恭的礼貌都没有。3位舰长——奎萨达、门多查和科卡连拒绝都懒得去做，还故意忽略、忘记了将军的邀请。这边准备好的椅子空着，餐盘没有动过，麦哲伦独自坐在铺好桌布的桌边和他的表兄梅斯奎塔吃饭。他的表兄之所以被任命为舰长是仰仗着他的指挥权力。为了庆祝和平节日准备的这一顿复活节午餐，麦哲伦一定很倒胃口。3位舰长通过共同拒绝赴宴向他发起了公然的挑战，明白地告诉麦哲伦："迫在眉睫的时刻已经到了，你要小心！你要三思！"

面对这个警告，麦哲伦已经明白了，没有任何事情可以让这位具有钢铁般意志的男人乱了方寸。他和梅斯奎塔还是那样的心平气和，没有一点儿生气地坐在桌边；他还是平静地在舰上下达着命令；晚上还是平静地舒展着健壮的四肢睡觉。过了一会儿，所有的灯光都熄灭了，5艘舰船就好像睡着的黑毛野兽，一动也不动地停泊在海湾的阴影中。浓云密布，漫长的冬夜一片黑暗。

子夜时分到了，一艘载人小艇轻轻地从一艘大舰旁荡开了，听不到一丝桨声地向"圣安东尼奥"号靠近着。在令人压抑的黑暗和巨大的潮声掩盖下，没有人看到，也没有人听到。谁也不知道3位皇家舰长卡尔塔格纳、奎萨达和科卡躲在这艘偷偷靠近"圣安东尼奥"号的小艇里面。这3位结盟的军官制定了一个很强有力的明确计划。他们知道要想排挤掉麦哲伦这样大胆的对手一定要具备非常强的实力。西班牙舰长们的超强实力大概也是卡尔五世希望看见到，所以在出航的时候任命一个葡萄牙人当旗舰舰长，同时又任命西班牙人掌握着另外4艘舰船的指挥权，想要用这来达到相互制衡的目的。不过在这个期间，麦哲伦已经蛮横地把国王所希望的这种比例关系打破了，他借口"不可靠"先剥夺了卡尔塔格纳的权力，又解除了科卡对"圣安东尼奥"舰的指挥权，将第二大舰的指挥权交到了他表兄梅斯奎塔的手里。他明白手里要紧紧地掌握住这两艘最大的舰船，就算是有什么不测出现，他在军事上还是可以掌控着整个舰队的。要打破麦哲伦的防卫战线，重申国王的意志，就只有一个办法，这就是重新强行夺回"圣安东尼奥"号，用不流血的方式解除非法任命的梅斯奎塔的职务。这样的话，西班牙人就可以三比一地对付麦哲伦了，就可以阻止将军出航，直到他同意回复皇家官员的问题。

这计划想得很好，而且是由久经考验的舰长们谨慎实施着。这小艇里装着30名全副武装的男子，谨慎地向沉睡中的“圣安东尼奥”号靠近着，这艘舰船的甲板上没有人放哨——在这个海湾里，谁还会有敌情观念呢？进攻者攀上绳梯登上了甲板，卡尔塔格纳和科卡作为这艘舰船的前两任舰长带头，就是在伸手不见五指的黑暗中，也依旧可以找到直达舰长卧室的路。梅斯奎塔连从床上爬起来都来不及，就看到四周站着全副武装的人，随后就被带上了脚镣，推进了舰长的办公室。直到这时候，舰上才有几个水兵被吵醒了，其中比较聪明的尤安·德·埃浩利阿加察觉到有人哗变，就粗暴地质问奎萨达，半夜三更地在这里干什么，奎萨达动作迅速地捅了他6刀，当作是回答。埃洛利阿加倒下了，血流了一地。舰上所有的葡萄牙人都被带上了脚镣手铐。就这样制服了麦哲伦最可靠的拥护者们。为了获得这艘舰船上其余水兵的支持，奎萨达命人打开了储藏室，每个水兵可以自由地吃面包，喝葡萄酒。除却捅刀子那件让人闹心的事——它让单纯的绑架变成了流血的哗变——对于西班牙舰长们来说，这次偷袭取得了彻底的成功。卡尔塔格纳、奎萨达和科卡气定神闲地回到了他们的舰上，以保证在紧急情况下舰船可以做好战斗的准备。这时“圣安东尼奥”号托付给了一个人，他的名字第一次出现，尤安·塞巴斯蒂安·德尔·卡诺。他在此时被人召来反叛麦哲伦，阻止麦哲伦实现他的理想，然而后来命运又恰好让他圆满完成了麦哲伦的事业。

过了一会儿，各舰又像沉睡的黑毛野兽一样，一动不动地停泊在海湾的暗影里。没有声音也没有光亮，没有人知道刚刚发生的一切。

在这个偏僻而贫瘠的地区，黎明的脚步总是迟缓的，遍地都是冬天萧瑟灰暗的景象。5艘舰船仍然停泊在冰雪海湾里原来的位置上。从外表上看，麦哲伦是不可能察觉到“圣安东尼奥”舰上的表兄、朋友和所有葡萄牙人都已经被戴上脚镣手铐的，一个反叛的舰长取代了梅斯奎塔负责指挥这艘舰船。桅杆上仍然飘扬着那面与平时没什么不同的小三角旗。远远看去，好像没有什么改变。麦哲伦和往常一样，早上派人开始做日常工作，他派出旗舰上的一个小艇到岸上为各舰取每日定量的木材和淡水。这艘小艇首先靠近了“圣安东尼奥”号，按照以往的做法，这舰船也会派几名水手一起到岸上去执行任务。可是很奇怪，当小艇靠近的时候，舰上没有放绳梯下来，也没有水兵露面，划桨的人很生气地朝甲板上喊道：“快点儿！”得到的回答让人震惊无比，这个舰已经不接受麦哲伦的命令了，只服从奎萨达的命令。这个回答惊得小艇不敢马上回去禀报给将军。

麦哲伦很快就觉察到了整个形势的变化，“圣安东尼奥”号已经落入了反叛者的手中，他们胜利了。然而任何意外凶险都不要妄图打乱麦哲伦的脉搏节奏和清晰的思维。他首先要大概搞清楚危机爆发的程度和范围，到底哪些舰拥护他，哪些又反对他。于是现在最紧要的是马上派小艇对其他舰船一一探查，结果是除了那艘无足轻重的“圣提阿戈”号，其余3舰都宣布拥护叛乱者，力量对比的格局是三比二，因为“圣提阿戈”号在斗争中没什么地位，更准确地说应该是三比一。这盘棋看起来胜负已定，如果换一个人，早就放弃对弈了。麦哲伦多年谋划实施的行动计划估计就要化为灰烬了。不仅旗舰无法继续航行到未知的领域，而且对于其余的舰船他舍不得就这样放弃，也无法迫使它们服从。在这个从来没有欧洲船只来过的地方，想要有人援助他也是不可能的。面对着危险的形势，麦哲伦只有两种选择：一种是摒弃自己的执拗观念，去求得西班牙舰长们的谅解。考虑到他现在的情况，这种选择还是合理的。第二种选择说起来有些荒唐，不过确实是英勇无畏，那就是孤注一掷，虽然没有太大的希望，不过还是要奋力一搏地赶走哗变者。

人们都认为通过妥协来解决矛盾可能是更好的选择。因为西班牙舰长们并没有威胁麦哲伦本人，也没有对他这位将军提出什么具体的要求，他们的舰船还是原地不动地停在原处，暂时也看不出有动武的迹象。虽然现在他们掌握着优势，可是也不愿意在远离故土的异乡做“兄弟阋于墙”的没有意义的争斗。他们曾经在塞维利亚教堂里面发过誓言，当时的情景恍若就在眼前，他们知道，对哗变和逃跑的处罚是非常严厉的。像卡尔塔格纳、门多查、奎萨达、科卡这样被国王提拔为宠信的贵族，心里总是希望可以衣锦还乡，不愿意带着叛乱的坏名声踏上归去的路途。因此他们没有仗着自己人多势众，而是选择一开始就表示要和平协商。强夺“圣安东尼奥”号并不是想以此开始流血的叛乱，而只是想施加一些压力，让这位三缄其口的沉默者挤出一点点的话，说说皇家舰队今后要走哪条航线。

因此奎萨达作为西班牙舰长们的代表，在这个时候递交给麦哲伦的信并不是挑衅，而是用谦恭的语气写的《请愿信》，信的一开篇就首先对夜间的行动做了彬彬有礼的辩护，只是因为将军没有善待他们，所以才被迫强夺了“圣安东尼奥”号。他们本就是钦定的舰长，不过也不希望麦哲伦有这样的误解，仿佛他们要反抗将军的指挥权，这权力是国王赋予他的。他们只是要求今后善待他们，如果将军可以满足这个正当的愿望，他们不仅会绝对服从于他——这本就是他们的职责——而且会更加尊重他，为他赴汤蹈火。（这封信用的西班牙文，言辞浮华又晦涩，根本没办法翻译。）

考虑到西班牙舰长们很明显的军事优势，这个呼吁就意味着提供了一个良好的契机，然而麦哲伦早就已经打算采取另一种勇敢的解决方法了。他一眼就看出了对手的弱点——犹豫不决，举棋不定。这封信的语气已经将哗变领导者内心深处的忧郁显露了出来，他们还没有下定决心采取极端的措施。麦哲伦看出的这个弱点正是他们数量占绝对优势时的唯一劣势所在。如果充分利用这个机会闪电般出击的话，没准就可以扭转战局，依靠着十足的勇气去赢得这盘已经输掉的棋。

一定要再次重复强调一下，“勇敢”这个词在麦哲伦身上具有一种特殊的色彩。他认为勇敢的行动并不是单纯的头脑发热，胡乱地冲击，而是以百倍的谨慎和谋划，走从没有走过的险棋。麦哲伦具有胆识的计划就好像一块块好钢，前一刻在激情的烈火中锻造，后一刻马上就到了冷静思考的冰水中淬火，所以坚硬无比。也因为想象和谨慎的完美结合，无论什么时候，他都能笑着面对危难。他的计划在一秒钟内产生，其余的时间就都是思考计划的细节部分了。麦哲伦认识到他必须要以其人之道还治其人之身，为了重新得到优势，他务必要夺回一舰。可是夺舰对于舰长们容易，对麦哲伦却有些困难。他们是在漆黑的深夜袭击一艘毫无准备的舰船，舰长和水兵们都沉睡着，没有抵抗的准备，水兵手里也都没有武器。然而现在是白天，3 艘舰的舰长都睁大着双眼盯着麦哲伦旗舰上的一举一动，他们的大炮、臼炮都已经做好了准备，火绳枪也准备着随时射击。反叛者还是比较熟悉麦哲伦的勇气的，估计他有可能会勇敢地发动进攻。

不过他们只知道麦哲伦的勇敢，不知道麦哲伦的智慧。他们没有预计到，这个迅速谋划的人敢于做出看起来根本不可能的意外举动，在大白天用少数人对3艘装备精良的舰发动攻击。这是他天才的佯攻手法。为了达到大胆突袭的奇效，他没有盯着“圣安东尼奥”号不放，那舰上有他戴着脚镣的表兄。因为很显然那艘舰船对他的进攻早已经严防死守了，也因为右路对他有所防范，所以他选择从左路突袭，也就是进攻的矛头不是冲着“圣安东尼奥”号，而是冲着“维多利亚”号。

这次反击的每个细节都提前周密设计过了。首先，麦哲伦将那些给他送请愿信的水兵连带着他们的小艇都扣留了，这样做的好处有两个。第一在发生冲突的情况下削弱了叛舰上的部分兵力；第二这样做他的手里就又掌握了两只小艇，看起来虽然是微不足道的优势，不过很快就会在进攻中发挥决定性的作用。他保留了自己的小艇，用被扣留的那艘小艇将他最可靠的舰队军械官龚查洛·戈默茨·德·埃斯皮诺萨还有5个水兵送到“维多利亚”舰去，给反叛的舰长门多查送信。

哗变者在装备精良的舰船甲板上看到这个小艇划过来，一点儿都没有怀疑，5人小艇怎么会对一艘舰船发动进攻呢？这艘舰船上有60名士兵，有很多已经装上炮弹的臼炮，而且还有可靠的舰长门多查指挥。不过他们没有觉察到一点，那就是5个水兵的衣服里都揣着武器。戈默茨担负着重要的使命，从5个水兵身后攀到甲板上把一封麦哲伦的邀请信交给门多查舰长，要他到旗舰上去商谈要事。戈默茨的动作非常悠闲，这是一种计划好的悠闲，每一秒都经过了精确的计算。

门多查读着信，他清楚地记得，当时卡尔塔格纳是在旗舰上突然被当成罪犯抓起来的。不，门多查可不会这么傻，让你们诱骗到捕鼠器里去！“我是不会去那儿的，别想抓我。”他边看信边笑着，不过这笑声伴随着可怕的咕噜咕噜声戛然而止了——军械官的匕首刺进了他的咽喉，命已归西了。

就在这紧急时刻——人们这时候都知道了麦哲伦对每一秒钟、对从一舰划到另一舰的每一米距离都计算得非常的精确——15个全副武装的水兵乘坐着旗舰的小艇，由杜阿特·巴尔渡萨划到“维多利亚”号旁边，很快就爬上了这艘舰船。舰上的水兵正傻愣愣地看着被刺死的舰长，还没反应过来发生了什么事情，也没顾上拿主意，巴尔波萨就已经接过了该舰的指挥权，他带来的15个士兵占据了所有的岗位。他下命令，那些吓傻的水兵们只有乖乖从命，立即起锚、升帆，“维多利亚”号作为合法的战利品向旗舰驶了过来，对于其他两艘叛舰来说，这简直就是一个晴天霹雳，连看都没看清。这时，“特利尼达特”号、“维多利亚”号和“圣提阿戈”号与“圣安东尼奥”号、“康绎普沁”号对峙着。前面3舰为了防止哗变者逃走，封锁了海港的出口。

因为这一次迅雷不及掩耳的奇袭，天平一下子倒到了麦哲伦的一边，已经输了的一盘棋又反败为胜了。那几个舰长只在仅仅5分钟的时间内就落入了下风。他们现在只有三种选择：战斗、逃跑或者不战而降。为了防止他们逃跑，将军已经提前用舰船封锁了出口。因为麦哲伦的奇袭已经将对手的勇气彻底摧毁了，动武的可能性也不大了。奎萨达左手执拿着长矛，右手拿着剑，号召水兵们战斗，可是没有什么作用，他手下的那些人，早就被吓破胆了，不再听他的话了，只要麦哲伦的水兵划小艇过来，顷刻间就会摧垮任何的抵抗。几小时之后，梅斯奎塔被解救了出来。现在是该由叛乱的舰长们戴着原先侮辱麦哲伦忠诚部下的手铐脚镣了。

紧张的气氛就好像夏天的暴风雨一样，很快就过去了。第一个闪电已经从根本上粉碎了这场叛乱。这公开的斗争或许还只是较容易的那一部分任务，因为按照海洋法和战争法，做善后的和解工作是不可避免的。麦哲伦的内心有了强烈的矛盾冲突。虽然国王给了他有决定生死的权力，可是反叛的头目都是国王的亲信。考虑到自己的权威，他不得不对他们严惩，可是又不能惩罚所有的哗变者。如果将1/5的士兵都绑在横杆上的话，那接下来还怎么继续航行呢？在远离祖国的荒凉地方，他这个将军不能失去一百多人替他干活。他必须把犯了过错的人继续带走，用善意去重新争取他们，但同时还要杀一儆百。

麦哲伦决定必须选择杀掉一个人，用威慑的手段来证实他的权威。他选择了加斯帕尔·奎萨达，他动过武，用匕首刺死他忠实的领水员埃洛利阿加。严历的审判开始了，有书记员和证人出席，以便于做记录。他们就像坐在塞维利亚或萨拉哥萨的书记员的凳子上，用同样冗长繁琐的文笔消耗着宝贵的纸张，在巴塔哥尼亚海岸的荒芜环境中，纸是无法补充的物品。

作为主持人的梅斯奎塔宣布开始审判，指控前任舰长加斯帕尔·奎萨达犯有谋杀罪和叛乱罪。然后由麦哲伦下达判决，判处奎萨达死刑。将军踢给这个西班牙贵族唯一的“恩惠”是不用绳索，用剑来行刑。

谁来行刑呢？水兵里很难找到自告奋勇的人。费了很大的力气，终于找到了一个人，那个人也是经过激烈的思想斗争的。奎萨达的仆人也参与了袭击埃洛利阿加，也被判决对死者有罪。现在提供一次赎罪的机会给他，那就是要他砍下奎萨达的头。他或者选择自己被处死，或者选择杀死自己的主人，两个选择只能选一个，这对于路易斯·德·莫利诺——奎萨达的仆人来说，也许必须要经过痛苦的良心选择。他最终表示愿意行刑，一剑砍下了主人的头颅，挽救了自己。按照当时残酷的习俗，奎萨达和门多查的尸体被分成了四块，把残断的肢体穿到木桩上。陶厄尔和欧洲其他刑场的这一个让人心惊的习俗第一次被带到了巴达哥尼亚来。

麦哲伦还宣布了一项判决，谁也不能断定这项判决是比用剑砍头更宽大还是更残酷。卡尔塔格纳本是叛乱的头目，还有那个随军神甫也一再煽动叛乱，他俩也被宣判有罪。不过需要麦哲伦在死刑判决书上明确签上自己的名字，本来很勇敢的他也吓得缩回了手。要处死一个国王钦定的监察官，麦哲伦不敢；处死一个神甫，用圣油涂抹他的头，这让麦哲伦这个虔诚的天主教徒内心不安。给这两个叛乱头目戴上脚镣然后拖着他们在半个地球上转悠也不合适，于是麦哲伦决定将他们流放，避免了死刑的判决。舰队重新起航之后，就把他们留在了这圣朱利安海滩上，给他们留了一些可以维持一段时间的葡萄酒和粮食，这以后就只能听天由命了。

麦哲伦在圣朱利安海湾所做的血腥判决到底是对是错？他表兄在这里派人记录下的、却没有让人辩护的东西，是否无可挑剔呢？西班牙军官们后来在塞维利亚陈述的是不是正确呢？他们说麦哲伦为了杀害门多查曾经给军械官和他的水兵们悬赏了12杜卡滕，而且还答应把这两名被杀的贵族的财产分给他们。

对于这些说法，那时已经不在人世的麦哲伦自然无法辩解一下这些说法到底是对还是错？基本上每一件事在事发后不久都会有不同的说法。当历史说麦哲伦有理的时候，请不要忘记历史总是说胜利者有理，失败者无理。黑贝尔曾经有一句很精彩的话："历史对一件事情究竟是怎么发生的根本就不感兴趣，它总是站在成功者的一边。"如果麦哲伦没有找到通道，没有完成他的事业，那么他处决别人，也就是处决那些诘问他的冒险的西班牙舰长就会被人说成是迫害；实际上他成功了，那道理也就站在了他的这一边，名垂青史了；而那些耻辱的死者会很快被人遗忘掉。就算不从道义上来评说麦哲伦的成功，也会从历史角度对他的坚毅和不屈进行追认、辩解。

麦哲伦将追随他的人里面天资最高的人血腥处决了，这件事情成了57年后弗朗西斯·达拉克的冒险榜样。这位英国的英雄和海盗在相同的航行中同样遭遇了水手们危险的哗变威胁，同样在这个不幸的圣朱利安海港靠岸。他对麦哲伦这位航海前辈那野蛮的行为表示了十足的赞许，而且依葫芦画瓢地那样去实施了一番。这个人熟知麦哲伦在航行途中所发生的事，对那些记录和麦哲伦对哗变者的冷酷判决了然于心。据说他在圣来利安港还发现了沾着血迹的木质刑具，57年前的叛乱者就是用这个刑具处死的。达拉克也有一名叫托马斯·道蒂的舰长不服从他，这个人和卡尔塔格纳一样，在航行途中身陷囹圄，在圣朱利安海滩被宣判死刑，这是一个十足的千载难逢的巧合。达拉克让道蒂——也曾经是他的朋友——选择，或者像奎萨达那样被剑砍死，这样的死法来得快而且比较有尊严；或者像卡尔塔格纳那样流放在这个海湾。道蒂也读过麦哲伦航海的故事，他知道后人根本没有发现有关卡尔塔格纳和那个共同被放逐的神甫的丝毫踪迹，他们一定是死在了这可怕的折磨中了。所以道蒂宁愿选择痛快地死，选择了被剑砍死这种阳刚又有骑士风度的死法。就这样又有一颗头颅滚落到了沙土里。但凡人类值得纪念的业绩总是沾满着流淌的鲜血，最残酷的人成就着最伟大的业绩，这是人类永恒的灾难。

第九章
历史时刻

终于，他看见海角后面的大洋了！它一望无际、波浪翻滚，一幅惊心动魄的场面。再往西，在无穷尽的地平线后面，必然是香料诸岛，再往西，就是广阔的东方诸国，中国、日本及印度，继续前进，便可以回到欧洲，回到故乡西班牙。舰队作了最后一次调整，以便渡过这个人类还没有航行过的大洋。

1520年4月7日至1520年11月28日

时值冬季，麦哲伦的舰队被封锁在这个百无聊赖的海港，有四五个月之久。在可怕的寂寞和压抑的气氛中，时间在悄无声息地流逝。将军明白，懒散比任何东西都更能让人滋生不满的情绪，所以他一早就给水兵们安排好了干不完的活儿。他让水兵们检修出航一年的舰船，从龙骨到桅杆，全部检修一遍；让他们将原木改造成大块的方木，或许还想尽办法让他们干一些不必要的工作，好让所有水兵都误认为要起航了。这样一来，水兵们就可以抛开眼前无法忍受的冬季的荒凉，转而将注意力放在期盼向南方诸岛航行上。

春天脚步渐渐临近了。就在不久前，寒风凛冽、阴沉多雾的日子曾一度让水兵们以为会死在这没有人烟的蛮荒之地，不明的恐惧感，犹如置身于远古时代黑暗洞穴里的恐惧感，让他们倍加沮丧。一天早晨，一个奇怪的人影出现在一个小土丘上，刚开始水兵们并不认为这是自己的同类。那个人的身高竟然是普通人的两倍，乍一看，他们惊讶不已。彼得·马尔提尔写道："巨人的身材有两个人那么高。"皮嘉费塔证实说，"这个家伙人高马大，我们只到他的腰际。

他体格强健，横宽的脸颊涂成了红色，只有眼圈周围是黄色，两颊有两块心形的斑点，一头短短的白发。身上穿着某种兽皮缝制的衣服。”让西班牙人尤为惊奇的是这个巨人的一双大脚（patagao）。由此，他们称这里的土著居民为巴塔哥尼人（patagonier），称这个地方为巴塔哥尼亚。

西班牙的水兵们在看到穿兽皮的巨人微笑着张开双臂，又跳又唱，同时往白色的头发上撒沙子时，心中的恐惧消失了。因劳累而非常疲惫的水兵们快活起来。对大自然子民的习俗，麦哲伦早有了解，他知道这是巨人在表示想要友好接近他们，于是命令一个水兵照着巨人的样子载歌载舞，并往头上撒沙。野蛮人真的将水兵的哑剧表演当成了对他的欢迎，于是温顺地慢慢靠近他们，再现了莎士比亚《暴风雨》中普罗斯彼罗最终降服凯列班的一幕。长时期穷极无聊的水兵们枯燥的生活第一次得到调剂。有个水兵突然将一面金属制的镜子扔到巨人面前，正在兴头上的巨人首次看到自己的尊容后，吓了一跳，不禁猛然后退，竟不小心摔倒了，还顺带压倒了 4 个水兵。

巨人的胃口非常好，水兵们忘记了自己的口粮是限量的，眼睁睁地看着他那张大嘴一口气喝完一小桶水，接着又把半篮子干面包填进肚子里，轻松地像吃了一粒胡椒。为了满足他的食量，他们又给了他几只老鼠，没想到他竟然连毛带皮囫囵吃下了，不禁让观看者浑身打颤又忍不住爆笑起来。巨人和水兵彼此都产生了亲切感。麦哲伦将几个小铃铛赠送给巨人，于是巨人马上又喊来几个男巨人和女巨人。

单纯朴实的原始居民放松了戒备，这给他们带来了灾难。不管是麦哲伦还是哥伦布抑或是其他占领者，都曾在与国王签订的条约中规定：凡是在旅途中发现的新东西，不管是植物、矿石，还是新的人种，都要带样品回去。要抓住巨人，水兵们刚开始觉得极其危险，不亚于割鲸鱼之鳍。他们哆哆嗦嗦、小心翼翼地围着“大脚”们转悠，每次到动手时就没了勇气。最后，他们终于想到一个好主意：他们将很多礼物塞到两个巨人手里，让他们腾不出双手，接着又拿出一件锃亮的、叮当作响的东西给他们看，并问他们想不想戴在脚上。高兴的巴塔哥尼人正笑得合不拢嘴，以为脚上套上每走一步都铿锵有声的东西会很美，于是欣然同意。他们手里拿着礼物，好奇地看着水兵们怎样将这个漂亮而冰冷的铁环套在他们的脚踝上，咔嚓！他们被锁住了！

直到此时，水兵们才放下心中的恐惧。他们像仍沙袋一样，将两个巨人抛过来扔过去！任凭两个受骗者怎么吼叫、翻滚、击打，甚至向他们的神灵塞托波斯呐喊——莎士比亚曾借用过塞托波斯的名字，都无济于事了。国王需要珍奇的事物！由于“传播文明”的使者对原始居民进行了奸诈的袭击，良好融洽的关系一瞬间被摧毁，巴塔哥尼人疏远了欺骗者。有一次，一小队西班牙人跟踪两个巨人，想去抓几个女巨人，或者说想要拜访她们一下，但遭到巨人们的反击，有一个水兵甚至为此付出了生命。对此，皮嘉费塔的报道竟然只字未提，真是奇怪。

圣朱利安海港，不祥之地，它给西班牙人带来的灾难，无异于西班牙人带给土著人的灾难。麦哲伦在这里什么也没有做成。灾难降临在这片海滩，让他们付出了鲜血的代价。还是快点前进吧，快点离开这里，麦哲伦这样期待着。白天变得越来越长，麦哲伦的焦躁也与日俱增。冬天的强烈风暴稍一减弱，麦哲伦就尝试着作了一次前进，他派最灵活的舰船“圣提阿戈”号去打探消息，充当诺亚方舟上先锋船长的是值得信赖的塞劳。他接受命令向南航行，侦查沿途各个海湾，必须在规定时间内回到这里报告情况。规定期限已经临近，麦哲伦焦躁不安地望着海面，可是，从大陆传来了消息，而并非他所期待的海洋。一天，两个奇怪的人跌跌撞撞地从山丘上走了下来，水兵们原以为是巴塔哥尼人，都备好了弓弩，但这两个人却高声喊着西班牙语走近了。他们两个赤身裸体、瘦骨嶙峋、饥饿难耐，只留下半条命，与野蛮人一般无二。原来，他们是“圣提阿戈”号上的两个水兵，他们带着不幸的消息回来了。

本来，塞劳已经幸运地到达圣克卢兹河，水兵们还捕到很多鱼，从这里入海十分方便。但是，在进一步侦查时，突然袭来一阵狂风，将舰船掀到岸边，撞了个粉碎，一个黑人不幸遇难，其他人虽然活下来，但境况也十分危急，正在河边等待救援。他们两个是沿海岸返回朱利安海港的，途中 11 天完全靠草根充饥，非常艰难。

麦哲伦立即派出一艘小舰艇，将遇险的水兵救了回来。能怎么办呢？损失了一艘舰船，而且是所有舰船中最灵巧、最快捷的那一艘！巨大的损失！在这世界的另一端，任何损失都无法得到补偿。8 月 24 日，麦哲伦终于下令起航。他最后一次看了被放逐的叛乱者，然后离开了这个不详的圣朱利安海港。此时，他的心底深处或许正在诅咒那些在此泊船耗费的日子。一艘舰船彻底毁坏，3 名舰长在此丢掉了性命，更糟糕的是，无法追回的一年时间过去了，但最终的结果却是，什么东西都没得到，什么目的也没达成，什么事也没办成。

这几天定然是麦哲伦有生以来最黑暗的日子，黑暗得无以名状，使这个一向信心坚定的人内心深处充满了失意。在从朱利安海港出发时，麦哲伦故作坚强地对水兵们说，他决定在必要时沿巴塔哥尼亚海岸向南纬 75 度的地方航行，如果还是找不到“通道”，就只能绕过好望角走这条熟悉的航道。“必要时”这个词是多么委婉，而“如果”又包含着不确定，这无疑暴露了他对未来的没把握，这也是他第一次公开声明有撤退的可能，第一次向所有水兵们承认，他要找的“通道”可能根本就没有，或者是在南极水域。他内心的坚定不复存在了，令他日思夜想的对“通道”预感此刻也化为乌有，他陷入了一种危险且颇具讽刺性的境况中，这也是历史上特有的场面。两天后，在塞劳发现的圣克卢兹河口，麦哲伦的舰队停下来，他命令舰队在此地再次“休息”两个月。这一决定，从我们后来知道的更为详实的地理知识方面来看，是多么的荒谬啊！

一个伟大的理想，再加上一条不确定甚至是错误的信息，致使这条硬汉确立了自己一生的目标：寻找从大西洋到太平洋的海峡，并因此开始了世界上第一次环球航行。他依靠魔鬼般的坚强意志克服物质上的各种困难；挑选合适的助手以实现这个艰难的计划；凭借理想的热忱从外国国王那里得到一支舰队，并把他们带到了南美洲海岸，事实上，他的航行里程已经远远超过了此前任何一位航海家。

他征服了汪洋大海上大自然的力量，粉碎了同伴的哗变，按说已经没有什么力量可以阻止他前进，没有什么失望能摧毁他狂热的信念。从地理位置上说，他与梦想中的“通道”肯定也非常接近了。可就在胜利之前，这个一向精明的人竟然蒙蔽了自己有预感的眼睛，也或者是讨厌他的神灵故意用遮眼布遮住了他的眼睛。

1520 年 8 月 26 日，也就是麦哲伦命令全体水兵停航休息两个月的这一天，事实上他已经到达了目的地。只需要再向前航行两个纬度，只需要在此前已经航行的300天上再加上两天，只需要在已经航行了的上万海里路程上再加上几海里，他此刻茫然的心就可以向胜利欢呼了！可惜的是，心情坏极了的麦哲伦根本不知道，也预感不到自己距离目的地只有一步之遥。这真是命运捉弄人啊！他仍然在等待春天，并且要等上两个月，就在这条小河的入海口。这是多么漫长、空虚、忧愁以及充满疑虑的两个月啊！他在这片没有人烟的海岸上逗留着，就像一个人蹲在厕所外面，被暴风雪冻得瑟瑟发抖，却不知道只要向前迈一步就可以得救。

漫长而穷极无聊的两个月啊，麦哲伦就在这荒凉的环境里呆坐着、沉思着，忧虑着能否到达“通道”，但这“通道”——将使他流芳百世的“通道”，就在两天行程之外等着他。世界上最后一个秘密即将被这个普罗米修斯式的人公之于众，但直到最后一刻来临之前，他还必须继续忍受痛苦的折磨，怀疑的鹰爪在撕挠着他的心。

但是，不经历惨痛的磨练怎能彰显发现的壮美！发现最极致的快乐就是当感情落入最低谷时，再转而振奋昂扬起来！在两个月空虚无聊的等待之后，在1520年10月18日，麦哲伦下令继续向南航行。在举行了庄严的弥撒，所有船员一起吃了圣餐之后，他们升帆开船。屡次阻挡舰队的大风再次出现，他们不得不从大自然的伟大力量手里夺取每一英里的航程。仍然没有一丁点的绿意出现，以安慰水兵们的目光。没有人居住的海岸就那么平坦、空旷、荒芜地延伸向前方，沙滩、石头、石头、沙滩，再无别样。第三天，即1520年10月21日，在一个奇怪的破败的海滩前，有一个突出的白色岩石海角，为了纪念日历神，麦哲伦将其命名为“童贞海角”。在海角后面，一个深邃的海湾赫然在目，海水有点黑。

所有舰船都慢慢地靠近了海湾，这里有着雄伟、奇异的景色，陡峭的岩壁、纵横交错的沟壑、再加上远处许多年未见的覆盖着皑皑白雪的山峰，俨然一副不可冒犯之势！但是，所有这一切都是静寂的，没有人影、没有树木，好像死去一样，只有风在不停地鼓吹着，在空灵的海湾和永恒的静寂中来回穿行。看着那一滩黝黑的海水，水兵们不禁伤起心来，如果有人认为这个被山峰环抱的海湾和这地狱里一样的水域能够通往平坦的海滩，甚至能够通往阳光明媚的南海，他们会认为那简直是太荒谬了。即便是领水员，也坚信这条深远封闭的海湾和此前北面的海湾没有什么差别，要是在这里用铅垂进行探测或者四处航行寻觅，那简直是浪费时间，耗费精力！在探测巴塔哥尼亚各海湾时，已经耽误了很长时间，结果还不是一无所获，人们并没有看见通向渴望海洋的海峡。现在就不要犹豫不决了，赶快走吧，赶快走吧，如果前面再看不见理想中的“通道”，就趁着季节优势回家吧，或者绕过好望角驶进印度洋吧。

但是，已经对自己忆念中的海峡着了魔的麦哲伦，决议对这个奇特的海域也做一番彻底的探测。尽管其他人更愿意向前走，因为——“我们都是这么想这么说：这只是个封闭的海湾”，但也只能带着愤怒服从命令。

除旗舰和“维多利亚”号探测海湾外围之外，另外两艘舰船，即“圣安东尼奥”号和“康泽普沁”号领命继续前进，如果成功，则最迟在5天后返回。食物短缺，时间变得异常宝贵起来，麦哲伦再也不能像以前在拉普拉塔河时那样，给15天的时间了。5天的探测，这也是最后一次探索中的最后一次投入。

极富戏剧性的时刻到来了。旗舰和“维多利亚”号在海湾外围开始了探测，另外两艘舰船也按时行进到了内海湾。但就在此时，大自然抗拒意志又一次暴发，似乎在极力掩饰它最后的秘密，于是狂风大作，并且越来越猛烈，很快形成这一地区常见的飓风。在西班牙古老的地图上，这个地区被标上了“此地没有有利的季节”的警告语。刹那间，波涛汹涌，巨浪滔天，由于缆索在狂潮袭来时就被挣断了，旗舰和“维多利亚”号只能收帆，任由飓风肆虐，飘来荡去，没有招架之功。幸运的是，可怕的飓风并没有把两艘舰船掀到岩石上。危险持续着，一天、两天，但这样的命运并没有让麦哲伦手足无措，两艘舰船始终在远离岸边的空旷的海湾里飘荡，得以避免灾难。但另外两艘舰船就没有这么幸运了，它们肯定在内海湾遭受了风暴的袭击而无法逃脱！因为狭窄的海湾里没有足够的空间让它们躲避飓风，而它们也无法抛锚和施行任何自我保护措施。如若不是奇迹降临，这两艘舰船早就被掀到岸边的岩石上撞得粉身碎骨了。

在这事关麦哲伦功败垂成的几天里，他诚惶诚恐地等待着。一天过去了，音信全无；两天过去了，仍然没有消息；第三天、第四天，他们依然没有回来。

麦哲伦很清楚，要是这两艘舰船撞到岸上，水兵们都遇难，那就全完了。只剩下这两艘舰船，他是断断不敢再继续航行的，也就是说，他的事业和梦想全都被击碎了，被这个奇特海域的岩石击碎了。

终于，桅杆瞭望台上出现了一个信号。人们盼来的不是返航的舰船，而是远处升起的一股浓烟，真是让人胆战心惊的时刻啊！这个烟柱的信号表示遭遇危险的人在求救，哎，“圣安东尼奥”号失败！“康泽普沁”号失败！现存的最好两艘舰船连同它们的行动计划，一起覆没在这无名的海湾里了。麦哲伦下令，所有小舰船都划进内海湾，在第一时间救人。但就在此时，事情出现了转机。那情境如同小说《特利斯坦》中的辉煌时刻：牧笛发出的低沉而沮丧的死神曲目，陡然转调，变奏为轻快、欢悦、旋转、充满幸福的舞蹈旋律。呀！一张帆！一艘舰船！感谢苍天啊，至少有一艘舰船没有出事！不，是两艘，是两艘啊！“圣安东尼奥”号和“康泽普沁”号一起回来了！它们都完好无损！快看！那是什么？刚刚望见麦哲伦和留守的两艘舰船，它们便在左舷上接连闪光三次，随即，大炮的声音便在远近不同的山谷里激起不同的回响。发生什么事了？他们平日里精打细算节约每颗炮弹，怎么现在接二连三地放炮呢？麦哲伦不敢相信自己的眼睛，为什么他们把旗帜和小三角旗全都挂出来了呢？舰长和水兵们都在招手、呼喊什么呢？他们在喊什么？他听不清楚从远方传来的嘈杂的声音，他的同伴们同样搞不明白。但麦哲伦预感到，大家也都觉得：这必然是庆祝胜利的话语！

是的，两艘舰船带回了好消息。麦哲伦听着塞劳的汇报，心情变得舒畅起来。这两艘舰船刚开始时并不顺利，在风暴刚起时已经驶进了海湾深处，即便是收起了帆，也无法阻挡翻江倒海的浪潮推着舰船前进，好像是一把鞭子催打着舰船，使其越漂越远。他们以为肯定要完了，舰船会撞击到岩岸上摔得粉碎。但就在此时，他们发现前面那纵横交错的岩壁竟然不是封闭的，在其后面有一条很像海峡的水道。穿过这条水道，又进入第二个海湾，这个海湾刚开始很窄，慢慢变得宽阔起来。他们在这条水道里航行了3天，始终没有看到这令人惊讶的水道的尽头。虽然还没有发现出口，但他们断定这不是一条河，因为这里的水是咸的，而且海滩上还有潮汐留下的有规律的痕迹。当人们从拉普拉塔河或其他河流逆流向上航行时，河道会越来越窄，但这湾海道却恰恰相反，不断向里航行，水域却越来越宽广。因此，他们判断这个水道多半是通向他们长期寻找的“南海”——很多年前，努内茨·德·巴尔波站在巴拿马高原上，第一次俯瞰到了“南海”，他是欧洲第一个发现“南海”的人。

这一年多来，麦哲伦经历了种种磨难的考验，此刻的消息无疑是他听到的最好的消息。能够想象得到，这个充满希望的消息是怎样让他那颗忐忑不安的心突然开朗的。他内心深处其实早已失去了希望，已经打算绕道好望角去印度洋了，他暗自早已给上帝和国王做了祷告和誓愿。可就在他失去信心的时候，梦想却即将变为现实。不用再迟疑了！起锚！升帆！再次鸣炮向国王致意，向最高将军祈祷！然后，他们勇敢地驶进了“迷宫”！假如他能从这条“地狱之河”里找到通往另一个大洋的航道，那么他将成为世界上第一个找到环球航道的人。麦哲伦率领 4 艘舰船驶进了海峡，作为纪念，他把这个海峡命名为托多斯洛斯圣托斯海峡，后来，人们又将这个海峡改名为麦哲伦海峡，以表达对他的感激之情。

在悄无声息中，人类的舰船第一次驶进这静寂、黑暗，前人从未踏足过的海峡，目之所及，皆是奇特、幽灵般的景观。两岸的岩石像一座座磁铁山，严肃地注视着他们，阴沉沉的天空总是云雾密布，水依然是黝黑黝黑的。舰船在这“地狱之河”中静静地穿行，宛如卡伦的小船漂在斯提克斯河上。远处山峰上的积雪闪着耀眼的银光，晚上，山上的寒气随风而来。周围看不到任何生物，但是肯定有人躲在哪里居住，因为河道两岸在晚上总是有火光闪烁，麦哲伦也因此将这里命名为“火地”。（人们对这永不熄灭的火光研究了几个世纪，终于得出结论：“火地人”，因为文明程度低，不懂得取火技术，所以夜以继日地烧木柴或干草。）水兵们惴惴不安地张望着沉寂的四周，看不到任何活动的生物或人类，也听不到任何声音。

有一次，麦哲伦派水兵划着小艇上岸探寻，不但没有发现人类居住的房屋，连生命的迹象都没有发现，所能看到的，只有几十个孤寂的坟墓，唯一的动物是一条已经死去的巨鲸的尸体，它被海潮冲到这个冰冷的海滩，无疑只有死路一条。水兵们惊恐万分，目光呆滞地注视着这里的一切，感觉自己到了一个充满死亡气息的星球。哎！还是继续向前航行吧！继续前行！一股清风吹来，助力他们的舰船前进，黑色的海水很深，铅锤无论如何也触摸不到海底；麦哲伦心里有点害怕，看看四周，担心这个海湾会突然再次封闭，水道会突然中断。可是，水道却始终向前延伸着，不断有新迹象表明它能够通向另一个大海。这充满魔幻气息的航行，仿佛进入了基尔里人（荷马史诗里永远生活在黑夜的人）的黑夜，陪伴他们的只有强劲粗野的海风，在山谷间尖声、冷峻地呼啸着。

此处的航行阴森恐怖，而且非常危险。开放的水道并不像想象中那么直，完全不像诚实的宇宙学家施纳尔以及他之前的贝海姆坐在舒服的德国书房中，在地图上画出来的那样，他们只是委婉地称其为“水道”。事实上，这个水道上有很多岔路航道，是一个支离破碎、迷宫一样的大杂烩：七拐八拐的航道，还有海湾、港岔、沙滩等各种错综复杂的水系，即便是再好的航行技术，也必须有好的运气才能顺利通过。形状各异的海湾一个接着一个，对于它有多长，出口在哪里，谁也不知道，海湾中间遍布岛屿和浅滩不算，左右两边还时常出现三四条岔路航道，根本分不清哪条是主航道，哪条会通向哪里。必须躲开沙滩、绕过暗礁，还要防备频频发作的海旋风掠过海峡，掀起波浪将船帆撕毁。

直到读了很多后来出版的航行报道，人们才真正理解，为什么麦哲伦海峡在长达几个世纪的时间里，一直让航海家心生恐惧。在麦哲伦之后，又有几十次探险考察都在这个至今仍无人定居的海峡中失败了！这更能显示出麦哲伦作为一个航海大师的权威性。他是第一个征服这个海峡的人，并且保持着通过此海峡而不折损一条舰船的记录。如果再考虑到，他的舰船除了宽帆和大舵轮再没有别的动力可用，却要彻底探查每条主航道和侧航道，要不断前进或后退以便在某处集合，而所有这一切都是在极其恶劣的气候条件下进行的，再加上水兵们身心俱疲，所有这一切，都让人们不得不承认，麦哲伦能够成功通过海峡简直是奇迹，他也因此被世世代代的航海家所称颂。正如他在各方面的坚韧一样，他的航海技术也显示了他的坚定、谨慎和坚持。

在整整一个月的时间里，他扎扎实实地探寻着，不急躁，隐忍地期待着，期待最终找到海峡的出海口，并先睹“南海”为快。每当海峡出现交叉口时，他总是把舰队分散开来进行探测。这个天生命苦的人少言寡语，从来不相信运气，他从不会在很多航道中任选一条，或用抛硬币的方法来决定取舍，而是探测所有航道，以找到正确的那条。如此一来，他那最有个性的特点、最理智的美德——勇敢坚毅，就能配合他的天才幻想一起高奏凯歌了。

这条水道中的第一批和第二批海峡都顺利通过，这就是这些天取得的成绩。这时，麦哲伦的舰队又迎来了一个交叉的航道口，已经变宽的海湾像人的左右臂一样分岔了，谁也不知道哪一条航道通向大海，哪一条航道是毫无价值的“死胡同”。为此，麦哲伦又把舰队分成了两组，“圣安东尼奥”号和“康泽普沁”号一组，沿东南方向的航道探寻，而他自己则带领旗舰和“维多利亚”号沿西南航道探测，并约定，最迟5天后在一条小河的入口处会合。这条小河盛产沙丁鱼，因此被水兵们称为沙丁鱼河。麦哲伦向每个舰长都下达了详细的指令，按习惯这时各舰就可以升帆起航了，但此时却发生了一件让舰队所有人都没有想到的事：麦哲伦将各舰长召集到旗舰上，让他们在出发前再汇报一下物资储备情况，再就是对找到“通道”后是继续前进还是返航这个问题发表自己的意见。

发表意见？他们无不感到惊异，这是怎么回事？他怎么突然摆出一副民主的姿态呢？要知道，到现在为止，这个铁腕独裁者还从未允许任何一个舰长有提问的权利，或者对他下达的命令提出质疑的权利，为什么偏偏要在这个时候要手段，把下级军官提高到同伴的地位呢？其实，这个突然转变是很符合逻辑的。所有独裁者都会在彻底胜利后施行人道主义并赐予人们权利，在其权力牢固后才会赐予言论自由。此时的麦哲伦已经找到了通道，再也不怕别人的质问了；此时的麦哲伦已经有了胜利的把握，也就不妨顺从别人的意愿，向他们打开自己的地图了。与在倒霉时相比，人们在成功时更容易做到举止得体。坚忍内向，将自己封闭起来的麦哲伦，此时终于可以把压制已久的沉默释放出来了，既然秘密已经成为公开的事，那就没有什么不能对人说的了。

各个舰长都做了汇报，但汇报结果并没有让人欣慰，食物中储备粮急速减少，各舰最多还能维持3个月。麦哲伦讲话时强调，通往“南海”的通道，现在可以肯定能找到，请各位舰长发表自己的意见，看下一步是见好就收，还是继续航行去完成他向国王承诺的任务，到达并为西班牙占领香料诸岛。他承认食物短缺的局面很危险，但只要到达香料诸岛，等待他们的，将是至高的荣耀和无尽的财富。他的勇气坚不可摧，但在他下最后的决定——要么带着一半的成功返航，要么继续环球航行，直到到达目的地，在此之前，他还是想听一下各位舰长的意见。

关于舰长和领水员们的具体意见，我们没有找到任何资料，也就无从知晓了。但我想，在这种场合，大多数人肯定是保持沉默，这与事实大概不会有太大出入。在圣朱利安海滩，西班牙同胞被肢解成四大块的惨状，仍萦绕在他们的脑际，要想对这个葡萄牙独裁者提出反对意见，他们仍然心有余悸。但有一个人明确而尖锐地提出了自己的疑虑，他是"圣安东尼奥"号上的领水员，叫作埃斯特瓦·戈默茨，他和麦哲伦一样，是葡萄牙人，据说跟麦哲伦还有点亲戚关系。戈默茨坦言，既然现在所有的迹象都表明已经找到了通道，那就应该先回西班牙，在重新休整、装备舰队之后再从已经开辟的航道驶向香料诸岛。他觉得这些舰船现在已经不适合航行了，而且食物储备量也不充足，再加上海峡后面的"南海"——未知的大洋，到底有多大，谁也不知道。如果在这个大洋上迷航，找不到可以停靠的港口，那么整个舰队都会毁灭，悲惨地毁灭！

戈默茨在与人们理智地对话。凡是反对麦哲伦的人，皮嘉费塔总是对其持怀疑态度，他坚持认为戈默茨的担忧是无足轻重的，显然，他对待这位有经验的领水员的态度并不公平。如果按照逻辑学的观点，实事求是地讲的话，戈默茨的意见——光荣返航，然后再带领第二批探险队前往目的地，是正确的；如果当时麦哲伦能听从这一意见，那么他以及两百多名水兵的性命就得救了。但对于麦哲伦来说，这关系到他的不朽的业绩，区区生命又何足挂齿。有着英雄式思考的人所做的行动必然违反理性，麦哲伦马上对这个意见进行了反驳。当然，他们是面临困难，很有可能要忍饥挨饿，要经受物资短缺的考验，但是——这句奇怪的预言后来真的应验了，即使被迫要吃帆杆上的皮带，他也要继续向前航行，发现曾许诺的那个国家，以实现向国王的承诺，这是他的责任。从心理学的角度来看，这次意见征集会十分怪异，最终结果是麦哲伦号召人们跟随他冒险！每个舰船都大声传出了麦哲伦的命令：继续航行！与此同时，麦哲伦对各舰长下达密令：绝不允许向水兵们泄露食物短缺的消息，否则杀无赦！

舰长们默默领命。接到探寻海峡南部的命令后，“圣安东尼奥”号和“康泽普沁”号在其各自的舰长梅斯奎塔和塞劳的带领下起航了，很快就消失在弯七拐八的海湾里。旗舰和“维多利亚”号留在原地，获得一段相对而言较舒适的时光。他们停泊在沙丁鱼河的河口，并没有向海峡西部探寻，麦哲伦只派出一个小艇出去侦查。海峡的这个位置风平浪静，没有任何危险，唯一的命令也要在三天后才能有消息，这使留下来的两艘舰船有了 3 天充分休息的时间。麦哲伦和水兵们在这环境并不严酷的地方休息得颇为惬意，这些天来，越往西走，景色越好，迎接他们的不再是陡峭的山崖，取而代之的是茵茵绿草和森林。山坡变得平缓了，就连远处的冰山雪峰也发出了光辉，空气也变得柔柔的。甘甜的泉水让水兵们精神抖擞，要知道，此前他们喝的水是从河流入海处取来的，有点咸味，气味非常难闻，长时间储存在水桶里。他们此时怡然自得地躺在草地上，漫不经心地看着鱼儿跳跃出水面；有时又会突然来了兴致，精力充沛地跳下河去抓鱼，这条河里的沙丁鱼多得让人难以置信；他们又发现很多美丽的香草，终于可以大快朵颐，数月来他们从未如此舒服。在大自然的眷顾下，很是让他们称意，皮嘉费塔欣喜地喊道：“世界上再也没有比这儿更美的海峡了！”

然而，这点惬意的小幸福与环绕在麦哲伦周围的轰鸣的大幸福相比，又算得了什么呢？大幸福才更让人激动，更让人着迷，能给人的心灵带来飞上九重天的快感。你看，大幸福即将降临了，它就在近处回荡，麦哲伦派出去的小艇在第三天按时返航！水兵们在远方招手，重新上演了上次发现海峡入口返航时的一幕，不过这次的发现比上次要重要一千倍，他们终于找到了海峡的出口！并亲眼目睹了一直期盼的“南海”！这个海峡通向那个大海，那个不为人知的茫茫大海！千百年来，希腊人在经历磨难返回家乡时向海洋表达敬意的欢呼声：“塔拉萨！”“塔拉萨！”此时用另一种语言在呼喊，表达的是相同的欢欣鼓舞。这些欢呼声在这个人类尚未染指的地区上空回荡着。

这个伟大时刻属于麦哲伦，他欣喜若狂！人一生或许只有这么一次这样的时刻！他实现了对国王的承诺，实现了先于他的无数人的梦想，一切都实现了；他终于找到了通向另一大洋的航道！此时，麦哲伦意识到自己人生的价值，并将青史留名。

麦哲伦的一生充满了艰辛和忧郁，但此刻，他感受到了命运赐予他的快慰，那是人们在实现理想时的短暂的快慰。但如果不是艰难的付出，他注定不会得到一点幸福，而且他的每一次胜利都无可避免地与失望同时出现。他只能看到幸福，却不能拥抱和守住幸福。而这一次短暂的幸福，他还没来得及享受就消失了。

两外两艘舰船在哪里？为什么到现在还不返航？既然小艇已经找到通往另外一个海洋的出口，那两外两艘舰船就没必要浪费时间再继续找下去了。如果另外两艘舰船也回来分享这个好消息就好了！它们总会回来的，那就好了。麦哲伦向海湾深处凝望着，焦急，越来越强烈的焦急！规定的返回时间早就过了，第五天过去了，可是仍然看不见那两艘舰船的影子，也收不到任何信号。

是不是出事了？是不是迷失了航向？麦哲伦忐忑不安，他无法在约定好的地点坐以待毙了，于是下令升帆，向那两艘舰船的方向航去。在水天交接处什么也没有，始终是什么也没有，冷冰冰的水域里同样什么也没有，没有在任何地方发现舰船的踪影或信号。

两天后，终于看到了船帆！这是塞劳舰长率领的“康泽普沁”号。那“圣安东尼奥”号在哪里呢？它是所有舰船中最大、最重要的一艘舰船，对此，塞劳无法回答。在出航第一天，“圣安东尼奥”号就走到“康泽普沁”号前面去了，从此便没了消息。刚开始，麦哲伦并没有作最坏的打算，以为那艘船舰可能是迷航了，又或者是舰长把约定的日期搞错了，于是他下令所有舰船搜寻这个海峡的所有角落，假如又有舰船迷航就以点火作为信号。但结果依然是徒劳无功，看样子是凶多吉少了。要不就是“圣安东尼奥”号彻底失败，所有船员都殉难了，但这几天无风无浪，这种可能不大；要不就是这艘舰船的领水员戈默茨造反，这种可能性比较大，因为在参谋会议上他就曾要求尽快返航，现在他实施了自己的计划，与其他西班牙军官一起制服了舰长，然后带着食物及储备逃跑了。

此时此刻，麦哲伦根本无法判断到底发生了什么事，他只知道事态很严重，对他非常不利。那艘舰船就这样不见了，那是最大最好的一艘舰船，是储备食物最多的舰船啊！它到哪儿去了？它究竟发生了什么事？在这阴森恐怖的汪洋里，谁也不知道这艘舰船到底是沉没、逃逸，还是匆忙返回西班牙了，只有这外邦的南十字星座是这件事的见证者，只有它知道“圣安东尼奥”号去了哪里，也只有它能给麦哲伦答案。当时的占星术被人们认为是真正的科学，于是，麦哲伦派人叫来占星家兼天文学家安德烈斯·德·圣马丁，这个代替法莱洛上船的人是唯一懂天宫星位图的人。麦哲伦命他占星以搞清楚那艘舰船到底出了什么事。这个占星家作出了这样的预言：这艘舰船逃逸了，舰长沦为阶下囚。因为戈默茨在参谋会议上的坚定态度，这位占星家仍历历在目。事实究竟是什么？以后自然会被证实。

麦哲伦必须马上作出抉择，这也是最后一次抉择。他欢呼胜利太早了，他高兴得太早了。他所进行的首次环球航行与后来达拉克进行的第二次环球航行，多么相似啊！现在麦哲伦经历的事情，达拉克后来也遇到了，他的将军温特发动哗变并率领最好的一艘舰船在晚上逃跑了。麦哲伦的亲戚兼同胞在他的胜利进程中，用心险恶地从背后捅了他一刀！食物本来就不多了，现在就更少了，逃走的舰船上食物储备最多。毫无价值的等待和寻找又浪费了6天的食物量。即便是8天前情况好时进入“南海”，也要冒很大的风险，现在又少了一艘舰船，如果进入“南海”，无异于自杀。

麦哲伦从自信、笃定的顶峰，一下子跌入慌乱无神的低谷。关于这一点，我们无需读巴洛斯报告中所说的“他心乱如麻，甚至不敢再做任何决定”。我们只要看到麦哲伦在舰上发布的命令，就可以真切地看出他内心的慌乱。这是他没有主张时向军官们下达的命令，在这些天里，他第二次征求下属的意见，询问舰队是应该继续前进还是返航，与上次不同的是，这次他要求舰长们写书面报告，因为他要用书面的证据证明，他确实征求过舰长们的意见。

这一举措显示了麦哲伦的头脑极有远见。他很清楚，“圣安东尼奥”号的哗变者到塞维利亚后，马上会以原告的身份出现，以防被他控告犯了不服从罪。后来的事实确实如此。那些人回到故乡后肯定会将麦哲伦说成是恐怖分子，说他这个葡萄牙人用多么残酷的手段囚禁国家官员，又是怎样教唆他人将卡斯提尔贵族砍头、分尸或饿死的，以便违背国王的命令，将整个舰队控制在葡萄牙人手里，他们这样说无非是为了激起西班牙人的民族感情。为了反驳这种必然的指责，麦哲伦这才下了这道奇怪的命令，他这样做与其说是征求同伴的意见，还不如说是自我防卫。

“11 月 21 日在托多斯洛斯圣多斯海峡下达此命令，”他在命令的开头说：“我，费迪南·麦哲伦，圣提阿戈勋章骑士，舰队总指挥……明确知道，强烈的责任感驱使各位决心要继续向前航行，各位也认为时代已大步向前迈进了。我这个人从来不轻视别人的意见或建议，非常愿意和大家一起探讨并实施我的任务。”

对于麦哲伦的自我表白，军官们难免发出轻蔑的微笑。如果说这是在说明他的个性特点，那么恰恰说明了他在刻意美化他的独断专行。他是如何强硬地压制舰长们的异议的，军官们至今记忆犹新。麦哲伦自己也清楚，他们肯定记得自己实施的无情专制，因此，他又在命令中说：“希望圣朱利安海港的事没有让你们感到害怕，你们有义务直言不讳地告诉我对舰队安全的看法。如果刻意隐瞒自己的意见，就违背了当初的誓言和责任。”他要求每个舰长都书面表态，是想要继续航行还是想返航，并且要详细说明理由。

长时间失去的信任不可能一时间挽回，军官们都不敢直说想返航，他们对麦哲伦的畏惧已经深入骨髓。今天我们所能得到的唯一回答是天文学家圣马丁的，他的回答表明，在危难关头，军官们是多么不愿意与麦哲伦一起承担责任。这位占星家以墙头草的态度，用模棱两可的语言回答了这个问题，这可能与他的占星术有关。尽管他不确定从这个海峡能够到达摩鹿加群岛，但仍建议继续航行，原因是他们“有着春天般的良心”。但他同时又说不要航行得太远，最好能在 1 月中旬返回，因为大家都已经身心俱疲。他一方面说不要向西走，最好向东走，另一方面又说让麦哲伦按照自己的感觉决定，因为上帝会为他领航。想来，其他军官也大都是这种墙头草的观点。

事实上，麦哲伦也没有征集军官们的答案，他只是想证明他曾经征求过他们的意见。他自知自己走得太远了，想要撤退已经不可能了。他要么作为胜利者光荣返乡，要么彻底失败。即使在那位占星家预测他会死的情况下，他也必须在英雄之路上继续前进。1520 年 11 月 22 日，麦哲伦命令舰队驶离沙丁鱼河港口，并在一段时间后顺利穿过麦哲伦海峡——之后这个海峡被冠以此名。麦哲伦海峡出口的地方有一个海角，麦哲伦将其命名为“渴望的海角”。终于，他看见海角后面的大洋了！它一望无际、波浪翻滚，一幅惊心动魄的场面。再往西，在无穷尽的地平线后面，必然是香料诸岛，再往西，就是广阔的东方诸国，中国、日本及印度，继续前进，便可以回到欧洲，回到故乡西班牙。舰队作了最后一次调整，以便渡过这个人类还没有航行过的大洋。1520 年 11 月 28 日，起锚、升旗！三艘小舰炮声震天，以此向陌生的大洋致敬，宛如进行生死决斗的骑士在动手前向对手致敬。

第十章
梦想的国度

这无疑是人类历史上最伟大的时刻之一，有史以来，第一次有人绕地球航行一周又回到了故乡。他只是一个无足轻重的奴隶，但这并不重要，重要的不是人，而是人的命运。这个卑微的奴隶是马来族人，名叫恩里奎，这便是我们对他的所有了解。

1520 年 11 月 28 日至 1521 年 4 月 7 日

首次横渡尚未命名的大洋的行动，无疑是人类不朽的业绩之一。“这个大洋浩瀚无边，无法想象。”马克西米利安·特朗西尔瓦努曾在报告中说道。哥伦布当年在广阔的海洋上航行，被后人视为无法比拟的英雄业绩，但就奉献和牺牲而言，其业绩远远无法与麦哲伦的业绩相提并论。

麦哲伦是在物资极度短缺的情况下，与大自然争夺得来的胜利；而哥伦布率领的三艘舰船都是改造过的，装备精良，帆樯、索具等全部都是新的，他仅仅航行了 33 天就到达了目的地，而且在靠岸前一星期，就看到了陆地的迹象，即海上漂浮的海草、奇怪的木头和陆地上鸟类的尸体。另外，他的水手们身体健康、精力充沛，船上有充足且丰富的食物，即便此行失败还可以安然返航。而麦哲伦则是驶向一个完全陌生、虚无的海域，他起航的地点不是自己熟悉的欧洲，而是荒无人烟的巴塔哥尼亚。他的水兵们长期处于高度紧张的状态，早已筋疲力尽，饥饿和物资短缺的状态此前而且以后也一直威胁着他们。水兵们的衣服破旧不堪，船帆缆索也都快要耗尽。很长时间看不到一张新面孔，更别提女人了。酒、新鲜的鱼、面包等什么都没有，他们心里暗暗嫉妒起那些斗胆逃逸回家的同伴，那些人再也不必为困在这“海洋沙漠”中犯愁了。

3艘舰船就这么航行着，20天、30天、40天、50天、60天，仍然没有发现陆地，仍然没有发现接近陆地的迹象——令人渴望的迹象啊！一星期、又一星期、再一星期、再再一星期，100天过去了，这是哥伦布横渡大洋所用时间的3倍！麦哲伦的舰队成千上万小时地在空荡荡的海上航行。11月28日，当麦哲伦离开“渴望的海角”，当这个海角渐渐消失在地平线后，他就再也没有地图可以参考了，也没有航行的范围了，事实证明法莱洛在家乡时计算的的距离是错误的，麦哲伦以为早就过了西番古和日本，但事实是还没有航行到大洋的三分之一。因为这个大洋风平浪静，所以麦哲伦将其命名为“太平洋”，这个名称一直被沿用到现在。

但是，这种“太平”是何其残忍啊，死气沉沉的静寂是如此折磨人！始终是闪着光的蔚蓝色海洋，始终是万里无云的天空，始终是火热的天气，始终是寂静无声的空气，始终是不可触及的地平线。长此以往，那个固定的天空和固定的水面之间金属般的横切面深深刺痛了人们的心。小舰船始终被包围在辽阔无边的虚无里，唯一活动的事物嵌在让人厌烦的不动体中。白天的光线总是那么残酷刺眼，进入人们视线的始终是相同的东西，晚上永远是那些冷寂的星星询问他们。窄小的船舱里始终是那几个旧物件：船帆、桅杆、甲板、锚、大炮、桌子，以及变了质的甜饮料；每天早上、中午、晚上那几张不变的面孔不可避免地互相碰面，却都是面带绝望地相互凝视而已。这一张张面孔逐渐变得消瘦了，眼窝日渐深陷，眼神越来越暗淡，连脚步也越发无力了。数月前还神气活现、胆大气粗，在风暴中依然能在扶梯上攀上爬下换船帆的小伙子，如今已经双颊消瘦，像幽灵一般游游荡荡的，又好像是生病的人走起路来踉踉跄跄，又或者干脆因精疲力竭卧床不起。水兵不像水兵，甲板也充当了流动的医院。尽管这3艘舰船都因长时间航行没有维修而破旧不堪，却在进行着人类历史上最勇敢的一次冒险。

在这无法预料的漫长旅途中，储存的食物大量削减，危机加剧。负责发放食物的人每天分给水兵们垃圾一样的食物，唯一能让心灵稍感兴奋的葡萄酒也已经喝完。存放在肮脏的水桶里的淡水，在强烈的阳光照射下早已发霉发臭，可就连这样的水也是限量的，每天只能润一润干得冒烟的喉咙。可以吃的食物除了捕捉到的海鱼，就是船上仅存的早已成为灰色碎末的干面包屑，不仅生了虫，还被老鼠糟蹋了。那些令人厌恶的老鼠像发了疯似的，向那些少得可怜的面包发起进攻，贪婪无度。绝望的水兵们将这些抢劫他们最后食物的“强盗”赶到一个角落，为的不仅仅是杀死它们，还要把它们当成大餐享用。机灵的猎手捕到一只吱吱乱叫的老鼠，用它换来半个杜卡腾金币。幸运地购买到老鼠的人，贪婪地一口就把烤老鼠吞下了。在为了争取食物的苦苦挣扎中，水兵们的胃空空如洗，疼痛难忍。为了糊弄肚子，暂时缓解一下让人窒息的饥饿，水兵们想出了一个很危险的办法：将锯末掺到干面包屑中一起吃，好让每天的食物看起来多一些。但到最后，食物几乎一点也没有了，真的应验了麦哲伦的可怕语言——吃绑帆杆用的皮带。在皮嘉费塔的报道中，我们找到一段关于吃皮带的描述，饥饿的人们在绝望中试图把不能吃的东西吃下去。“为了不被饿死，我们开始吃牛皮带了。那本是用来绑船帆横杆的，以防止缆索被挣断。在常年的风吹日晒雨淋之下，皮带坚硬得像石头一样，为了软化它，我们会把它在海水里泡 3 天到 5 天，然后再在炭火上烤一下，吃下去。”

这样的食物，即便是最能经受痛苦、最有抵抗力的钢铁硬汉也无法长期坚持下去，这是毫无疑问的。因为没有新鲜（或者说没有富含维生素）的食物，爆发了坏血病，得病的人先是牙龈红肿化脓，随后牙齿就会松动脱落；他们口舌生疮，前腭和后腭都肿得很厉害而且很疼，即使让他们吃东西，他们也咽不下去了，只能悲惨地死去。即便是幸运活下来的人，也因为饥饿而有气无力，两条腿要么化了脓，要么瘫痪了，只能借助拐杖艰难行走，或者躺在某个角落里无力地胡言乱语。在这饥饿的航程中，有 19 个人异常痛苦地丢掉了性命，是幸存者的 1/10。第一批死的人中，就有可怜的巴塔哥尼人，水兵们为他取了尤安 · 吉冈塔的名字。几个月前，他们还因为巨人能一口气吃下半箱干面包，像喝一杯酒一样喝下整整一桶水而惊叹不已。无从结束的航行让有劳动能力的水手每天都在减少，皮嘉费塔说，人们非常虚弱，3 艘舰船再也经受不起任何一次风暴或者恶劣天气的考验了，“如果不是上帝和圣母恩赐的好天气，我们全部都得饿死在这无边无际的大洋上。”

异常落寞的“商船”——3艘舰船，在没有涯际的“水沙漠”里穿行，长达3个月又20天，承受了人们难以想象的痛苦，最痛苦的，莫过于失望的痛苦的折磨。就好像在沙漠里快要渴死的人，突然看见一块绿洲，翠绿的棕榈树在风中摇曳生姿，在毒辣、刺眼的阳光下——长时间以来，这阳光早已照得他们头晕目眩——他们满眼都是绿荫，甚至已经听见了潺潺的清泉声，但是当他们尽全力踉跄着前进时，那绿洲又突然间不见了，包围他们的依然是“沙漠”，甚至比以前更凶险。麦哲伦的下属成为了摩尔根娜（法国古代传说中的仙女）魔法的牺牲品。

一天早晨，一声嘶哑的呼喊在桅杆的瞭望台上响起，一个水兵看见了陆地，那是一个岛屿！长久与大陆隔离之后，如今再次看见，那些在饿死和渴死中挣扎的人们像疯了一样冲上甲板，就连躺在船舱里憔悴得快干巴的病人也拖着病体摇摇晃晃地出来看热闹。确实，这是一个岛屿，而且他们正在向这个岛屿靠拢。快，快点，小艇上立即载满了人，他们的意念在过度刺激下，似乎已经看见了流淌的泉水，已经开始想象躺在树荫下休息，长久地漂泊之后，他们强烈地盼望再一次感受脚踏陆地，而不是摇晃在波涛上的船板的感觉。

可是，他们又一次受骗了！真是可怜！当他们划着桨靠近岸边时，发现这个岛屿上全是光秃秃的岩石，没有人居住，也不适合人居住，没有动物，也没有泉水和水果，寸草不生。气愤之下，他们称这个岛为“不幸岛”。在这个不毛之地待了一天，简直是浪费时间！之后他们又登上了第二个岛，同样一无所获。还是继续在蓝色的“水沙漠”里航行吧，继续，继续，一天天，一周周，这可能是人类痛苦编年史、人类能承受痛苦能力编年史，或者称为历史上，最可怕、物资最匮乏的一次航行了。

1521年3月6日，即舰队驶离麦哲伦海峡进入太平洋之后，太阳从同一空洞、沉寂、无情的蓝色海平面上升起、落下上百次之后，桅杆瞭望台上再次传来了呼喊声：陆地，陆地！是时候了，是登陆的紧急时刻了！假如在空洞的海面上再漂荡个两三天，这伟大的英雄业绩就无法留给后代了，水兵们都会因饥饿而死，舰船会成为漂泊的公墓，并终因无人驾驶而在风暴中沉没或撞碎在海滩上。感谢苍天大地，这个刚发现的岛屿上有人居住，那就必然有水让这些忍饥挨饿的人喝。

舰船刚一靠近海湾，还没来及收帆和抛锚，一些非常灵活的小船便快速向这边驶来。小船的船身涂有各种不同的颜色，船帆是由宽阔的棕榈叶缝合而成的。只见天真的大自然之子一丝不挂，像一群猴子一样灵巧地爬上甲板，看见什么就拿什么，丝毫没有道德观念，转眼间，舰船上的很多东西就像变戏法似的不翼而飞了，连旗舰上的登陆小艇也被割断牵引缆索掳走了。他们对自己的偷盗行为毫不在意，甚至因为抢到很多前所未见的东西而开怀大笑，就这样划着船，载着战利品凯旋了。天真淳朴的异教徒们认为将几件亮堂堂的东西插在头上——不穿衣服的人们也没有口袋可用——是理所当然的，就像西班牙人、西班牙国王以及罗马教皇理所当然地认为，那些尚未被发现的岛屿及岛上的居民和动物原本就是国王的合法财产，而那些国王却是恪守基督教教规的国王啊。

此时，身陷困境的麦哲伦很少想到国王和罗马教皇合约之外的占领和吞并。从现存的档案可以看到，那个登陆小艇在塞维利亚花费了3937.5马拉维迪，在远离故乡的时刻，那个小艇无疑是个无价之宝，麦哲伦怎么可能把它拱手让给像猴子一样的强盗？于是第二天，他命令40名全副武装的水兵的登陆，去夺回小艇，顺便好好教训一下那帮不知廉耻的岛上居民。他们烧掉了几个茅屋，却并没有进行真正意义上的战斗。可怜的大自然的子民根本不知道怎么杀人，当他们突然被西班牙人的箭射中流血不止时，根本不明白为什么这些从远处飞来的带羽毛的尖状物会深入皮肤并引起剧痛。他们绝望地生拉硬扯插在身上的箭，乱糟糟地慌忙逃进了树林，以躲避残忍的白种野蛮人。这下，饿疯了的西班牙人终于可以为自己和同伴获取水和粮食了。他们很贪婪，慌里慌张地将所有能抢到手的东西全部拿走，有鸡、猪、水果等等。在土著人和西班牙人之间互相偷过彼此的东西后，开化的西班牙强盗为了惩罚土著人，将该岛命名为被侮辱的名字：小偷岛。

这次抢劫的好处是，拯救了濒临死亡的饥饿的水兵们的生命。在休息的3天里，水兵们夺来的新鲜水果、肉类以及沁人心脾的泉水让他们恢复了元气。虽然在此之后的航行仍然有几名水兵因体力耗尽而死，包括那个唯一的英国人，有几十人因生病浑身无力，但毕竟最让人心寒的状况过去了，每条舰船都重新鼓起勇气继续向西航行。一星期后，即3月17日，前方又出现一个岛屿的轮廓，旁边还有第二个岛屿，麦哲伦知道，这是命运在怜悯他们。他推断，这里一定是摩鹿加群岛。欢呼啊！欢呼！他终于到目的地了。

尽管麦哲伦想尽快证实自己的胜利，但那揪心的焦躁并没有使他仓促行事或变得疏忽大意。他没有选择较大的苏卢安岛停泊，而是停泊在被皮嘉费塔称为“胡姆鲁”的小岛上，因为后者没有人居住。因为舰队现在处于异常虚弱的状态，所以他觉得还是先不和土著人接触为好。在谈判或者挑起战争之前，休养生息是最重要的事情。生病的人被抬到岸上，喝到了新鲜的淡水；为了他们，还宰了一头从“小偷岛”偷来的猪。先休息，不再冒险！但很快，也就是第二天下午，一条小船从大岛驶来，船上的土著们亲切地招着手，十分诚恳。他们带来了水果，皮嘉费塔觉得这些水果很奇特，连连惊叹。他们带来的水果是菠萝和椰子，椰子像牛奶一样的椰汁使生病的人状况明显好转。于是，繁忙的交易开始了：忍饥挨饿的人只要用几个铃铛或者彩色玻璃杯就可以换来鱼、鸡、棕榈酒、橙子以及各种蔬菜和水果。很长时间以来，船上的病人和没有生病的人第一次吃了个饱。

刚开始，麦哲伦异常兴奋，以为到达了目的地，即香料诸岛。但是你看，他登陆的这个岛不可能是摩鹿加群岛；假如是，他的奴隶马上就能听懂自己同胞的语言，所以这里肯定是别的国家，别的群岛。他是偶然间来到这里的，得益于一次错误的计算，麦哲伦在太平洋中走的航线，比正确的航线在纬度上偏北10度。但是这错误却带来新的发现，他抵达的并非摩鹿加群岛，而是另外一个完全陌生、至今不曾被欧洲人提及的群岛。事实上，麦哲伦发现的是菲律宾，他为卡尔国王又找到一个新的行省。西班牙王室占领菲律宾的时间，远远超过占领哥伦布、科尔特兹和皮查洛发现的地方的时间。这一意料之外的发现，也为麦哲伦建立起一个王国，因为按照合约规定，如果他发现的岛屿在6个以上，他和法莱洛就可以获得其中的两个。昨天他还是个可怜的、处于崩溃边缘的冒险者，一夜之间竟成为他新发现的地方的总督，只要是从这个新殖民地获取的利益，他全部且永远占有一定的股份，于是，在历经数日的晦暗和徒劳无功后，麦哲伦终于跻身世界富豪的行列。

土著人每天划着小船将大量对健康有益的新鲜食品，从苏卢安岛运送到这个天然医院来。这些灵丹妙药效果奇好，病人们又都活蹦乱跳了。在这个安静的海滩精心调养9天之后，基本上所有病人都康复了。于是，麦哲伦着手准备去探访对岸的马萨瓦岛。但几乎每到关键时刻，都会发生让人烦恼的事故，破坏人们的好兴致，尽管他们的快乐来之不易。皮嘉费塔，这位麦哲伦的朋友兼编年史作家，在钓鱼时身体太过前倾，以至于跌进了水里，却没有一个人发现。世界上首次环球航行的历史差点跟我们失之交臂，因为善良的皮嘉费塔不会游泳，几乎要被淹死，但在最后时刻他抓住一条船上垂下的缆索并竭尽全力呼喊救命，人们这才循声将这位不可缺少的编年史作家救到甲板上。

马萨瓦是菲律宾一个无关紧要的小岛，如果放在普通地图上，要用放大镜才能找到。但就是在这个小岛上，麦哲伦经历了他一生中又一次重要转折的伟大时刻。在他抑郁而艰难的一生中，类似的幸福总是发生在一瞬间，就好像突然窜上来的火苗。但因这幸福的强度令人陶醉，麦哲伦长期在孤寂和忧愁中的忍耐便得到了神奇的回报，而其忍耐堪称坚毅、顽强。不过，这一次幸福的外在原因有点不明就里：鼓着船帆的3艘外国大舰船刚一靠近马萨瓦岛的海滩，那里就聚集了很多当地居民，充满了亲切和好奇。为谨慎起见，麦哲伦并没有自己登陆，而是先让自己的奴隶以和平使者的身份前往。他觉得土著人肯定更愿意信任一个褐色皮肤的小伙子，而不是一个装束奇特长着大胡子的白种男人，这个想法不无道理。

于是，意料之外的事情发生了。半裸的当地居民围着那个奴隶又叫又嚷。那个奴隶惊呆了，因为他们说的每一句话他都听得懂，不管是提的问题还是说的话。被别人从家乡掳走这么多年，他现在第一次重新听到自己的语言。一个值得纪念，不能遗忘的时刻！这无疑是人类历史上最伟大的时刻之一，有史以来，第一次有人绕地球航行一周又回到了故乡。他只是一个无足轻重的奴隶，但这并不重要，重要的不是人，而是人的命运。这个卑微的奴隶是马来族人，名叫恩里奎，这便是我们对他的所有了解。他在人们的皮鞭驱赶下，从苏门答腊岛到印度，再到非洲的里斯本，接着又经过巴西、巴塔哥尼亚并在海洋在漂泊良久后，终于重新回到了自己的语言区。他见过很多民族、很多种族，他们对每个事物的语言表达都与他不同。他是世界上第一个绕地球一周，又重新回到一个他能与之沟通的民族身边的人。

这时，麦哲伦明白，自己的目的达到了，大功告成。他自西向东，又一次踏进了马来语地区的边界，而12年前，他是驾船自东向西离开这一地区的。他很快就可以将他的奴隶带回马六甲了，当年他就是在那里将他买下的。至于期盼中的香料诸岛，是早点去还是晚点去，是他去还是别人去，都已经无关紧要了。因为此时此刻已经足以向所有时代证明：只要坚持不懈地在海上航行，不管是背向太阳还是迎着太阳，都可以回到原来的出发地点。此时此刻，麦哲伦伟大事业的最核心部分已经实现。千百年来，无数智者不断猜测，无数学者不断梦想的事情，经过麦哲伦的无畏勇气最终被确定下来：地球是圆的。你看，那个奴隶已经绕地球航行一周了。

这次航行中最开心、最放松的日子，就是在马萨瓦岛停留的日子。麦哲伦正是鸿运当头。再过3天就是复活节，星期天，同时也是他在朱利安港用暴力的宝剑平定叛乱一周年纪念日，那一天是个晦气的日子，之后便灾祸不断，不幸、痛楚、磨难时常相伴！他在无尽的恐慌中度过了被饥饿和物资匮乏折磨的日子，度过了在陌生的海洋上的无数风暴之夜，忍受着难以名状的痛苦，即令他窒息的长期的不确定感和焦躁不安——他是否耽误了一支委托于他的舰队？所幸的是，营垒内部的斗争终被平息了，他，作为一个神奇的基督教徒，真的可以在“复活的节日”弹冠相庆了。所有的危险都不复存在了，成就了辉煌的伟大业绩，他长久地追寻和企盼的不朽业绩终于告成了：麦哲伦找到了一条自西向东通往印度的新航道，而以往所有航海家哥伦布、威斯浦契、卡波特、平措恩等探寻这条航道时都没有成功。他发现了前人不曾发现的国家和水域，他是欧洲第一个，也是历史上第一个成功横渡新大洋——太平洋的人。

他是全世界走得最远的人，相对于这一荣耀的胜利来说，麦哲伦没有完成的事就变得微不足道了。只需要数天的航行，就可以到达富裕的摩鹿加群岛，在值得信任的领水员的指导下，这是轻而易举就可以做到的。到时，他在国王面前许下的诺言将全部兑现。他要在那里拥抱塞劳，以感激这位朋友带给他的勇气，为他指明了道路。然后，他要尽快将船舱装满香料，从他熟悉的航道，经过印度、好望角返航回家。这条航道上的所有海港、海湾，都已深深刻入他的脑海里！荣耀地归来吧！作为一个胜利者、一个自豪者、一个富翁以及一个总督，穿过地球的另一半，头戴永不凋谢、流传千古的桂冠荣耀地归来吧！

但，无需如此匆忙，稍安勿躁！在经历四处漂泊的艰难岁月之后，也该好好休息并享受一下成功的喜悦了。在自然条件优越的港口，“阿耳戈”号的胜利者们充分休息，享受着风景如画，气候宜人的人间天堂般的生活。当地的土著人热情好客，此时仍生活在无忧无虑、和平安宁、无需劳动的黄金时代。大自然的子民不但好逸恶劳，还特别热衷于吃喝，这下，西班牙水兵们可就掉进安乐窝里了，之前他们饿得要死要活，连锯末和半生不熟的老鼠肉都塞进干瘪的胃里，现在仿若置身童话世界。

新鲜美味的食物诱惑力实在太大了，以至让虔诚的皮嘉费塔不能自控，在斋戒日大吃肉食，深深陷入“罪恶”之中，而他平日里是从不会忘记感谢圣母及其他神灵的。在休息日，即耶稣受难日那天，麦哲伦派皮嘉费塔去拜访岛上的国王卡兰布。卡兰布热情洋溢地将他带进了一间竹子建造的小屋里，只见锅里煎烤的猪肉吱吱作响，肉块闪着油光，异常松脆的样子，让人见了十分嘴馋。可能是因为国王太盛情了，也可能是因为食物太美味了，皮嘉费塔没有抵挡住美食的诱惑，在这庄严的斋戒日大快朵颐，并且喝了棕榈酒，因此犯了罪。这次宴会刚刚结束，也就是说在麦哲伦的使者刚刚填饱肚子时，卡兰布国王又邀请到自己的水榭楼台小坐，即第二次宴席。皮嘉费塔和其他随行者盘腿而坐，“像裁缝工作时的姿势”，随即，满碗的炸鱼、刚挖的生姜被端上桌，还有棕榈酒。“罪犯们”继续犯着罪。更糟糕的是，第二次宴请之后，王子又来拜访，他们为了顾全礼仪，不得不第三次赴宴。这次的吃食变成了煮鱼和加香料的米饭，当然不会少了棕榈酒。皮嘉费塔的随行者因饮酒过量而摇来晃去，口齿也不清楚了，被带到小竹屋休息，这个欧洲人在菲律宾第一次喝醉后得到了充分的休息，他肯定会梦见天堂。

岛民的欣喜比饥饿的客人有过之而无不及。他们觉得横渡大洋来的客人太奇怪了，带来的礼物多么漂亮啊！他们在那平滑的镜子中看到了自己的鼻子，那闪闪发亮的小刀、一下就能砍倒一棵棕榈树的斧头、火红的帽子。国王兴致勃勃地穿上身的土耳其西装；还有奇特、锃亮的铠甲，让人不可思议的是，穿上它就能刀枪不入。麦哲伦将军命一名水兵穿上铠甲，让土著人向这个水兵射箭，当土著人的骨质箭头无力地射在这个铁人身上时，铠甲里的水兵毫发未伤，一边大笑一边嘲笑他们。这群魔术师太了不起了，像皮嘉费塔，只要手里拿一根小木棍或者一根羽毛在一张白纸上随意涂上黑色的符号，就能复述出别人两天前对他说过的话！白皮肤神灵在星期天——也是他们的复活节，举行的那场演出多好看啊！他们在海滩上竖起一个叫作祭坛的奇怪的东西，上面有一个闪着光的十字架。麦哲伦将军及50名水兵穿着最漂亮的衣服，两人一排整齐地走过来，然后在十字架前跪下来，正当此时，每艘舰船都突然射出闪电，亮丽的蓝天刹那间惊雷滚滚，掠过海面。

土著人觉得这些陌生人既聪明又强大，他们的所有作为都很了不起，于是怀着敬畏的心情模仿他们的动作：下跪、亲吻十字架。将军对他们说，要为他们也做一个一样大的十字架，就放在海边，让周围的人都能看见。土著们听了很高兴，也很感激将军。在几天之内，麦哲伦一箭双雕，不仅将这个岛的首领变成了西班牙的盟友，还将他变成了天主教徒。他不仅为国王获取了新领土，还为天主教和天主获取了大自然子民那颗淳朴的心。

在马萨瓦岛逗留的这个星期，是无比美好的一星期。休息已经够充足了！麦哲伦！水兵们已经精神抖擞了，让他们回家去吧！为什么迟迟不下决定？再多发现一个岛对你又有什么意义？你不是已经拥有这个时代最伟大的发现了吗？那就快去香料诸岛吧，完成委派的任务，兑现自己的诺言，然后就回家去吧！家里还有妻子在盼着你回来呢，在你走之后出生的第二个儿子还要认一下爸爸呢！回家吧！好证明那些胆小的哗变者对你的污蔑子虚乌有，他们罪责难逃！回家去吧！好告诉所有人，一个葡萄牙贵族的忠诚勇敢、一个西班牙水兵的果断刚毅及战胜物质困难的力量，能实现多么伟大的事业！不要让你的朋友们等太久，不要让信任你的人发疯，回家吧麦哲伦！回家！

但是，一个人的天才同时也是这个人的灾难。从古至今，从无例外。过去，麦哲伦的天才是最大限度的忍耐和沉默，可现在，责任感极大地鼓舞着他，让他无法满足于在胜利中急流勇退、接受皇恩。这个男子汉以小心翼翼开始，终于事业有成，现在可以说是功德圆满。但是他又一次下了决心，在没有发现其它新的行省并让西班牙长期占领之前，他是不会离开菲律宾群岛的，他那强烈的责任感使他无法满足于只发现和占领一个小岛。由于人员太少，他无法让自己的人留在这里作代理人或驻外经理，而只能和岛国中势力最大的诸侯签订合约，类似于和小首领卡兰布签订的那样。他要让卡斯提尔旗和天主教的十字架永久地矗立在这个岛上，作为永久性的国家尊严的象征。

咨询过卡兰布之后，麦哲伦得知塞布岛是群岛中最大的岛屿。麦哲伦前往塞布岛急需一名领水员，这时，卡兰布谦卑地请求麦哲伦给他个面子，他愿意亲自陪麦哲伦前往。但这位尊贵的领水员却耽误了出航的时间，因为收割稻谷的季节到了，忠厚的卡兰布胡吃海喝了一番。就这样，直到4月4日，麦哲伦的舰队才在这位嬉笑的“领水员”的带领下，离开这片救他们于危难的幸运海滩。他们在宁静的海域穿行，途径大小很多岛屿并受到盛情欢迎，然后直奔麦哲伦亲自选择的那个岛，原因是“他不可理喻的命运执意要这样做”——忠实的皮嘉费塔充满哀伤地写道。

第十一章

凯旋之前倒下

人类历史上最伟大的航海家，在完成功成名就的伟大事业后，竟然因为一次无谓的战斗牺牲了，在同赤身裸体的岛民的战斗中牺牲了，这场战斗微不足道！一个像普罗斯佩洛一样能驾驭自然力量的人，一个战胜无数狂风暴雨、战胜无数敌人的天才式的人物，却被西拉普拉普这样的“人虫”打死了。

1521 年 4 月 7 日至 1521 年 4 月 27 日

在风平浪静地航行了 3 天之后，即 1521 年 4 月 7 日，麦哲伦的舰队靠近了塞布岛。远远看去，有很多村落显现，这说明这里人口众多，有卡兰布充当领水员，舰队十分稳妥地到达了塞布岛的都城。

麦哲伦向海港看了一眼，便知道自己要与这里较高级别的国王或首领以及略微开化的文化打交道了。这个海港帆樯林立，停泊着数不胜数的帆船，有少数是外国的大帆船，大部分是当地的小帆船。针对这种情况，麦哲伦决定庄严隆重地亮相，以显示他是个能驾驭电闪雷鸣的主儿，于是命令各个舰船鸣炮致意。像以往一样，这壮观的人造晴天霹雳委实吓坏大自然的子民，他们恐慌不已，尖叫着四处逃散了。这时，麦哲伦派忠诚的恩里奎登陆并充当翻译，向岛上的首领作出外交声明，说这“电闪雷鸣”并无敌意，相反，是强大的舰队指挥官以此向强大的塞布岛首领表示特别的敬意。而舰队指挥官也不过是全世界最高主人的仆人，他只是奉主人的命令寻找香料诸岛，这才穿越了世界上最大的海洋。他在马萨瓦岛时就听闻塞布岛的国王贤良友善，不想错过拜访的机会，于是就到这里来了。指挥员愿意将一些珍奇的商品展示给国王看，并与他做交易。他绝对不会长时间呆在这里，一旦与国王缔结友谊马上离开，绝不会给强大贤明的国王添麻烦。

然而，这个名为胡马班的国王——确切地说应该是邦主，却不是等闲之辈，他不再是毫无防备的大自然子民，也不再是一丝不挂的野蛮强盗，更不是巴塔哥尼人那样的“巨人”，而是偷吃了禁果，深知金钱价值的聪明人。他是世界另一端一个黄褐色皮肤的君主，也是一个追求实际利益的经济学家，这一点从他收取高额的海港过境费可以看出来。这个规定要不是他从别人那里学来的，那就是他自己的发明。大炮的轰鸣声没有让这个精明的商人国王产生丝毫敬佩之心，翻译的甜言蜜语也没能讨得他的欢心。他态度默然地告诉恩里奎，他并不拒绝陌生的外国船只进入港口，也愿意与之建立新的贸易关系，但是，所有停泊在这里的船都必须缴纳海港关税，无一例外。也就是说，如果这3艘舰船的指挥官想在这里经商，必须先交一笔钱。

恩里奎很清楚，他的主人是皇家舰队的将军兼圣提阿戈骑士，是断然不会给这个弹丸之国的首领缴税的，如果那样做，就表示承认了这个国家的主权和独立，而根据教皇的谕示，西班牙早已将这里默认为自己的行省。恩里奎急忙对胡马班解释，试图让他免去关税并相信这是一次特殊情况，同时不要误以为拥有“电闪雷鸣”的人怀有敌意。但无论恩里奎怎么说，颇有商业头脑的国王都不为所动，遗憾地表示只有先交钱纳税，才能谈友谊，没有例外。为此，他还特意派人去叫一个伊斯兰教商人过来作证，这个人来自暹罗，刚交了税而毫无怨言。

这个摩尔人很快就到了，而且突然之间吓得脸色煞白。当他一眼看到几条大舰船的船帆上有圣提阿戈十字架的标志时，遭到重重一击，因为基督徒已经找到了东方的最后一块隐秘之地，他原本可以在这里顺利地跟海盗做生意，但现在伊斯兰教的敌人带着可怕的大炮和火绳枪来到这里了！和平经商将成为过去！再也没有丰厚的利润可赚了！于是他急忙对胡马班耳语了一番，告诉他要小心，避免与这些不受欢迎的客人起争执，因为就是他们洗劫了印度和马六甲——他显然混淆了西班牙人和葡萄牙人，没有人能对抗过这些白皮肤的恶魔。

他们被摩尔商人认出来了，这又一次说明一个完整的圆圈画出来了：在世界的另外一端，另一个星空下，欧洲与自己接轨了。到现在为止，麦哲伦在自东向西航行过程中所发现的陆地都是欧洲人尚未涉足的，他所遇到的所有土著，此前从来没有听说过或看到过白皮肤的欧洲人。当年在印度登陆的瓦斯科·达·伽马还曾遇到一个讲葡萄牙语的阿拉伯人，而麦哲伦在两年当中却从未遇到过同一种族的人。他们就好像在一个完全陌生、没有边界也没人定居的星球上漫游。巴塔哥尼人认为他们是从天上来的异类，“小偷岛”的居民将他们视为凶神恶煞，纷纷逃进丛林。但在这里，在世界的另一端，他们终于见到一个相同的人，这个人认出了他们，而且了解他们，这说明麦哲伦在欧洲和这个新世界之间，搭起了一座横跨辽阔的海洋的桥梁。只需要几天时间，只需要再航行几百海里，麦哲伦便可以在出洋两年后重新与欧洲人、基督徒、朋友以及教友们见面了。如果说麦哲伦此时还在怀疑是否真的接近目的地，那么对于另外一点他是确信不疑的，即伟大的事业已经成功，地域与地域已然相接，他已经绕地球航行了一周。

摩尔商人的警告对塞布岛的国王产生很大影响，他心生恐惧，马上放弃征收关税。此外，他还公开邀请麦哲伦的使者参加筵席，以向公众证明他热情好客。这成为证明“阿耳戈”航海者真的接近阿耳戈的第三个迹象。这一次筵席，食物已经不再盛在木板上或韧皮纤维做的席子上，而是盛在瓷器里，这些瓷器来自马可·波罗称之为神话般国度的中国。西番古和印度可能就在眼前，西班牙人已经来到东方文明的边缘地带了，哥伦布希望从西面航行到印度的梦想此时实现了。

经过交涉，人们开始以礼相待，于是商品交换顺利地进行起来。作为全权代表的皮嘉费塔被派到海滨。塞布岛的国王表示，愿意和威名远播的卡尔国王签订永远地合约，而麦哲伦也真诚地竭尽全力维护这一和平。麦哲伦的作风与科尔特兹、皮·洛等人截然不同，后者每到一地都迫不及待地先放恶狗咬人，然后就开始野蛮地奴役和残暴地杀害当地土著，只想尽快将这个国家洗劫一空；而麦哲伦是个思维开阔、具有人道主义精神的探险家，他在整个航程中，一心谋求和平入侵，宁愿以缔结和约的友好方式而并非诉诸武力的方式达到兼并新领土的目的。正因为具有坚定的人道主义意识，才使麦哲伦很讲道义，远远胜过那个时代的其他占领者。他生性坚毅、冷漠，在舰队内部施行铁一般的纪律——对待哗变者的态度就是证明——不知道什么是宽容，什么是顾虑。然而，他在外却有不错的名声。那些将科尔特兹和皮·洛的伟大功绩毁于一旦的野蛮行径，比如烧死土著人的酋长、折磨尚未开化的蛮族等，麦哲伦从未染指，也没有受到他们的影响；那些占领者认为对待“异教徒”有背信弃义的权利，但麦哲伦却遵守约定，从未自食其言。麦哲伦始终恪守与每一位首领签订的条约，直到去世，诚实是他最好的武器，也是他永远的荣誉。

双边贸易开始了，所有人都很高兴。最令土著人惊讶的，是这些外国人带来的可以打造成剑、钩和犁的金属铁，反而开始小看自己那些柔软的白金和黄金的价值，因此直到1914年的战争年代，他们仍然热衷于用黄金换取铁。在欧洲，铁几乎没有什么价值，但在这里14磅铁却可以换来15磅黄金。在双方的交易中，小看黄金的土著人很大方，对此水兵们当然乐此不疲，以至于麦哲伦不得不严令他们不得用衣服和财产换黄金，以免让土著人从这狂热的需求中看出黄金的宝贵，从而降低他们的交换物价格。他要让土著人的愚昧无知继续保持下去，以从中获得持续的好处。但在实际交易中，他尽量不让土著人在重量和大小方面吃亏。他是个有远见的人，他认为这不仅涉及到黄金的利益，还涉及双方的贸易能否长期做下去，更重要的是能否赢得新领土居民的心。他的预测又一次正确了，对于友好而强大的外国人，土著人很快就放下戒心充满了信任，甚至岛上的国王和其绝大多数侍从都主动要求皈依基督教。其他西班牙占领者要用几个月甚至几年，要通过使用各种刑罚，比如拇指夹、审讯，甚至纵火才能达到的目的，麦哲伦这个虔诚、不偏激的基督徒只用了数天就达到了，而且没有使用武力。

他是怎样用人文关怀的情感、思想自由的精神使这些土著人皈依天主教的，日后我们从皮嘉费塔的文章里可以看到：“将军跟他们说，如果他们是为了讨好我们或者害怕我们而加入基督教，那就不要加入了；如果是真的想成为基督徒，必须是自愿的，是出于对上帝的爱。即使他们不入教，我们也不会因此而有什么不友好的举动。但是成为基督徒的人将得到更好的待遇。于是，他们纷纷要求入教，不是因为害怕或讨好，而是自愿的。他们把自己交给他，而他对待他们也真的像对待下属一样。将军非常感动，热泪盈眶，真诚地拥抱他们，紧握王子的双手。将军对他们说，他坚信上帝，对西班牙国王忠贞不二；他还担保，他们从此就可以与西班牙国王永久和平相处；他们也向他许愿。”

又一个星期日，即1521 年 4 月 17 日，当夕阳落下时，麦哲伦迎来了他的胜利时刻，西班牙人欢庆他们的伟大胜利。他们在这里的集市广场上搭起一个华盖，将舰船上的地毯搬来铺到地上，并放上去两把天鹅绒椅子，分别属于麦哲伦和这里的国王。华盖前的祭坛闪闪发光，周围聚集着成千上万的褐色皮肤的围观者，等待着演出开始。麦哲伦颇有心机，此前的所有谈判都是派皮嘉费塔去的，他并未踏进过这个国家。如今他亲自来了，并特意组织这个像演出一样的壮观场面。40 名全副武装的士兵大踏步走在前面，紧跟其后的是挥舞着卡尔国王的绸质大旗的旗手，这面大旗是国王在塞维利亚教堂授予将军的，今天第一次在国家的新行省打开。接着，庄严肃穆、神色安详的麦哲伦才在军官的陪同下款步走近，而就在他离开小艇踏上陆地之际，舰船上礼炮齐鸣。闻此，围观的人们吓得四处逃窜，纷纷躲进角落里，但在看到自己的国王仍泰然自若地坐在椅子上后（事先已告诉他要鸣炮），又都大着胆子出来观看了。在一个竖起的大十字架前，国王带着王储和其他人低着头，虔诚地接受洗礼。麦哲伦充当了国王的教父，他趁此机会将国王一直使用的名字胡马班改为卡洛斯·胡马班，即冠以新行省原主的名字。

今天，漂亮的女王也来到了最高社交圈，并接受了约安娜这个新名字。她涂着口红、涂了红色的指甲，这些时髦的装束比欧美的姐妹们早了 4 个世纪。同样，公主们也都取了高贵的西班牙名字，比如卡塔琳娜、伊莎贝拉。除塞布岛外，邻近岛屿上的民众也来了，他们也不愿落后，纷纷挤过来要求取新的名字，导致舰队的神甫一直忙到深夜。关于这些奇怪的外国人的消息很快传开了，其他岛屿的土著听说这个外国魔术师举行了神秘的仪式后，第二天就迫不及待地涌来了。几天之内，附近所有岛屿的首领都和西班牙签订了效忠合约，并且接受了洗礼。

很难见到比这更伟大的业绩了。麦哲伦赢得了一切。他找到了通向地球另一端的通道，为卡斯提尔人王室赢得了富庶的新岛，为上帝争取到了为数众多的异教徒的灵魂，收获颇丰，更重要的是，这一切是用和平的手段取得的。他必定是得到了上帝的庇佑，才得以从前所未有的困境中解脱出来，这使他心里充满了宗教带来的安全感。他已经战胜了千难万险，还有什么更难的事要做吗？在取得辉煌的胜利之后，还有什么能危害到他的伟大的事业？为了上帝和国王，他什么都敢做，这一忠诚的信念具有魔力般的力量，已深深刻入他的心里。

可是，就是这个信念成为了他的灾难。

此时的麦哲伦万事顺利，宛如有天使为他照亮道路。他为西班牙王室赢得了新的行省，可是怎样才能维持这一胜利呢？他不可能永远留在这里，要让所有岛屿都臣服于他也不现实，这时，颇有远见的麦哲伦想到一个办法，可以让西班牙的统治在菲律宾延续下去，那就是提高卡洛斯·胡马班，这个已经皈依天主教的国王的地位，让他来控制其他首领。于是，从这时起，作为西班牙国王盟友的塞布岛的卡洛斯国王，就拥有了高于其他国王的威望，如果有人胆敢反抗他的权威，麦哲伦便会提供军事援助。施行这一举措并不是因为考虑不周全，也不是草率下的决定，而是经过深思熟虑的一步政治妙棋。

巧合的是，这几天正好有机会实际演练。塞布岛对面有个叫作马克坦的小岛，其统治者西拉普拉普向来反对塞布岛的国王，现在他又禁止臣民向卡洛斯·胡马班的外国客人提供粮食。不过他的敌对态度也是有原因的，麦哲伦舰队的水兵们因疯狂地追逐女人而与岛上的居民发生了冲突，并烧毁了几间茅屋，这就难怪西拉普拉普希望这群外国佬赶快滚蛋了。他倔强而顽固地敌视着胡马班的客人，这让麦哲伦觉得好机会来了，正好用来显示自己的力量，好让塞布岛国王以及更大范围内的首领看到，与西班牙人合作会大有好处，而与西班牙人作对是要吃苦头的。一次小规模的实际演练比车载斗量的话更有说服力。于是，麦哲伦向胡马班提议，希望用武力教训一下这个目中无人的首领，同时震慑一下其他首领。奇怪的是，塞布岛的国王并不赞成这一做法，可能是害怕西班牙人走之后被降服的氏族会重新起来反抗他。另外，塞劳和巴尔波萨也劝说麦哲伦，希望他不要进行没必要的军事攻伐。

其实麦哲伦也没想正经八百地打仗，如果能不打就让对方屈服，这样对双方都好。虽然那不是一个值得用流血手段去对付的敌人，却是所有好战的占领者的真正对手。于是，麦哲伦派他的奴隶恩里奎和摩尔商人先去见西拉普拉普，向他表示和平的诚意，只要他承认塞布岛国王的最高统治权和西班牙的保护权，西班牙就答应与他和平相处；如果他坚决不承认，那就要让他见识一下西班牙的长矛是多么锋利了！

可是那位首领却回话说，他的人也有长矛，虽然他们的长矛是用树干和竹子做成的，但西班牙人应该相信，其锋刃经过火烤之后异常坚硬。针对对方的傲慢态度，除了动用武力，麦哲伦别无选择，他必须捍卫西班牙的地位，哪怕是象征性的。

麦哲伦在准备这次小规模的军事讨伐时，没有了以往的谨慎和远见，第一次将自己最耀眼的个性抛之脑后。平时精打细算的麦哲伦第一次因为掉以轻心而陷入危机。塞布岛国王愿意派1 000名武士跟西班牙人一起出征，但麦哲伦却轻松地说，只要派出150名水兵，就可以将这个在普通地图上根本看不见的跳蚤似的小岛扫平，不会有任何问题。麦哲伦本不想做打打杀杀的事，但这次关系到西班牙的尊严，他也是不得已。如果为了对付这些粗野的褐色人种——他们的茅屋肮脏不已，甚至连打补丁的床垫也没有——而动用整个军队，以绝对优势战胜岛上的可怜蛮人，对于一个皇家将军来说，无疑是一件丢脸的事。麦哲伦的目的是想证明，一个身穿铠甲、装备精良的西班牙士兵完全可以战胜100个赤身裸体的土著人，以示警告。带有惩罚性质的讨伐无非是为了向所有的岛屿证明，西班牙人具有刀枪不入的神力。前几天，他们给马萨瓦岛和塞布岛的国王表演了一出滑稽剧：20个本地武士手执长矛和匕首同时刺向一个身穿盔甲的西班牙人，而西班牙人却毫发未伤。看来这次要扩大这出滑稽剧的规模了，要表演给那个顽固的首领看。在这种动机的驱使下，麦哲伦只派去60名士兵，而且不让塞布岛国王的人出动，只让他们呆在小船上，充当这场富有教育意义的表演的旁观者，观看这60名西班牙士兵如何赶跑岛上的首领。

难道是经验丰富的算计者这次计算失误了？不是，根本不是。从历史的角度看，60名身穿盔甲的欧洲人完全可以对抗1 000名手持鱼骨长矛的裸体土著人，这是可以实现的。科尔特兹和皮·洛就曾用四五百名士兵，打败上万名墨西哥人和秘鲁人，从而将整个国家收入囊中。相比之下，麦哲伦征战这个弹丸小岛的这次行动就好像让军队出去散步。像另一位伟大的航海家科克船长（他在与岛民的一次小规模战斗中丧命）一样，麦哲伦对这次危险缺乏周全的考虑，这一点从下面的情况可以得知：作为一名虔诚的天主教徒，麦哲伦以往每次行动前都会让大家一起吃圣餐，但这一次却没有这样做。他以为只要“叭叭”打几枪，西拉普拉普那伙乌合之众就会四散而逃！根本不会发生流血的战争，就可以达到证明西班牙的统治不可侵犯的目的。

1521 年 4 月 26 日，星期五，就在这天晚上，麦哲伦带着 60 名士兵乘船渡过了两个岛之间的狭窄水域。这时，有些土著人看见一只类似于乌鸦的黑色的怪鸟落在了屋顶上，不知道怎么回事，狗也开始狂叫起来。西班牙迷信的程度并不比土著人轻，他们个个担惊受怕，不断在胸口画十字。但是，一个进行着世界上最伟大的航海旅程的将军，怎么可能因为一只乌鸦的聒噪，而放弃与那个赤手空拳的首领及其手下的无赖作小规模的交火?

然而，这个弱小的首领却找到了一个强大的“盟友”，即构造特殊的海滩。密密匝匝的珊瑚礁分布在海滩的前沿，让麦哲伦的小艇无法靠近，这就使西班牙人无法使用毛瑟枪和弓箭这种让人印象颇深的战争手段，而以往他们都是用隆隆的枪声将土著们吓得四处逃散。于是，这 60 个全副武装的士兵齐刷刷地跳进了水里，甚至没有想到用自己惯用的武器做掩护，而其他人则继续留在小艇上。麦哲伦打了头阵，正如皮嘉费塔所说：“他是一个合格的牧人，不忍心离开自己的羊群。”士兵们在齐腰深的海水里跋涉了很长一段路程才靠近岸边，而等待他们的是成群结队的土著人，他们喊着叫着，挥舞着盾牌，双方立即陷入战斗。

关于这次战斗有很多版本的说法，但最真实的还是皮嘉费塔的描述。他自己也身受严重的箭伤，但一直跟在受人爱戴的将军身边，直到最后。

他说：“我们跳进齐腰深的海水里，跋涉了两箭的射程才靠近岸边，由于珊瑚礁的阻挡，小艇不能随时跟进。我们看到大约有 1 500 名岛民聚集在岸边，他们分成三堆，大声呼喊，震耳欲聋，向我们这边冲过来。其中两堆从侧面进攻，另外一堆则从正面进攻。将军把我们的人分成两组，小艇上的毛瑟枪手和弓箭手已经开火半小时，但没有任何成效，因为子弹和箭在长距离的飞行之后，最多能伤到土著人的手臂，连其木质盾牌都穿不透。于是将军命令停止射击（显然是为了留足决战的弹药），可士兵们并没有服从命令。此时，岛民发现我们的子弹失去了效力，或者说并未给他们造成多大损失，所以不再后退。他们不停地乱叫，声音越来越大，左右闪躲着逃避我们的射击。他们在木质盾牌的掩护下向我们靠近，同时仍投枪、射箭、掷木质飞镖和石头、撒灰尘等肮脏的东西，我们几乎丧失了抵抗能力。有几个岛民对着将军投来了有青铜锋刃的梭镖。

“为了将他们吓退，将军派人烧了他们的茅屋，这下可把他们激怒了。几个岛民跑到纵火现场，打死了我们的两个士兵，而他们的二三十座茅屋也化为乌有。其他岛民也异常恼怒，一窝蜂地向我们冲来，他们看到我们上身穿着盔甲但双腿露在外面，就专攻我们的双腿。将军的左脚不慎被毒箭射穿，于是他被迫下令撤退。大家全都匆忙撤退，这时将军身边只有 6 个或 8 个士兵（他跛足很多年，显然因此延误了撤退速度），敌人的石头、梭镖从四面八方向我们投来，我们已经无法抵御。小艇上的大炮也毫无用处，因为隔着浅滩，射程不够。我们只能一边战斗一边全力撤退，一直退到距离岸边一箭远的海水里，岛民们仍然盯着我们不放，从不曾停止攻击。他们此前向我们投的飞镖现在发挥了作用，他们捡起来重复使用，重复次数多达五六次。这时，他们已经知道谁是指挥官，于是集中精力攻击将军，致使将军的头盔两次被击中。作为一名勇敢的骑士，将军跟我们几个人一起坚持奋战，我们不再后退，就这样持续战斗了一个多小时，直到将军的脸被一个岛民的木杆飞镖击中。将军的怒火上来了，操起长矛将对手的胸膛刺穿了，长矛仍留在其身体里。将军想要拔剑，但才拔出来一半就被敌人的投枪刺伤了右臂。敌人们一看这种情况，马上蜂拥般扑向将军，有一个人用刀砍伤了将军的左脚，使他仰面栽倒了。其他岛民也都用长矛等各种武器刺向将军，就这样，他们夺走了将军的生命，夺走了我们的明镜、我们的光荣、我们的安慰、我们的领袖。”

人类历史上最伟大的航海家，在完成功成名就的伟大事业后，竟然因为一次无谓的战斗牺牲了，在同赤身裸体的岛民的战斗中牺牲了，这场战斗微不足道！一个像普罗斯佩洛一样能驾驭自然力量的人，一个战胜无数狂风暴雨、战胜无数敌人的天才式的人物，却被西拉普拉普这样的“人虫”打死了。但是，这场事故虽然夺走了他的生命，却夺不走他几近圆满的胜利，在成就这项超凡脱俗的丰功伟绩后，他个人的命运也变得不那么重要了。令人遗憾的是，在他那英雄的悲剧之后上演的羊人剧来得太匆忙了。还是这些西班牙人，几小时之前还宛若天上神灵般俯视马克坦岛的小头目，现在却卑躬屈膝请求和解：不是马上组织武装从敌人手里夺回将军的遗体，而是胆小如鼠地派人去跟西拉普拉普斡旋，希望用几个铃铛、几条鲜艳的头巾换回将军。但是，那赤身裸体的胜利者坚决不同意这笔交易，他不会为了几面小镜子、几颗玻璃珠或几块色彩斑斓的天鹅绒而卖掉敌人的尸体，这倒比麦哲伦的同伴们显得更慷慨。对西拉普拉普来说，战利品是不能被收买的，因为他要让所有的岛屿都知道，伟大的西拉普拉斯轻而易举地杀掉了“电闪雷鸣”的主宰者，就像捕一条鱼或抓一只鸟那样简单。

没人知道这些野蛮的土著人是怎样处置麦哲伦的遗体的，究竟是把他交给了哪种自然因素呢？是火？是海潮？是泥土？还是极具消耗性的风呢？我们无从知晓。也没有给我们留下任何蛛丝马迹。麦哲伦没有坟墓，就这么消失在异国他乡，了无痕迹。这位横渡无边无际海洋的环球航行者，这位伟人，连最后的秘密也被夺走了。

第十二章

艰难的回乡之路

如果上帝是公平的话，那么肯定会选择戈默茨去圆满地完成光荣的事业，因为在他的帮助下，麦哲伦的理想才得以胜利，可是上帝却时常过于慷慨，他奖赏了毫无功劳的卡诺。而让戈默茨和这艘船上的弟兄们去经历难以言表的错误航行，之后就痛苦地沉没了，悄无声息地沉没了，并且被不明是非的历史所遗忘。

1521年4月27日至1522年9月6日

西班牙人与西拉普拉普进行了一场微不足道的小战斗，总共牺牲了8个人。虽然这数字并不是非常大，可是数字背后所代表的是领导者的死亡，而这就足以构成恐慌。因为麦哲伦的死去，从而使得圣像头上的光辉，以及那将白种人升格为神明的魔幻光轮全都消失了，毕竟，任何征服者的力量与成功无不是建立在他们强大的武装之上的。无论是科尔特兹还是皮查洛，虽然他们勇气可嘉，武装到牙齿，却还从没有战胜过几万敌人，先进的装备和战无不胜的箴言也没有像保护神那样帮助他们。

在最开始，无知的土著人认为这些外来者是刀枪不入的，以他们的文明程度，见到“铁管”里居然可以发射出“闪电”，自然是万分折服。但凡他们的箭头一碰到白人的甲胄就纷纷掉落在地上，但凡有人被他们俘虏，就休想逃走，就算是族人中奔跑最快的人也无法逃脱那些四条腿的大狗。

这些土著人在被占领期间，发生了一件事情，可以充分表明土著人对外来者武力的恐惧到达何种地步。有一个西班牙人掉进河里淹死了，尸体被印第安人打捞上来后，居然在茅房里停放了3天，这3天里，他们就这样注视着尸体，丝毫不敢碰触，唯恐这位外来神明又一次苏醒过来，一直到尸体慢慢腐烂，他们才恍然大悟。随着土著人知道白人也是会生老病死的这一定论后，白人战无不胜的神话开始崩塌，他们开始遭遇失败，上帝委派他们来消灭土著人的谎言也不攻自破。

同样的，此次情况也是如此，塞布岛国王在此之前，没有做过任何抵抗就向“雷电之神”投降了，并对他们的神明表示虔诚，觉得自己的木偶神像不如他们的神明强大，并寄希望于这些具有超能力的外国人身上，觉得只要讨好他们，他很快就能成为方圆百里最强的霸主。但是这一次，他与他的千名战士一同在船上见证到，弱小的小部落首领西拉普拉普居然将白种神明打败了，这些白人的“雷电”在他们的攻击下全都失灵，那些穿着金光闪闪牢不可破的盔甲的白人战士，在西拉普拉普的攻击下居然如此不堪一击，最后在同胞的欢呼声中，舍弃自己人的尸体溃逃而去。

如果他们知耻而后勇，立马召集仅有的二百名士兵，渡过海峡，挥军马克坦岛，誓死夺回将军的遗骨，让那个光膀子的土著头人和他的部落尝尝现代武器的厉害，说不定还能重建塞布岛国王心中对他们的敬畏。但是，堂·卡洛斯·胡马班（后来，他放弃了这个带有国王意思的名字）看到的却不是这些，他看到的是这些被打败的西班牙人谦卑的派出使者，到西拉普拉普的领地去议和，期望用财物换回将军的遗骨。看呐，那小部落的头人居然坚决地拒绝了白人的提议，并且满脸不屑地将这些使者驱逐出境。

白人的这种低姿态让堂·卡洛斯·胡马班国王感到非常失望，他感觉自己被糊弄了，简直就是个笨蛋，他自责自己急功近利，居然将这些夸夸其谈只会耍嘴皮子的人当成救星。更糟糕的是，这些西班牙人胡作非为，将周围的同胞全都得罪了，而自己就是帮凶，这严重地破坏了他的外交关系。回国后的彼得·马尔提尔询问士兵：“为什么麦哲伦去世之后，士兵们的情绪忽然变化如此之大？”一个见证人——热那亚人马丁告诉了他答案：“强奸妇女又不会受到法律的惩罚。”从士兵的回答中，我们可以想象西班牙人在当时有多么肆无忌惮。

这些远涉重洋的水手对性的渴望简直超乎想象，即便是在麦哲伦生前也无法阻止此类事件的发生，虽然他煞费苦心，但这一切都毫无作用。麦哲伦的亲戚巴尔波萨就曾因为在陆地上度了三个美妙的夜晚，而受到严重的责罚。但是自从麦哲伦过世后，士兵们就更加为所欲为起来了。而眼下，胡马班已经受够了这些强盗，不再害怕他们，也不再对他们的战斗力感到恐惧了。同时，西班牙人也感受到了这些土著人对自己不再信任了，他们开始慌乱起来，希望可以马上把货物运走，大捞一把就赶紧向香料岛撤离。麦哲伦原来希望可以通过和平与友谊，掌握住菲律宾群岛这片殖民地的愿望，并没有受到他继任者的重视。这些人铜臭味十足，他们希望狠赚一笔，立马走人！而此时，麦哲伦的奴隶恩里奎正是这些西班牙人所需要的，因为只有他可以充当翻译与本地人交流，然后将货物买走。

即便是一件微不足道的事情，也足以表现出麦哲伦高超的待人艺术，他富有人情味的关怀深深地俘获了这位奴隶的忠诚，让这个奴隶对自己至死不渝。当时战斗到最后一刻的恩里奎仍然没有放弃自己的主人，他始终陪伴在麦哲伦的身边，即便他自己已经受了伤，当小舰艇把他送到大船上去的时候，他一动不动地躺在床单里，或许是因为伤痛，或许是悼念已故的主人。

我们再回头看看巴尔波萨在干些什么，这位在麦哲伦死后被选为最高指挥官的人，对麦哲伦仆人的忠诚无动于衷，反而对他进行侮辱，或许这就是他真正愚蠢的地方吧。他对恩里奎咆哮着："不要以为麦哲伦死了就可以不干活，就忘记了自己是个奴隶，在把你交给麦哲伦夫人之前，你现在必须听从我的指挥。"同时还说道："你要是还不滚到岸上去当翻译的话，就让你尝尝鞭子的滋味。"但是恩里奎听完这番话之后依然无动于衷，甚至连眼睛都没睁开过。他骨子里那股马来人的反抗性被激发了出来，马来民族从不接受他人对自己的侮辱。麦哲伦死前立下的遗嘱里曾经声明，在自己死后，恩里奎就可以恢复自由之身，并且还可以继承一份遗产，而这些恩里奎是清楚的，所以他现在一声不吭地隐忍着。但是，麦哲伦的光辉和伟大就这么被他不要脸的后继者破坏了。他们剥夺他的自由，并漠视他的痛苦，不但侮辱他为狗，而且也还真把他当条狗，他们会进地狱的。

当然，这个聪明的马来人并不会将自己不满的神色全写在脸上，从而让人发现他的复仇计划。表面上他服从安排去市场充当翻译，实则暗藏杀机。他趁着当翻译这个大好时机，及时的向塞布岛国王通风报信，说西班牙已经收拾好没卖完的货物，准备随时就来个不告而别。若是国王陛下此时痛下杀手，就可以轻而易举地将这批货物据为己有，压根就无需什么繁琐的以物易物，甚至还能更进一步地吞并掉3艘商船。

恩里奎的复仇计划正中塞布岛国王下怀，两人一拍即合。很快就部署好了一切，等待时机。从表面上看，贸易往来依然如火如荼，塞布岛国王对传教士们似乎也更加热情，恩里奎也表现出一副积极的态度，一扫巴尔波萨用鞭子威胁前的那一副懒洋洋的样子。

麦哲伦逝世后的第三天，也就是5月1号，恩里奎喜气洋洋地跟两位船长报告一个无比振奋的消息：塞布岛国王收上来一批珠宝，并且准备无偿献给他的主人和朋友——西班牙国王，为了显示自己的诚意，他已经召集了岛内各部落头人和老百姓一起参加。根据外交礼仪，两位船长巴尔波萨和塞劳也应该偕同所有贵族一并与会，一起见证塞布岛国王亲手向他们献上礼物，由他们转交给西班牙国王。

如果麦哲伦还活着的话，那么他听到这个消息，定然会有所警觉。因为之前在印度战争的时候，马六甲国王就摆过这么一次鸿门宴，一举击杀了毫无戒备的登陆将士，多亏了麦哲伦敏锐的观察力，救出了一个与塞劳同名的人。而现在另一个塞劳却傻乎乎地跟着巴尔波萨，进入了新教徒设下的圈套而浑然不知。他们欣然前往，占星师对他们命运的预测他们毫不理会，因为占星师安德烈斯·德·圣·马丁在事先并没有占卜，而且随同他们一起前往。而受了箭伤的倒霉蛋皮嘉费塔却能因祸得福，逃过一劫。

这的确是一场悲剧啊，这29个西班牙人（这里头包括最有见识的领导者和最优秀的领航员）兴高采烈地跑到岸上去，完全没想到等待他们的将是死亡。受到厚待的他们就这么欢声笑语地走入了棕榈丛林，国王正在此举行仪式。一些身强力壮的土著人把他们团团围住，他们显得多么真诚多么漫不经心，简直就是围观的群众。领航员尤安·卡瓦尔荷被国王慌乱的举动所惊觉，他怀疑这里头有诈，于是就将自己的看法告诉了舰队装备长戈默茨·德·埃斯皮诺萨，两人觉得此事必有蹊跷，决定回到舰艇上集结队伍以应不测，于是随口编了个理由，就离开了嘈杂的会场。

当他们坐上小艇向大舰划去时，还未登上甲板，就听到岸上传来恐怖的惨叫声。果不其然，这次事变一如上次在马六甲发生的一样，土著人在西班牙人毫无戒心的情况下，猝不及防地袭击了刚刚落座的西班牙人。老奸巨猾的塞布岛国王，不但毫不费劲地消灭了所有宾客，那些运到陆地上的货物自然也成了他的囊中之物，而且还收获了一批金光闪闪的西班牙甲胄。

一开始，在船上的西班牙同胞被这突如其来的变故吓懵了，好一会，领航员卡瓦尔荷才下达命令，将所有的大炮全都对准陆地，一顿狂轰滥炸。由于所有舰长都在此次事变中牺牲了，所以卡瓦尔荷也就顺理成章地成为最高指挥官。此时此刻，所有大炮齐发，或许卡瓦尔荷希望还能救出几个弟兄，但是更多的或许是在发泄怒气吧。就在第一批炮弹在陆地上的茅屋里炸开后，一件不可思议的事情发生了，这事的恐怖足以让所有经历过此事的人永生难忘。在这些受到土著人残杀的白人中，只有约奥·塞劳一人逃出王宫，他慌张地向海滩跑来，这与当年在马六甲事变中英勇无敌的弗朗西斯科·塞劳如出一辙。当他来到海滩上时，身后的追兵忽然发力将他围住并活捉了他。而此时的他早已筋疲力尽，不能挣脱出去了，只能对舰艇上的同胞呼喊，让他们别再向陆地开炮，不然捉住他的人将会把他杀死。并且希望他们能快点用小船运一些货物过来，把他赎回去。

这笔买卖似乎可行，因为赎回舰长的赎金是两门大炮和两三吨铜。土著人要求他们先把货物送到海滩上去，然后再放人，但卡瓦尔荷担心这些不守信誉的坏蛋收了货之后还会吞掉他们的小艇。可是皮嘉费塔却一语道破天机：或许卡瓦尔荷这个权欲熏心的人，并不愿意去赎回这位舰长，因为一旦交易达成，就意味着他忽然到手的最高指挥官权利又将落入他手，他可不愿意将此美差拱手让人，再回去当什么领航员。

无论如何，恐怖的事情还是发生了：在海滩上，唯一的幸存者塞劳被捆绑着蜷缩成一团，他的额头上布满死前最后的汗珠，一帮野蛮的家伙即将充任刽子手。而现在塞劳仅有的希望就是停靠在不远处的三艘大帆船，以及站在帆船旗舰栏杆处的同胞卡瓦尔荷。这人曾经与他歃血为盟，是他的患难之交，即便付出再大代价，他也定然不会放弃他的。他用嘶哑的嗓音对舰艇做出千百次呼喊：快点，快来救我啊，快点把货物送来赎我回去啊！

他双眼紧紧盯着那艘停靠在大舰旁边的小艇。卡瓦尔荷为什么还不动手？

还在思考什么？忽然，塞劳的双眼快要冒出火来，因为他看见那艘小艇被他们吊上去了，身为航海家的他当然知道这一举动意味着什么。叛徒，叛徒，这个出卖友谊的叛徒。他不但不派小艇过来营救他，反而对他弃之不顾，准备向大海逃离了。第一艘船舰已经掉头了，它的帆布已经鼓满风。而可怜的塞劳在此时此刻，仍然无法理解他的同伴为什么会听从卡瓦尔荷的调遣，顺从地抛弃了他这个最高领导人，把他留给刽子手。心有不甘的他用近乎窒息的声音朝这些懦夫们呼喊着、命令着、乞求着、咆哮着！终于，3艘帆船全部掉头，并驶离港口，他的胸膛在绳索的捆绑下又一次扩张起来，用尽全身的力气向仓皇逃走的尤安·卡瓦尔荷诅咒：我将在最后的审判日带你到上帝的法庭，控诉你这个叛徒的不耻行为。

当然，这声诅咒也是他死前的遗言。那些站在甲板上不忠的同胞，定然也看到了这位大家推选出来的指挥官是如何被执行死刑的。当他们还没离开港口的时候，那个巨大的十字架就在响彻云霄的欢呼声里轰然倒塌。麦哲伦通过几个礼拜的苦心经营，全都因为后继者的愚蠢和轻狂而毁于一旦。西班牙人背负着背叛之名，在已故舰长临死前的诅咒和那些欢欣雀跃的野蛮人的嘲讽中离开了这些岛屿。回想过去，他们在麦哲伦的领导下犹如天神降临一般来到这片土地，而现在却如此狼狈不堪。

幸免于难的人们前脚刚离开塞布岛港口，后脚就开始检阅部队了。

本次在塞布岛的停留是从故乡出来以后，遭受到的唯一一次悲惨打击。不但失去了麦哲伦这位伟大的领袖，而且还损失了巴尔波萨和塞劳这两名经验丰富的舰长。他们对东印度海域的情况了如指掌，这对于这次航行而言尤为重要。安德烈斯·德·圣·马丁的死亡让他们失去了一位至关重要的航海专家，而恩里奎的叛逃也使他们失去了一位翻译。

大家在休整之后清点名单，发现人数由原来在塞维利亚上船时的266人变成了现在的115人。由于人数少了一大半的原因，所以现在就不需要分乘3艘舰艇了。他们为了让其中的两艘保持适于航海的能力，不得不将另一艘舰艇毁灭并沉入海底。这令人伤心的命运就降临到了“康泽普沁”号上了，没办法，这艘船已经有点漏水了，大家实在怀疑它是否还能继续向前航行。

他们在薄荷岛附近停留下来，先是将舰上任何有用的东西全都搬到另外两艘船上，这包括最后一根钉子、目前最短缺的缆索，然后再为空空如也的木头舰艇执行葬礼。水手们情绪低落而消极，因为这两年多以来，这艘船俨然成为了他们的家园，他们注视着这艘船如何被火燃烧，在滚滚浓烟中沦为焦炭，最后被葬入这充满敌意的异乡大海里。人们不由得想起出发时的情景，当时共有5艘舰艇出港，全都披满迎风飘扬的小三角旗，装了很多人。后来，厄运就从未间断过：第一个牺牲的是“圣提阿戈号”，当航行到巴塔哥尼亚海岸时被撞碎了；接下来是“圣安东尼奥号”在穿过麦哲伦海峡时，被叛徒夺走了；现在则是“康泽普沁号”，它成为了自己的烟囱和棺木。目前仅有的两艘舰艇正并排行驶在陌生的海域上，一艘是麦哲伦的旗舰“特立尼达特号”，另一艘则是微不足道的“维多利亚号”。事实证明，后者所获得的荣耀的确对得起它所拥有的这个名字，并使得麦哲伦的理想超过麦哲伦本人，而使他名垂青史。

人员锐减的舰队失去了一位正确的领导者——历经艰险的将军麦哲伦，人们从两艘船无法坚定地选择航线这一件事情上感觉到，麦哲伦的死亡无疑是他们巨大的损失。这两艘船如同两个盲人，又像是两个晕头转向的人在巽他群岛四处瞎转悠。不是驶向西南方向的摩鹿加群岛，就是在西北方向来回转悠，白白将半年时间耗费在棉兰州至婆罗洲的错误航线上。

可是找不到航线这种错误与军纪松弛比起来，简直就是小巫见大巫。麦哲伦在世时，尚可对士卒加以管教，约束他们上岸不为非作歹的同时，还能充当海洋警察的角色，打击海盗和歹徒，真可谓是军纪严明。身为国王的将军，他有义务维护远在世界彼端的西班牙的尊严，对此他责无旁贷；可是他的继任者卡瓦尔荷却毫无荣誉感。他把海盗的行径学了个十足，在海洋上横冲直撞，凡是过往船只无论大小，一律洗劫一空，而所得的赎金大多又全进入他的腰包。他对待集体财务随意分配，他既是会计又是出纳。麦哲伦在世时曾命令禁止女人上船，但是卡瓦尔荷却视若无睹。他抢劫了一艘帆船，俘虏了3个女人，并对士卒们说这是要进献给国王陛下的仆人，可实际上这3个人全都成了他个人的侍妾。长此以往，士卒们看出来他关心的并不是国王的事业，而是他的个人私利，于是无法忍受的士卒推翻了这个“后宫帕夏”政权，公选出3名领导，集体带领大家前行。这三位分别是戈默茨·德·埃斯皮诺萨（担任“特立尼达特号”的舰长）、塞巴斯蒂·安德·尔卡诺（担任“维多利亚号”舰长）、领航员彭泽洛（担任武器装备总长）。

可是这依然无法改变两艘舰艇在海洋上瞎转或作S形前进。这些迷路的人虽然可以在这个人口稠密的地区做一次贸易或者抢劫来维持生计，却将麦哲伦此行的目的忘记得一干二净了。终于，一次偶然的行动将他们从巽他群岛带了出去。

当两艘船只漫无目的地在海上游荡的时候，遇上了一艘船，按照惯例，他们抢劫了这艘船，并且抓住了一个男人。经过盘问，他们知道这个男人出生于特尔纳特，不但对回乡之路了如指掌，而且还知道如何去香料诸岛。此人对航道的熟悉程度让三位领导自叹弗如，这名男子并且还认识麦哲伦的朋友弗朗西斯科·塞劳，这个人无疑是迷路者最好的向导。大家终于不用再继续兜圈子了，可以直接向目的地驶去。其实在这几个礼拜中，他们好几次都能够绕出这片迷宫，但是每次都失之交臂，只能毫无目的地瞎转悠。而现在有了目标，几天的航行可以抵得上半年愚蠢的寻觅。

11 月 6 日，他们看见了远方的陆地上高出一截的山峰来，那就是特尔纳特和梯多列的高山了，多么令人心驰神往的目的地啊，他们终于要到达了。面对此情此景，皮嘉费塔写道：“当与我们同行的领航员告诉我们，这便是摩鹿加群岛时，我们齐声赞美上帝，并且鸣放了大炮以示敬意。要知道，在此之前，我们为寻找这些岛屿，已经度过了差两天就是 27 个月的时光了，历尽波折才到达这里，所以我们欢欣雀跃，人们无需感到奇怪。”

1521 年 11 月 8 日，这些西班牙人在梯多列岛登陆，这是麦哲伦将军一生中梦寐以求的 5 个极乐岛屿之一。麦哲伦的光辉正如死后的熙德被抬上战马而夺取胜利一样，照耀着他的部下成就了这样的伟绩。他的部下注视着这片将军曾经无数次提到过的土地——他像摩西一样对部下许下承诺，而自己却无法踏上的土地。而弗朗西斯科·塞劳，这位召唤他远涉重洋来到他身边并鼓励他追求梦想并实现理想的人，也在几个礼拜前死亡了，传说是中毒而死。他曾经设想张开臂膀拥抱朋友，但是现在已然不可实现。这两位可以称得上是环球旅行者的先驱，他们用生命开创了此后的远洋航海之路。

当时塞劳激情满怀地向大家介绍的事情，后来被证明所言非虚，这边风景不但独好，而且还物产丰饶，当地老百姓热情好客。马克西米里安·特朗希尔瓦努斯在她著名的书简中曾经写道："我该如何描写这个岛屿好呢？反正，俯仰之间全是简朴的景致，世上再没有比祥和、舒适、香料更珍贵的东西了，而祥和又是宝中之宝，大概这是世上最最宝贵的财富了吧，它好像是因为受不了尘世间的庸俗卑劣而逃到这里来的。"这个岛屿的主宰者是塞劳的朋友，而现在，这位主宰者乘坐着绸缎花轿前来迎接这些远道而来的朋友，如同迎接兄弟一般。

这位国王名叫阿尔芒素，是个虔诚的伊斯兰教徒，即便他无法忍受舰艇上那股猪肉味而捏紧鼻子，但他还是优雅地和基督徒们一一拥抱。他安慰着他们："上岸吧，去陆地上享受快乐吧，在海洋上飘荡得太久，又经历了这么的苦难，是时候该休养身体了，请你们忘却一切烦忧，你们就当是在自己家里一样随心所欲吧。"并且他还承认西班牙国王拥有该岛屿的主权。他与沿途遇到的小国君主大不一样，不但不榨取他们的货物，而且还拒绝他们的礼物，开玩笑地说道："我手里头可没有回礼之物啊！"

这简直就是个极乐岛，只要是西班牙人渴望的都可以在这里得到满足，比如贵重的香料、粮食、金沙。这位好客的君主为了满足他们，但凡自己国家无法生产的货物，则从邻国采购过来再转赠给他们。历经劫难又一贫如洗的士卒们，面对如今这样的礼遇实在着魔。他们把自己身上的衬衫、大衣、皮带和佩戴的长枪、弓弩全都用来交换货物，并购买香料与天堂鸟，他们将满载一船廉价的珍宝踏上归乡之路，似乎所有人都发了一笔横财。有些人则效仿塞劳，心甘情愿地留在了这人间的伊甸园。所以，当出发时忽然发现另一艘船还未修复成功，而需要暂时留下50人延后出发时，这个坏消息居然受到了很多人的欢迎。

麦哲伦的旗舰"特立尼达特"号被决定留下来检修。这艘舰艇曾经第一个驶出圣路卡港，第一个通过麦哲伦海峡、第一个横越太平洋，在多次行动中都起着带头模范作用，这体现了舰队总指挥和航海大师的意志。而如今，舰队的将军过世了，所以旗舰也不愿意航行了，就像是一条忠诚的狗不愿意离开主人的坟墓一样。它不愿意抛弃麦哲伦定下的目的地继续前行。

原本，这艘船已经装载了好几吨的饮用水、粮食和数万公斤香料，并且升起了雅各神旗，旗上的文字是："这是我们平安回乡的象征。"帆也已经升挂，但就在此时，这历经风浪的老船忽然嘎吱嘎吱响了起来，裂缝也如花朵一般绽放开来，涌进了大量海水，却无法找到漏水的根源所在，于是人们不得不手忙脚乱地卸下货物，把这艘腐朽的船拉到海滩上。

如果要修补这艘船，必然要花费很长时间，而此时东风正好利于远航，所以现在有一个疑问深深地困惑着大家：难道还要等到第三年才向国王禀报消息吗？为了早日实现麦哲伦用生命换取的业绩，大家一致认为：特立尼达特号留下检修，修复完成后重新退回原来的航道，越过太平洋抵达西班牙的海外属地巴拿马；维多利亚号则凭借这股东风立即西行，穿过印度洋，回到西班牙。

两位舰长相对无言，历经两年半的同甘共苦，或许这次会是永别。

戈默茨·德·埃斯皮诺萨和塞巴斯蒂安·德尔·卡诺曾经相互敌对。在朱利安港哗变的那个决定之夜，当时的武器装备总长戈默茨是麦哲伦忠实的助手，他果断地用匕首行刺，从而夺回了"维多利亚"舰继续向前航行。而卡诺当时还是巴斯克族的青年士兵，他是当时哗变的支持者之一，在他的帮助下，使其他反叛者登上了"圣安东尼奥号"。后来，麦哲伦犒赏了戈默茨，同时也对卡诺既往不咎。

如果上帝是公平的话，那么肯定会选择戈默茨去圆满地完成光荣的事业，因为在他的帮助下，麦哲伦的理想才得以胜利，可是上帝却时常过于慷慨，他奖赏了毫无功劳的卡诺。而让戈默茨和这艘船上的弟兄们去经历难以言表的错误航行，之后就痛苦地沉没了，悄无声息地沉没了，并且被不明是非的历史所遗忘。上帝反而给曾经阻碍麦哲伦行动并反对将军的哗变者卡诺，戴上了无上荣光的桂冠。

另一边，人们正在告别：47 名官兵将乘坐"维多利亚号"回归故乡，另 51 名官兵则与"特立尼达特号"一同留在梯多列岛。开船的时候到了，这些留下的人依然舍不得与同伴们分开，他们紧紧相拥，委托同伴将书信和礼物带回家乡。两年半的同甘苦共患难，使得这一支有着不同肤色、说着不同语言的队伍，变成了一个共同体，彼此包容，导致分裂的纷争和矛盾全都被磨合了。

终于，"维多利亚号"起锚了，依依不舍的滞留人员划着小船陪伴在缓缓开走的船舰旁边，他们再一次地挥手，再一次地对视，再一次地致以问候。当夜幕降临，滞留者的双臂也累了，他们只好掉头回到岸上。另一边，"维多利亚号”则用鸣炮的方式向弟兄们致以最后的敬意。麦哲伦舰队剩下的最后一支船舰开始了归乡之路。

这一艘小舰，在两年半的时间里，不断受到海水的侵蚀，变得陈旧，这简直就是航海史上的壮举啊。卡诺实现了已故将军麦哲伦的遗愿，所以他曾经背叛麦哲伦的罪行也得到了抵偿。卡诺的任务看起来似乎并不艰巨，只需要把船只从摩鹿加群岛驶回西班牙即可，因为每年都有葡萄牙的船队只凭借季风就可以从马来西亚群岛驶回西班牙。如果说10年前，阿尔布奎奎和阿尔麦达想要越过印度洋还是个未知数的话，那么现在，一个舰长只需要掌握各海域的航线，就能在最紧急时刻在印度、非洲、马六甲、莫桑比克和佛得角的各个港口找到葡萄牙的海外公司经理、领航员和官吏，在每一个驿站，都可以补充粮食和淡水。可是卡诺所面临的难题是，他不仅不能使用葡萄牙人的驿站，而且还要远远避开。因为在此之前的梯多列岛上，遇到了一个逃难的葡萄牙人，从他嘴里获知，葡萄牙国王已经下令，要截住麦哲伦的每一艘舰船，并且把所有人当成海盗拘禁起来。实际上，“特立尼达特号”上的士卒们差一点没有逃过此劫。而卡诺的任务就是驾驶这艘陈旧的、腐朽的、满载货物的小船横跨印度洋，不做任何停留，直接开赴好望角和整个非洲。而在3年前的塞维利亚港，葡萄牙领事阿尔瓦列次宣称，这样的船连去加那利群岛都不可能。为了深切感受一下卡诺肩上的担子有多重，我们非常有必要打开地图看一看，认识一下这次任务到底有多艰险。即便是现下，即麦哲伦船队绕地球航行400年后，一艘拥有各种精密仪器的现代邮轮也难以做到这样的航行。

1522年2月13日，这是一个值得铭记的日子。从这天开始，从马来西亚群岛到塞维利亚的超远洋直航开始了，这样的事情是前所未有的。而出发点就是东帝汶岛上的一个港口。卡诺在此满载干粮和淡水，此时伟大的航海家麦哲伦的教导又回响在他耳旁：“远洋航行，安全第一。”于是他对船进行了又一次彻底检修，从而接受此后几个月风浪的考验。

在航行的最初几天，他们还能看见一些岛屿，以及远处高山上的翠绿。但是时间紧迫，他们得趁着季风还未改变之前离开这里，于是“维多利亚号”日夜兼程，作别这些风光迤逦的岛屿。这让喜欢猎奇的皮嘉费塔非常难过，因为他还没看够这些稀奇古怪之物。他让那些被带到船上的土著人（船上人员总数除去 49 名欧洲人外，还有 19 名土著人）将这些岛屿的故事讲给他听，以打发这闲暇时光。褐色皮肤的土著人向他讲了一个《一千零一夜》里面的故事。他说居住在对面岛屿上的人身高不到一米，但是耳朵却跟身子一样的长，睡觉的时候，侧着身子，一只耳朵当褥子，另一只耳朵当被子；并且告诉那个岛屿上一个男人也没有，只有妇女，可是奇怪的是，女人居然可以照常怀孕，他说，那是风让她们受孕的，若生下男孩，就全部杀掉，只留下女孩，并且将她们抚养长大。

马来人用来蒙骗善良的皮嘉费塔的岛屿，也渐行渐远，最后消失在蓝色的雾霭之中了，只剩下海洋用无边的蔚蓝，让人难过的蔚蓝，包围着船舰。他们甚至在横越印度洋时，连续几个礼拜都看不见天空上和海面上有任何东西，这种单调实在令人害怕，令人烦闷。看不见一个人，也看不见一艘船，别无声响，永远是蓝，无止境的蓝，永远是空，无止境的空……

在这漫无边际的时空中，他们既听不到其他声响，也看不到其他脸孔，但是忽然间有一个幽灵出现了，而且大家对它并不陌生。这个幽灵，两眼深陷，面无血色，它正从舰船的某个幽深之处慢慢走来，它就是饥饿。这幽灵曾是他们忠实的随从，同时也是经常饿其体肤的好朋友，而现在，它又一次来到他们中间，残忍而阴森地看着这一张张浑然无知的脸狞笑着。

这一场突如其来的饥荒完全把卡诺的计划破坏了。他们曾在出发前，采购了够食用 5 个月的粮食，以及大批猪肉，但由于在东帝汶没有找到盐，从而这些腌制不彻底的猪肉完全抵抗不住印度洋滚烫的阳光，开始腐烂变质，散发出阵阵恶臭，实在难以下咽，他们只好将这些猪肉全都抛进大海。而现在可以食用的东西，只剩下大米了，对了，还有水，只剩下水和大米了，而且大米也与日俱减，水由于不再新鲜，开始出现霉斑。败血症又一次爆发了，而且有些体质弱的人已经死亡了。到了 5 月初旬，情况更加危急，有一部分人建议，还是向近处的莫桑比克求救吧，他们情愿把船交给葡萄牙人也不愿意继续向前等死。

卡诺，这位昔日的哗变者，此时在下达命令时，貌似受到了麦哲伦坚毅的感染。同一个卡诺，此时与彼时却天差地别：他当时作为下属却逼迫上司麦哲伦撤退，而如今他成为上级，则要求部下拿出勇气，按照他的意志前进。他宣布：

“我起誓，宁为玉碎不为瓦全。”后来他在面对西班牙国王时，非常自豪地说出过这件事情。

曾经有一次，他们尝试把船停泊在非洲东岸，希望能够在那儿找到果子和水源，可是这一切只是徒劳，因为在这片贫瘠的土地上，居然寸草不生，他们不得不饿着肚子继续启航。当他们来到好望角的时候，脱口而出地喊出它的原名——托们托索角，可是不幸的是，他们在此遇到强烈的风暴，前桅杆被风刮走了，而立桅杆则被刮断了。精疲力竭的士卒们费尽周折，将这艘船拼拼补补，最终，“维多利亚号”像一个伤员一样，步履蹒跚的行驶在向北的航线上……

不管是狂风暴雨还是风平浪静，白天还是黑夜，饥饿无时无刻不跟随在他们身边嘲笑着他们。为什么是嘲笑？因为饥饿此次想到了一个绝妙的办法来折磨他们。当时横渡太平洋的时候，船舱里除了剩下最后一点面包屑之外，早已别无他物，可是这一次，船舱里面堆积了货物，他们拖着足够数百万人做菜用的佐料，足足有 35000 公斤重，可是饥渴的士兵们守着这些东西又能如何了？莫非焦渴的嘴唇还能嚼食胡椒粒？那些辛辣的桂皮和肉豆蔻难道还能代替面包？讽刺的是，他们守着无尽的大海，却要被渴死，守着堆积如山的香料却要被饿死，真是人生中最最痛苦的事情啊。每天都有干瘪的尸体被投入大海。当风尘仆仆的舰船在经过 5 个月的航行后，终于抵达佛得角群岛时，他们的人员伤亡惨重，47 名西班牙人只剩下 31 人，19 个土著人就剩下 3 个了。

佛得角是葡萄牙人的殖民地，圣地亚哥是葡萄牙的港口。如果现在在这里抛锚的话，无异于羊入虎口，若是在快到家门口时被降服，岂不是白白经受了前面的折磨。可是令人为难的是，此时的口粮仅仅只够维持三天，饥饿逼迫卡诺只能虎口夺食。

他打算通过计谋搞来粮食，他派了几个人上岸买粮食，企图蒙骗葡萄牙人。在这些人下船之前，全体人员向卡诺起誓，决不向葡萄牙人泄露一句有关麦哲伦舰队以及环球旅行的事情。于是，卡诺为大家编造的一个天衣无缝的谎言：是风暴把他们从西班牙的殖民地美洲刮到此处的，而桅杆折断了。这艘破船实在是残破的不忍细看，这非常符合风暴这一特质，于是葡萄牙人也没有过多盘问，也没有派人上船检查，就非常热情地接待了这些靠岸的小艇来客，或许这是出于水手同行的情怀吧。

很快，这些小艇就购买到了粮食，源源不断地往船上运输，如此看来，计划马上就圆满成功了。由于在岸上得到了调整，特别是吃到了长期缺乏的肉食和面包，全体人员又显得神采奕奕起来。已经运来的粮食，差不多可以维持到塞维利亚，于是，卡诺命令小艇最后一次去岸上采购水果和大米，如此一来，此次航行就得以圆满结束了！可是这一次派上去的小艇过了很久仍然没有回来，这引起了卡诺的怀疑，他预感到已经出事了，可能是某个多嘴的水手在岸上露出了破绽，或者是用香料去换期盼已久的美酒而露出马脚，总之，葡萄牙人一定已经怀疑这艘船与麦哲伦有关了。

卡诺向岸上望去，他看见已经有人准备船只向他们驶来了。现在只有早下决断才能拯救此次航行，宁可失去岸上的那几个兄弟也在所不惜。在快到家门口的时候，决不能功亏一篑！在完成此次航行前，一定要保存住自己！即便现在“维多利亚号”只剩下18个人了。显然，要使这艘满载货物的船只快速前进，这些人还是太少了，但是此时不容多想了，卡诺只能下令起锚、张帆。虽然这是一场逃亡，但这是一次具有里程碑式的胜利逃亡。

在佛得角的短暂停留既刺激又危险，但就算这一次，在这里，我们的编年史作家皮嘉费塔经历了一件神奇的事情，要知道，他当年之所以跟随麦哲伦出海，完全是为了猎奇。他是世界上第一位发现这一新奇而重要的现象的人，而这件事情正是经历了佛得角的逃亡，此后他的生命就全都投入了对这一现象的研究中去了。

事情的起因是这样的：上岸采购的士兵带回来一个让人费解的消息，他说岸上那天是星期四，而在船上的人则一口咬定是星期三。皮嘉费塔对此迷惑不已，因为在这近3年的航行岁月里，他每天都会记日记。他反反复复数了多次日子，星期一、星期二、星期三、一星期、一年，莫非自己漏算了一天？于是他就向领航员阿尔伏请教，因为领航员的工作之一就是记航海日志，可是航海员记录的也是星期三！对于一个持续向西环球航行的人而言，肯定是漏算了一天，但这又不合常理。皮嘉费塔最后将这一奇特的现象提供给了报社，这则新闻的发布，令任何受过教育的人都惊诧不已。一个秘密被揭开了，而揭开这一秘密的人既不是希腊的智者普托勒缪斯，也不是亚里士多德，这一秘密直到麦哲伦的环球航行才得以被发现。公元前400年赫拉克利特和蓬图斯提出的假想终于在经过精密的研究之后，被证实了：地球在宇宙中并不是绝对静止的，而是围着自己的轴，有规律地转动着。如果地球上有人一直向西航行的话，那么他就能从地球永恒运动中争取时间。不同的地方，时间也有所不同，这一新发现，让16世纪的人文主义者非常振奋，就如同相对论让当今世界激动不已一样。彼得·马尔蒂尔马上邀请了一位智者解释这一现象，同时还将这一发现报告给了国王和罗马教皇。与其他人带回香料比起来，小爵士皮嘉费塔带回来的这一发现简直空前绝后，这是世上最珍贵的财富，也是此次航行中最大的收获！

可是，还未到家的“维多利亚号”仍然拖着它即将散架的躯壳，用尽力气在海洋中缓缓前行。从香料诸岛出发到现在为止，只剩下18个人了，原来摇橹的120只手，变成了此时的36只了，而此时此刻正需要粗壮有力的手来解救危难！就在快要到家的时候，灾难又一次发生了。

这次威胁他们的灾难来自腐朽的“维多利亚号”，由于年深日久的缘故，船只的舱板失去了密封性能，裂缝非常大，而且有扩大的趋势，海水不断地渗透进来，一台抽水泵显然于事无补。通常情况，发生这样的状况，理应将压舱之物，即35000公斤香料抛弃一部分，不让船吃水过深。但是卡诺却舍不得，这可是他们历经千辛万苦才找来的，更何况，现在它们属于国王的财产，谁也无权让国王的财产流失。于是，精疲力竭的船员们，不管白天还是黑夜，都一刻不停歇地用两台抽水泵抽水，要是在平时，这些体力活只有犯人才干。他们除了抽水之外，还有负责收帆、掌舵、瞭望及其他日常活动，长此以往，劳动对这些人而言简直难以承受。士兵们与梦游之人毫无二致，走路飘飘忽忽、踉踉跄跄，好几个夜晚不睡觉的守在岗位上。就连卡诺在给国王的信中都如此写道：“我们是如此的疲惫，几乎都不成人样了。”所有人都必须使出全身最后的力气，去负责比平时多两倍甚至三倍的任务。

家乡就在眼前了，这18位壮士，在7月13日离开佛得角，终于在1522年9月4日（他们几乎离开家3年了），从桅杆处传来一声振奋人心的好消息——看见文森特角啦！对于常人而言，文森特角是欧洲大陆的终点，可是对于那些航行在大海上的人来说，这是欧洲和家乡的起点。那些从海潮中显现出来的陡峭岩壁，使得他们勇气倍增，不断为自己打气：向前！向前！只要挺住两天两夜！只要熬过两夜一天！还剩一天一夜！就剩下最后一夜！就剩这最后一夜了！终于，全体士卒冲上了甲板，身体因为成功不断颤抖，他们紧紧相拥在一起，他们看见了不远处的原野上，露出了一条银带，那是瓜达尔基维尔河，它在圣路卡入海。在3年前，麦哲伦率领着5条船共265人在此起航，可现如今，只剩下一条船回航。“维多利亚号”在出航时的海滩抛锚。18个人晃晃悠悠地走下船来，他们全身瘫软地跪倒在地上，去亲吻故乡厚重而肥沃的土地。1522年9月6日，人类有史以来，最伟大的航海壮举圆满结束！

卡诺还未来得及卸下风尘和劳累，就开始提笔向国王陛下写信，报告他已回归的消息。而他的部下们，则贪婪地享用着人们送来的面包，他们这双手已经很久没有碰过这么新鲜、酥软的热面包了，他们的唇齿也已多年未曾品尝过故乡的葡萄酒、肉食和水果。他们这一超乎常人的举动在旁人看来不免有些震惊，他们似乎刚从监狱里放出来一样。全身劳累的人在吃饱喝足之后，美美地睡了一整夜，多年以来，第一次如此安详地入睡，第一次与故乡如此亲近。

第二天早上，“维多利亚”号在另一艘船的牵引下，沿着瓜达尔基维尔河逆流而上，驶往塞维利亚。之所以如此，全是因为“维多利亚号”在经历过环球旅行后，早已无法与逆流搏斗了。在许多迎面驶来的船只上，人们惊异无比的看着他们，并朝他们呼喊。人们早已遗忘了多年前驶向远方的舰队，塞维利亚乃至整个西班牙，全都以为麦哲伦舰队早已覆灭，永远消失了。但是，你看啊，这胜利之舰已经凯旋，它历经艰险，但是无上荣光！远处，白色的钟楼塔尖闪烁着光芒，啊！塞维利亚！那是塞维利亚！是他们的起点，似乎那河滩已在向他们招手致意！于是卡诺下令鸣炮，这是本次航海的最后一道命令！炮声响彻云霄，在3年前，他们也是在这隆隆的炮声中与故乡告别的，当他们在新发现的麦哲伦海峡、陌生的太平洋、菲律宾群岛、香料诸岛时，当他们将姐妹舰留在远方的险恶之地时，当他们在梯多列岛与同胞告别时，全都是以这样的方式来庆祝和纪念的。然而，这样的炮声，从来没有像今日这么响亮，这样自豪，它所宣布的是：“我们回来啦！我们完成了前任无法做到的事业，我们是人类历史上，第一批环球旅行的人！”

第十三章

蒙冤的亡灵

麦哲伦的业绩始终证明：一种受到天才激励并推动的理想，高于世界上任何一种自然力；世上总有几个天才，能在短暂的生命里，使几百代人的愿望得以实现。

在塞维利亚的河滩上，聚集了一大群人，如同奥维多所描写的那样，他们都是来看热闹的，“都是来见识一下这艘史上唯一环球航行过的船，它的航行简直是上帝创造人类和世界以来，人类见过最神奇最伟大的事件”。

市民们非常诧异，他们注视着这18位英雄缓缓离开“维多利亚号”，当这些勇闯天涯的人步履蹒跚地踏上这片土地时，虚弱、疲倦、病态、饥饿、没精打采也随之而来，这些不知名的英雄，在这望不到边的3年时光里，一下老了10岁。他们被同情和敬佩所围绕，大家伙送来自己的食物，并且邀请他们进屋休息，更多的是希望他们能够讲述冒险故事，但是归乡的人们对此无动于衷，他们建议将这些都放在以后再说吧！而如今的头等大事就是兑现他们曾经许下的诺言，前往圣玛丽亚德拉维多利亚教堂和圣玛利亚安提谷阿教堂还愿！人们给他们让开一条道路，心怀敬意地注视着这18位幸存者。他们打着赤脚，身上穿的白衬衫似乎一扯就掉，他们每人手里都拿着一根白色蜡烛向教堂走去。他们要在这个当时告别的地方向上帝表示感谢，感谢上帝庇佑，让他们得以生还。

管风琴的声音优美而响亮，神父在教堂的黑暗处高举圣体匣，犹如光芒四射的太阳。士卒们感谢无处不在的上帝及圣教徒对他们的解救，同时又为所有死难的弟兄和同胞祈福。3年前，他们所有人都在此处下跪祈祷，但是如今，这些人身在何方？当时那些仰视着由麦哲伦将军展开的国王授予、神父洒净过的锦旗的兄弟们，你们又在哪里？他们被淹死在海里，被土著人杀死了，或者饿死了、渴死了，再或者就是失踪或被俘虏了。而现在，只有他们18个人被命运筛选出来，接受胜利的凯旋，命运如此眷顾着他们。这18个人的嘴唇颤抖起来，齐声地为已逝的领导者和两百多名同伴祈祷。

当他们在教堂祷告的时候，他们返乡的消息犹如在天空上炸开的烟花，迅速在整个欧洲传播开来，人们在最开始时全都非常惊异，到后来又变成了敬佩。人类史上，自从哥伦布发现新大陆以来，再也没有类似的事情让世人振奋了。任何不确定感由此终结，人类知识领域中的敌人——怀疑，终于在地理学上被打败了。一艘船由塞维利亚港出发，一直向西航行，最后又回到了塞维利亚港，这足以证明地球是圆的，是个不停转动的圆球体，所有的海洋全都是连成一片的。希腊人和罗马人的宇宙观念被证实为荒唐可笑的谬论，教会以往宣称，在地球的另一面，人们是用头行走的，这样的谬论已经彻底被终结了！地球的大小已经被永久性地确定下来了，人们从而可以了解整个世界的大致范围。虽然地球的某些细节问题还有待后世的航海者去补充，但是地球的整体轮廓已经被麦哲伦勾勒出来了，一直适用到现在仍未改变。在此之前的地球是被分隔开来的，而现在，人类征服了分隔地球的海洋，西班牙的民族自豪感与日俱增。哥伦布高举西班牙国旗发现了新大陆，而麦哲伦则在西班牙国旗下完成了环球航海这一重任。在25年间，人类对自身居住环境的了解，超过了此前的千万年。并且只有这一代人可以幸福地感受到这一变化，他们从潜意识里感到：新时代开始了！

大部分老百姓都对这次航行所取得的思想成果感到高兴，即便是那些花了大价钱赞助麦哲伦远航的商人，也就是印度商行和克里斯托费尔·德·哈洛也喜气洋洋。他们原以为赞助给麦哲伦这5艘巨舰的800万马拉维迪早已打了水漂，可谁曾想到，仅这一艘归来的船就偿还了所有债务不说，而且还大有盈余，这实在是始料未及。

“维多利亚号”从摩鹿加群岛运回来的香料总共有520石（约26吨），除去一切杂费，净利润近500杜卡腾金币。一船货就将其与4艘船的损失全部抵偿了。当然，这笔账并没有计入损失的两百多条人命，人命是无价的。

现在，全世界恐怕只有12个人在听到麦哲伦的船队归来时的消息感到恐惧，觉得心脏都要停止跳动了，这些人就是那些开船逃跑、于一年前回到塞维利亚的哗变船长和水兵们。这条好消息就像丧钟一样在他们耳边炸开了锅。他们过早地认为，控诉他们的人和证人永远不会回来了，他们甚至还在法院为那些勇士开了死亡证明。他们认为，那些舰船和士卒早已在大海之中全军覆没，于是毫无顾忌地在皇家调查委员会面前自圆其说，将自己的反叛行径编造成爱国行为，并且编造了一个天衣无缝的谎言，用来掩饰麦哲伦在他们逃跑时发现的通往太平洋的通道。他们搪塞麦哲伦找到的通道其实是个海湾。尤其可恨的是，他们居然反诬麦哲伦企图谋害国王的亲信大臣，以便可以操控整支舰队，将他们献给葡萄牙人。而他们开回来的“圣安东尼奥”号舰则是他们设计从麦哲伦的亲戚梅思奎塔手里夺回来的。

所幸的是，皇家法院对这些哗变者的说法并不完全相信，他们非常公正地宣布双方均有嫌疑。下令将哗变船长、领航员和忠心不二的梅思奎塔全都拘禁起来，同时也禁止麦哲伦夫人离开塞维利亚。此时的麦哲伦夫人仍然不知道自己早已成为寡妇。皇家法院最后裁决，人们应该等待其他舰船归来作证。一年过去了，丝毫没有传来麦哲伦船队的信息，第二年的时候，麦哲伦船队仍然杳无音信，于是这些叛变者的信心又坚定了一分。可是就在他们以为大局已定的时候，一艘麦哲伦舰艇的归乡礼炮却如同响雷，在他们心里炸开了，这可真是猝不及防。麦哲伦的事业成功了，他定然会疯狂地对他们进行打击报复，谁让他们曾经违背誓言和航海法规，不但背叛了他，而且还煽动他人反叛，将他囚禁。

当他们知道麦哲伦已经死亡的消息后，不由得松了一口气，这案子死无对证了。而当他们得知此次把“维多利亚号”带回来的是卡诺时，更是如同大赦。要知道，卡诺可是哗变者之一，是与他们一起参加圣朱利安港反叛的人啊！没错，谁会控诉自己曾经参与过的罪行了？没人会这么傻，卡诺非但不会控诉他们，而且还会帮助他们作证。幸好麦哲伦早已死亡，也幸亏有卡诺证明，他们是正义的。即便梅思奎塔即将从监狱中出来，甚至给他赔偿损失，但他们最终会得到卡诺的帮忙，不会受到任何惩罚而出狱的，他们的叛乱行为也将会被世人遗忘，真可谓是完美结局。对于死去的人，活着的人总是最有理的。

卡诺的紧急特使，此时也早已将他们顺利归来的消息送呈瓦拉多利特宫。而卡尔国王此时刚刚从德国回来，他将由一个具有世界历史意义的时刻，进入到另一个具有世界历史意义的时刻。在德国的乌尔姆国会上，卡尔国王看见了马丁·路德是如何将教会在思想上的统治打碎的；而此时，他又将在自己的王宫听到：另一个人用自己的生命将世界轮廓重新做了修改，并且证明世上的所有海洋全都是统一在一起的。他之所以如此热切地想要了解这件伟绩的详细情形，主要还因为卡尔国王本人曾参与过这件事情的谋划，或许这是他所经历过最完美最持久的胜利了。于是就在这一天，也就是9月13号，国王接连向卡诺下达旨意，让他带两名最有智慧最有经验的人，并把整个航程中所有的文字资料带上火速进宫。

卡诺所带领的两个人确实是最经受考验的，一个是皮嘉费塔，另一个是领航员阿尔瓦洛。可是面对国王的另一个命令，即将舰队所有的文字材料呈献进宫，卡诺则有些顾虑重重。因为他所要上交的文字材料中，没有任何字是麦哲伦亲手写的（唯一一份麦哲伦的亲笔文件得以保存，这还要归功于葡萄牙人，他们当时羁押了麦哲伦的旗舰“特立尼达特号”）。麦哲伦是一个心思缜密、尽职尽责的人，按照他的习惯必然会按时写日记，对此人们深信不疑。可是现在，某个害怕麦哲伦抢夺功劳的人，却秘密将麦哲伦的所有日记销毁了。因为麦哲伦的日记中难免会记载那起叛变事件，要是国王翻阅到了这些材料，这对哗变者而言，是极为不利的。正是因为这样，麦哲伦所有亲笔写的每一行字全都在他死后，神秘地消失了。与此事同样神秘的还有皮嘉费塔写的日记，这些趣味盎然的日记原件在面呈国王之后也消失了。之所以如此肯定，完全是因为，这本日记原件与我们所熟悉的那本游记迥然不同，显而易见，游记是日记的综合体。可以这么说，这其实是两本书，我们在那位曼托拉的报道里就能找到证明，他在10月21日，对皮嘉费塔的日记进行了着重报道，但是在3个礼拜之后，却从日记中做了一个简要的总结就戛然而止了。换句话说，我们现在所熟悉的皮嘉费塔游记，实际是用许多领航员的记载，以及彼得．马尔提尔和马克西米利安．特郎西尔瓦努的报道补充而成的，是残缺的。皮嘉费塔亲手所写的日记为什么消失不见了，而我们如今只能进行一些简单的推测。理所当然，任何有关西班牙舰长反对葡萄牙将军的报道都不应该出现在报纸上，这样才能增加卡诺这位西班牙民族英雄的光辉，在此，民族虚荣心再次战胜了正义，这在历史上倒也并不奇怪。

麦哲伦的功绩被人刻意抵消掉，这一点让皮嘉费塔非常不满。他觉得人们颠倒黑白，不辨是非，奖赏了最后完成业绩的幸运儿，却忽略了那些以自己才华和生命作为牺牲换来成果的人。虽说这种事情自古以来便屡有发生，但是这一次的分配尤为不公，实在让人难以平复心中的激愤。这个在麦哲伦事业的紧要关头阻碍他前进的反叛者，如今取代了原本属于麦哲伦的殊荣、奖赏和名誉。这个人曾经有过前科，他在早年的时候将一艘船卖给了外国人，而他的这一违法行为（正是因为违法，才投奔了麦哲伦），此时也得到了国王的赦免，并且赏赐给他终身养老金500古尔登金币。国王对他的恩宠远不止如此，他还被封为骑士，授予骑士纹章，显然，他们分明是将卡诺当成了完成这一伟业的人物了。封赏给卡诺的骑士盾牌是经过特别设计的，盾牌上的图案是交叉的两根肉桂枝，并且配上丁香花和肉豆蔻果。而骑士头盔更是经过艺术加工而成，上面标着地球，同时一圈字体环绕在上面：“你是环绕我航行的第一人。”尤其不公道的是对戈默茨的奖赏。这个人在麦哲伦海峡逃跑，回国后又在塞维利亚皇家法庭上宣布麦哲伦没有找到通往太平洋的通道，那儿只不过是一片辽阔的海湾而已。可是给予这个戈默茨的封赏原因居然是：“作为一名领导者和一名航海家，他发现了通往太平洋的通道。”这多么讽刺啊！原本属于麦哲伦的声誉和伟业，全都被论功行赏给了那些曾经百般阻挠他事业的人，这委实是最大的不公。

此时的皮嘉费塔不得不沉默了，他有着自己的见解。这个年轻人的诚实和坦荡始终让人难以忘怀。此时他心中尽是对人世间不公的愤慨，于是他回转过身去，“我要逃离这片虚伪的土地”。即便官方一再避开麦哲伦，即便那些没有丝毫功绩的人仍在竭尽能力挤入前排索要功劳，但他心中的真理永不变色，他心里清楚，这些功绩究竟应该属于谁，是谁的理想、事业和功勋，他都一清二楚。虽然他在宫中没有发言权，但是为了正义得到伸张，他决心赞誉这位已被后世遗忘的伟人。他在记录回乡之路时，只字不提卡诺的名字，只写道“我们航行”、“我们决定”此类语句，以此暗示卡诺实无过人之处。虽然皇室赞誉了这些偶然走运的家伙，但是真正的殊荣只属于麦哲伦。

皮嘉费塔这种忠于良心与操守的行为令人动容，他坚决地站在了失势的伟人麦哲伦这一边，并且理直气壮地为这个已经不能做出辩解的人证明。他为麦哲伦编写了一部著作，他在该书的序言里如此写道：“我仅愿，伟大舰长之荣光永不熄灭，这位伟人因为拥有的美德，所以品格高尚；尤为重要的是，每当危难来临时，他所绽放的坚定，总能给人以安全感，他所受的苦难超乎常人，却又比常人更能持恒，他对地图学以及航海学的才识，世上无人能及。正是他实现了前人无法实现也无法想象的伟业，上帝见证，以上所说毫无虚假。”

尘世间的事，常常如此，或许死神才能解开一个人生命里最后的秘密。麦哲伦唯有让理想得到实现，大家才能明白他心中曾受到的那份孤寂与煎熬。长久以来，他严于律己，宽以待人，将最重的担子放在自己肩膀上，但是胜利的果实却让他人品尝。上帝将他从万千子民中遴选出来，定然是有原因的，他的相貌并不出众，黝黑的皮肤，性格内敛，寡言少语。他也非常出色，愿意为了这个使命倾其所有，甚至是生命；可是上帝让他担当重任，只是为了让他吃苦受累，而不是让他得到喜悦；当伟业得以成就的时候，上帝又随意地将他赶走，如同对待一个雇工，没有任何的感激与恩惠，却把一切利益与荣誉全都交给了他人。我们从他兢兢业业的工作方式上就能看出，上帝挑选他，只是需要一个刚毅的战士而已。他心灵中唯一的苛求就是能够找到环球航行的线路，这一点，上帝满足了他；但是等到胜利在望的归乡之际，同时这也是他生命中最光辉的时刻，当他眼巴巴地看着花环即将落在自己的头颅之上时，上帝忽然改变了主意，将他准备接过冠冕的手重重地打了下去，并对他大声喝道：“够了！”

唯一属于麦哲伦的封赏仅有一件，那就是这个伟业本身，可是这个伟业最为辉煌的时刻，也就是时代的赞誉，却无法落在他的头上。当麦哲伦的人生理想终于得到实现的时候，再也没有什么可以比得上重温他的遗嘱更让人震撼了。当航行开始的时候，他向上帝祈求的一切全都被拒绝了。他在条约里为自己以及家人所争取的劳动果实，没有一件是属于他的。他深思熟虑后的遗嘱，在他逝世以后，一条也没有为他的后代兑现，这就是实情！他的每一个愿景，这包括最纯粹最诚挚的希望，全部被拒绝了。麦哲伦在遗嘱中叮嘱，希望可以将遗骨埋葬在塞维利亚主教堂，可是他却没料到，自己的遗体最终在异国的海域上腐烂；他希望众人能在他死后对其遗体做 30 次弥撒，可是取代弥撒的却是西拉普拉普那群野蛮人对着他狂呼万岁。他在遗嘱里吩咐道，让继任者给予 3 个穷人衣物，并在安葬的那天给他们食物，可是，没有一个穷人得到了一件衬衣、一双鞋子和一顿饭食。没有任何人“为他的灵魂祈祷”，就连最为卑贱的乞丐都没有召来。他在遗嘱中写道，他留下的银钱，全都捐献给教会、基督徒俘虏、各个福利院和慈善会，但是这些机构没有收到他的一文钱。他的遗嘱毫无作用，无人理会，就算同伴们将他的遗体运送回国，那也无钱给他收殓。

按照合约，如果事业成功，他的子孙后代应该得到 1/5 的利润，那他的遗产继承人岂不是已经成为富翁？他守寡的夫人岂不是要成为塞维利亚的贵妇人？他的儿子、孙子、曾孙子岂不是要成为新贵，成为新领地的总督？可是结果并非如此，因为麦哲伦已经没有继承人了，他的直系亲属早已不在这个人世上了，所以也就无人要求得到遗产。在这 3 年的时光中，他的夫人碧阿特丽克丝以及他两个未成人的儿子，在他死后不久也一一离开了人世，换言之，麦哲伦家族在顷刻间灭亡了。没有一个兄弟、侄儿，或者其他近亲来继承他的贵族纹章了，没有！没有！这个贵族，这个丈夫、父亲，完全是在瞎费劲！这个基督徒任何虔诚的希望全都是竹篮打水一场空。在他的亲属中，唯一活得长久的是他的岳父，可是，在某一天，一个来历不明的“荷兰飞人”，来到了他的家里，并拐跑了他的女儿和他的独生子，后来他的女儿算是找到了，却已经死了，而唯一的儿子却再也没有回来。麦哲伦的过于不幸与凄惨，让巴尔波萨对这种日子愤怒诅咒。他的所有朋友和助手全都受到悲惨对待；任何信任他的人，全都因此遭到灭顶之灾；所有跟随在他周围，并深深爱戴他的人，无不被他这如同吸血鬼的事业夺走生命与幸福。他的好伙伴法费洛一踏上葡萄牙的国土，就被拘押起来；为麦哲伦前期工作打下基础的阿兰达被人所怨恨，并受到控诉，从而失去了为麦哲伦筹集的一切资金；麦哲伦忠诚的奴仆恩里奎曾被允许恢复自由，但是在麦哲伦死后，又恢复了奴隶之身；梅斯奎塔仅仅因为忠诚于麦哲伦，而遭到3次牢狱之灾；巴尔波萨和塞劳也在麦哲伦死后3天，被一同打入地府。唯有塞巴斯蒂安·德尔·卡诺这个叛变者，取代了亡故者和忠诚者的一切荣耀和利益。

还有更可悲的事情：麦哲伦付出所有包括生命而换来的这个伟业，在某种意义上也被归入到毫无用途的事例之中。麦哲伦在世时曾许下诺言，要为西班牙拿下香料诸岛，在牺牲性命后也终于得到了，可是这一个成果却被一笔可怜的经纪人费用而取代：卡尔国王将摩鹿加群岛以35万杜卡腾的价格卖给了葡萄牙。而麦哲伦开辟的西向航线，此后也无人前往；他找到并首航通过的那条海峡并没有为后人带来任何利益。在他逝世后，任何相信他的人，任何重蹈他覆辙的舰队，几乎都在麦哲伦海峡遭遇失败，此后，航海家们的心中开始对该海峡感到害怕，而有意避开这条海峡，宁愿调动数量庞大的商队横穿狭长的巴拿马地区，也不愿意去那凶险异常的海湾。由于麦哲伦海峡过于险恶，所以最后人们完全将它抛弃了，以至于整整一个世纪都没人再想起过它，它又一次回归到以往的神秘当中了。要知道，当初人们发现它的时候可是多么振奋、多么欢呼雀跃。在麦哲伦首航通过这条海峡之后的第38年，一首名为《阿劳卡尼亚》的诗被人们发现。在诗里，公然否认麦哲伦海峡的存在，因为有一座大山将海峡堵塞住了，或者有一座岛屿漂移到海峡的入口处。

由于麦哲伦海峡长久地被人忽视，且愈加神秘的缘故，导致50年后，一名无恶不作的江洋大盗弗兰西斯·达拉克将其据为巢穴。达拉克雄踞麦哲伦海峡，不断侵扰位于南美洲西岸的西班牙殖民地和一些闭塞之处。每当有商船通过的时候，他率领人马如同雄鹰一样向其掠去，抢走船上的所有金银。直到这时候，西班牙人方才惊觉，才想起还存在着一个麦哲伦海峡，并匆忙修筑工事，以抵御其他海盗的侵扰。

萨尔明托遵守国王的命令前往麦哲伦海峡修筑堡垒，可是他并没有取得成功，他所修筑的堡垒也转瞬坍塌。这个堡垒取名“饥饿港”，或许听起来让人心生畏惧，让人联想起过去殖民主义者因饥饿而死亡的往事。麦哲伦曾经梦想这条海峡能变成海上的交通喉舌，可是如今却仅有几条捕鲸船偶尔从此通过。再后来，到了1913年的秋天，美国威尔逊总统在华盛顿按下电钮，开启了巴拿马运河的闸门，于是，大西洋和太平洋就通过它永远地连接在了一起，而麦哲伦海峡则完全成为多余，它的命运注定要降格成历史学与地理学的一个概念。人们苦苦寻找的通道，并没有成为船只往来频繁的海峡，并不是通往印度的捷径，也没有开启西班牙的财富之门，欧洲也并没有因此走向强盛。直到如今，在世上一切适合人类居住的地方，巴塔哥尼亚至火地岛这一区域，仍然是最贫穷最落后的地区之一。

但历史上，某个事业的精神价值，从来都不是由它的实用价值决定的。只有那些不断扩大人类见识，并提高人类创造能力的人，才能使得人类社会走向进步。从这个意义上来看，麦哲伦是功勋卓著的。他的众多荣誉之中，在我看来，有一项是最令人折服的，他与那些一将功成万骨枯的领导者不一样，他不牺牲部属，他只牺牲自己。人们也正是因为麦哲伦这种舍我其谁的精神，才永远怀念他。那5艘残破而陈旧的舰船代表的岂止是西班牙，他们所代表的是全人类，他们是为了探索人类未知世界而出征的。而麦哲伦则是环球航行的第一人，他的理想也被他最后的一艘帆船所实现，所以世人才把他载入史册万世流传。数千年来，人类一直想要知道自己生活的世界到底有多大，但始终未能如愿，而现在，人们知道了这世界的范围，同时也第一次肯定了人类的自身力量。人类终于从这片被自己征服的辽阔世界里，认识到自己的伟大。当有人为其他人做出表率的时候，这个人就会放射出最大的光芒照亮世界。麦哲伦的业绩始终证明：一种受到天才激励并推动的理想，高于世界上任何一种自然力；世上总有几个天才，能在短暂的生命里，将几百代人的愿望变成现实。

亚美利加

——一个历史谬误的故事

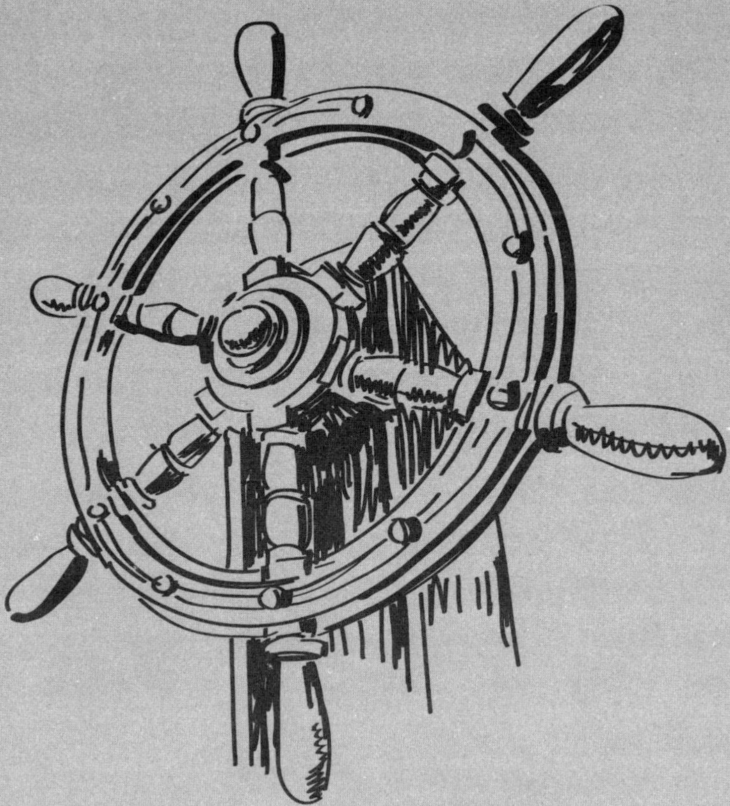

W

第一章

亚美利加

在我的叙述中，希望读者能先忘记一切借助我们完备的地图所得到的地理知识，暂且抹去内心地图中美洲的地形、概貌甚至它的存在。因为只有用心灵感应那个世纪还愚昧无知的人们，才能体会到那个时代的人们的惊喜与狂热。

美洲究竟因为哪个男人的名字而被称为“亚美利加”的？

甚至一个学童都能爽快地告诉你：根据亚美利加·韦斯普奇的名字。

但如果问：这块大陆为什么偏偏以亚美利加·韦斯普奇的名字命名呢？相信即使是成年人也不知如何回答。是因为韦斯普奇发现了美洲？可他从未发现美洲啊！或许因为他是第一个不仅登上处在大陆外的岛屿，而且还踏上过真正的新大陆？这个答案也不对，第一个踏上这片陆地的不是韦斯普奇，而是哥伦布和塞巴斯蒂安·卡伯特。那么，再偏激一点，想必是因为他伪称自己是第一个登陆的？但韦斯普奇也从没有在任何一个机构申报过呀。再或许是他作为学者和制图员出于虚荣心而建议这块土地以他的名字命名？但是，他从未这么干，而且可能在有生之年对此项命名毫不知晓。那你肯定会纳闷，既然他与此毫不相干，那为何这份能让他名字千古流传的荣耀会恰恰落在他的身上呢？为什么美洲不叫哥伦布，却叫亚美利加呢？

事情的由来的确盘根错节，充满了偶然、谬误和曲解。这是一个男人的故事，他由于一次从未经历的旅行而获得巨大的荣誉，使地球上第四块大陆以他的名字命名。四百年来，这项命名使世界感到讶异和质疑，不断有人指责亚美利加·韦斯普奇以不正当的手段，奸诈地把这项荣誉纳入囊中；不断有新的学术机构审议这桩“建立在隐瞒事实基础上的欺骗”公案。一些人宣告他无罪，而另一些人判决他应该终身蒙受耻辱。他的辩护人越是信誓旦旦地声明他的清白，他的攻击者就越是义愤填膺地指责他说谎，伪造事实和欺世盗名。现在，这场争论的资料以及所有的假设、证据和反证都能装满整整一个图书馆了。对一些人来说，这位美洲的教父是世界上一位崇高的开拓者，是探险家、航海家、高级学者；而对另外一些人来说，他是地理学史上最恬不知耻的骗子和伪君子。

真理究竟在那一边呢？或者换种更为贴切的说法：哪种情况才是最有可能的呢？

如今，韦斯普奇事件早已不再是专业地理学和语文学研究的问题，而是一项每位好奇者都跃跃欲试的思维游戏。此外这还是一项极易掌控的游戏，因为棋盘上的棋子不多。据我们所知，韦斯普奇的作品以及全部文献也就四五十页。所以，也是这种错觉让许多人在此又摆上棋子，一遍遍地重走历史上这盘著名的棋局。

在我的叙述中，希望读者能先忘记一切借助我们完备的地图所得到的地理知识，暂且抹去内心地图中美洲的地形、概貌甚至它的存在。因为只有用心灵感应那个世纪还愚昧无知的人们，才能体会到那个时代的人们的惊喜与狂热。那时，因为一个意外，世界的最初轮廓在当时的茫茫无际中开始显现。所以当人们认识一些新鲜事物时，就给它取名；当人们感到兴奋时，就用欢呼声表达喜悦之情；当一阵巧合的风把一个名字——亚美利加，吹向他们耳边时，那就是一个幸运日，也不用问有无道理，他们轻率地接过这个清晰顺耳的词，并以这个新的、将会永垂不朽的名字“亚美利加”来欢迎他们的新世界。

第二章 历史境况

人们开始对西部的这些岛屿产生了怀疑：世界真的已被周游一遍了吗？哥伦布真的到过恒河附近？若华斯哥·达·伽马由东扬帆驶来就能碰见哥伦布吗？地球到底比想象中的大还是小呢？在这一切被发现之后，学者们、航海家们、商人们、君主们等待着，欧洲也等待着所有疑团的解密。

公元1000年，一阵朦胧的睡意笼罩在西方世界的上空。因为眼睛太累，无法睁眼眺望，感官太乏，无力再去产生好奇心，人们的精神世界犹如生了一场重病，柔弱而瘫软，不愿再去对其他世界进行探索。即使那些以前被他们知晓的事，也被不可思议地遗忘了。人们忘掉了如何阅读、如何写作、如何计算，西方国家的国王和国王们甚至已经没有能力把自己的名字写到一张羊皮纸上。科学僵化成神学的木乃伊，人类的手已经不再能用绘画和雕塑塑造出人的形态。所有的地平线上笼罩着一阵缥缈的雾霭。人们不再旅行，因此对陌生国家一无所知；人们把自己关在城内，以此来抵御不断进攻的东方野蛮民族。人们生活在逼仄中，生活在昏暗中，甚至都没有勇气生活着——一阵沉闷的睡意笼罩在西方世界上空。

偶尔，在这压抑的朦胧中会有一闪而过的记忆，想起世界曾经不是这样的，曾经的世界更广阔、更多彩、更明亮、更美好，充满着变数与惊险。难道道路不曾穿越这所有的国家？上面不曾走过罗马军团？那些扈从——制度的维护者和法律的使者，难道没有尾随其后？不曾有过一个叫恺撒的男人同时征服了埃及和大不列颠？古罗马的三列桨战船难道没有驶入那片由于对海盗的惧怕而早已无船进入的大海？不曾有过一个长驱直入到印度，然后途径波折返回的国王——亚历山大？难道以前不曾有过能读懂星象、知晓地球形状和人类秘密的智者？想了解这些需要翻阅书籍，但是已经没有书籍。需要去旅行和见识陌生的国家，可是已经没有道路。一切都已经成为过去，或许从头到尾只是个梦。

然而努力有什么用呢？一切都会结束，再次打起精神来又有什么用呢？有人宣告，在1000年世界将毁灭。牧师在讲台上说：上帝这样宣判是因为人们犯罪太多，在世纪的第一天，神圣的审判日将拉开序幕。人们如同没有灵魂的木偶，身上挂着破烂的勉强可以称之为衣裳的布料，手持点燃的蜡烛一起涌向盛大的祈祷行列。农夫抛弃田地，富人挥霍着他们的财富。因为明天那些骑着白马的四骑士将会到来，最后审判的日子临近。成千上万的人在这最后一夜里跪在教堂，等待着最后的审判，然后坠入无底的黑暗。

公元1100年。不，世界没有毁灭，上帝再次包容了他的子民，人类被允许继续生存。他们确实应该继续活着，因为只有这样才能证明自己的仁慈和高尚。人们感谢上帝的宽恕，并希望自己的感激之情能像一只祈祷的手那样伸向天空让他知道。因此，主教堂、大教堂那些祷告的石柱就这样平地而起。同时人们也得向基督这个恩典的中介者表达自己的爱，所以怎么能忍受他的受难之地以及他那圣坟留在异教徒卑鄙的手中？起身，西方的骑士们！起身，所有的信徒们！开向东方！你们难道没有听见呼唤？上帝要我们这样——走出城堡、乡村和城市，前进前进，穿过陆地越过海洋参加十字军东征！

公元1200年，圣墓夺回又失去了，十字军东征徒劳无功。但其实又并非毫无益处，因为在这次征途中，欧洲苏醒了。它感到了自身的力量，证明了自身的勇气，它又重新发现上帝的住所和家园有许许多多新奇而有趣的东西。发现在另一个天空下有着其他房屋、果实、服饰、人种、动物以及风俗。骑士们和他们的佃户及奴仆在东方惊讶而又羞愧地发现，原来自己以前待的那个小角落是多么狭窄和贫乏，简直就是井底之蛙。而那些萨拉逊人又是多么的精干和富足。这些在远方被自己蔑视的异教徒居然有用印度绸织成的布料，顺滑、柔软又凉爽。布哈拉的地毯，细密而又美轮美奂。甚至还有能刺激和振奋感官的调料、草药和香料。在这种诱惑下，于是他们的船只驶向最遥远的国度，带回奴隶、珍珠和耀眼的钻石。他们的商队进行漫长的旅途。不，他们不是人们以为的没有文化的粗汉，他们认识地球及其隐秘。他们拥有图表，上面标写着一切。他们拥有智者，知道星辰的运行以及他们的运动规律。因此，他们征服了陆地和海洋，把所有的财富、生意和生存的欢乐据为己有。虽然与德法的骑士相比，他们并不是更善战的士兵。

那他们是怎么成功的呢？答案肯定而唯一：通过学习。他们建立了学校，学校里面有使得一切得以流传和解释一切的文字。他们熟悉西方古代学者的智慧，并用新的知识不断扩充。也就是说，为了征服世界，他们不得不学习，不再将精力浪费在竞技和无节制的盛宴上，而是使自己的精神变得像一柄托莱多剑那样柔韧、锋利和灵巧。因此必须学习、思考、研究、观察。渐渐的，大学也如同雨后春笋般一个接一个地冒出，在锡耶纳和萨拉曼卡，在牛津和图卢兹，欧洲的每个国家都想自己获得最先进的科学技术。所以，经过几百年的沉睡后，西方人开始崛起，重新探究陆地、天空和人类的秘密。

作为创造者的上帝按照自己的模样创造了人，同时也希望人类自身也具有创造性。于是1300年，欧洲扯下了那遮蔽它自由目视世界的神学风帽，抛却了毫无意义的对上帝冥思苦想和对古代文献繁琐的重新解读和讨论，重新寻找在艺术和科学中希腊人和罗马人留下的足迹。人们或许能赶上并且超过他们，重新具备古代人曾经有过的能力。新的勇气在西方国家迸发，人们再度开始写诗作画，开始进行哲学思考。在此诞生了但丁、乔托、罗杰·培根以及建造天主教堂的大师等杰出人物。才刚刚触及早已荒疏的羽翅，解放的思想便冲破了一切牢笼。

可是，他身下的地球为何如此狭隘？尘世的、地理的世界为何如此有限？所有的岸边到处是那陌生和无法涉足的海洋，无人知道它掩藏着什么，那条唯一可以向南越过埃及通向印度那些梦幻般的国家的路已被异教徒封锁了，留下的只有凡人所不能冒险越过的赫耳枯勒斯石柱和直布罗陀海峡。用但丁的话说：

“……到了一个狭的海峡，
那里爱各纳放了他的界石，
关照人类不要再向前进。”

人们无路通往黑海，也无法进行返航，所有能做的只有把船首转向这片黑暗汪洋，开始学会生活在一个也许永远无法弄清尺度和形状的世界。

1298年，两个蓄须老者驾船在威尼斯靠岸，同行年轻人是其中一人的儿子。他们衣着古怪，穿着在里亚尔托从来没有见过的装束：皮毛镶边、又长又厚的外套，以及奇特的挂件。他们说着极为纯正的威尼斯方言，并声称自己是威尼斯人，年轻的那位叫马可·波罗。当然，当地人并不相信他们所说的一切。波罗一家说，他们20多年前从威尼斯出发，穿越了莫斯科帝国、亚美尼亚和突厥斯坦，一直到达门吉、中国。在中国的时候，还住在当时地球上最强大的统治者忽必烈的宫廷里，并周游了那个巨大的帝国。他们描述与中国这艘巨轮相比，当时的意大利仅仅只能算是小小的一叶扁舟。他们还到达了充满海洋的世界边缘。在中国那片土地上待了几年后，忽必烈可汗同意了他们的离去，而且在离开的时候赠予了许多礼物。于是，他们开始坐船从这片海洋依次经过西潘戈、丁香群岛、锡兰岛和波斯湾，穿过特拉布宗最终返回到了家乡。

当地威尼斯人听了三人的叙述后哈哈大笑，都认为这几个人是夸大其词。因为从来没有任何一个基督徒令人信服地到过大洋的另一边，更别说踏上西潘戈岛和锡兰岛。然而，在波罗一家把客人们请到自己家中，向他们展示那些礼物和宝石后，那些刚才不假思索就怀疑的人，惊讶地意识到他们的同胞拥有那个时代最勇敢的发现。此后，他们名声大震，整个西方世界又重新激起了新的希望，梦想着抵达那些世上最富有的地区，继而去往世界的另一端。

1400年，葡萄牙王子恩里克实现了自己的人生之梦——抵达印度。这个被史书称作为亨利航海家的王子，尽管从未驶入海洋，但他的生命追求就是实现“到他出生的地方”——印度群岛和摩鹿加群岛。那里生长着珍贵的肉桂、胡椒以及那个时代意大利人和佛兰德商人用金子才能购买的生姜。奥斯曼封锁了不信真主的拜占庭人开拓的通过红海的近路，并由此霸占了这宗收入丰厚的生意。

是否应该进行一次有利可图的基督教十字军行动从背后袭击这些西方的敌人？是否可以绕过非洲，驾船到达丁香群岛？是否能够效仿古书中那艘持续两年航行的腓尼基船从红海绕过非洲回到卡塔哥。

于是，恩里克王子把那个时代的学者、天文学家以及领航员们召到身边，并让人在葡萄牙最远点的石角上为自己造一座宫殿，底下浩渺的大西洋礁石上激起高高的浪花。在汇集了海图和航海资料的宫殿里，年长的学者援引亚里士多德、斯特拉博和托勒密等古代圣贤，认为任何赤道的航行绝对是不可能的，因为在回归线附近海水会变得黏稠而成为“惰海”，船只将在直射的日炙中烧毁。没有人能在那个地区生活，包括花草树木，海员们无论是在海上还是岸边都会备受煎熬甚至挨饿致死。

但一些犹太人和阿拉伯学者认为不妨一试。他们认为之前那些不可抵达东方等国家的信息是摩尔商人为使基督徒泄气而散布的谎言，并表示伟大的地理学家艾德西里早已确定南方有一块富饶的大地几内亚。而且摩尔人的商队曾经横越沙漠，从那里带出黑奴。据说还见过阿拉伯人标出了绕过非洲道路的地图。同时现在的仪器能让人确定纬度，来自中国的磁针又能指出磁极方向，只要有更大更合适的航船，就可以冒险尝试，恩里克王子接受了这个建议。

1450 年，葡萄牙不朽的伟大冒险行动开始了。在此之前，马德拉群岛于 1419 年再次被发现；找寻已久的“幸福岛”在 1435 年出现；1445 年，绕过佛得角发现塞内加尔，一个充满棕榈树、果实和人群的地方。现在，努诺・特里斯陶在探险途中“凭借托勒密的恩典”，在这位伟大的希腊人否认任何可能性的地方发现了富饶的土地。这是一千年以来第一个嘲笑这位地理学家的航海家。新的英雄接踵而至，迪戈・卡姆和迪尼茨・迪亚兹，卡达・莫斯托和努诺・特里斯陶，每个人都在无人到过的海岸边安上骄傲的纪念碑，并以葡萄牙的十字作为占领的标志。世界惊讶地注视着这个小国挺进陌生之地，开创前所未有的功绩。

1486 年。巴尔托罗毛斯船队绕过了非洲、好望角，欢庆胜利。因为从那里已无法继续向南，只能看着地图，借助合适的疾风往东横越海洋。派到“约翰神父”，即阿比悉尼国王的两位犹太使者的探险队给葡萄牙国王带回了这些地图，但当时巴尔托罗毛斯船队已经精疲力竭，失掉了这次以后由华斯哥·达·伽马完成的行动的机会。但既然路已经找到，那么葡萄牙始终会是第一个航行到达期望之地的国家。

但不可思议的事情发生了。1492 年，一个叫哥隆货哥伦或哥伦布的人，一如殉教士彼得报道的那样——“一个无名小卒”，也如另一位报道的那样，打着西班牙的旗号未东行途经非洲，而是西行直接进入浩瀚的海洋，以“很短的航程”到达印度，创造了无与伦比的奇迹。尽管未见到马可·波罗遇到的忽必烈，但据说先上了西潘戈（日本），然后在门吉（中国）登陆。而且只需数天旅行就可到达恒河。

哥伦布带回了奇特的红皮肤印度人、鹦鹉、罕见的小动物，描述了奇特的黄金，让整个欧洲掀起一股热潮，证明了托斯卡是对的，因为世界比想象的要小。从西班牙或葡萄牙向西航行，只需要三个星期就可以到达中国或日本，而且离丁香岛很近。为何葡萄牙人扬帆起航绕过非洲航行六个月？印度及其所有的宝藏离西班牙大门近在咫尺，更重要的是，西班牙通过教皇的训谕确保了自己对这条路以及所有在那里发现的国土的权利。

于是，1493 年，哥伦布第二次驶往印度。此时的他已经成为女王陛下的海军上将以及新发现土地上的总督。带着女王给中国大汗的信，带着一千五百人，包括士兵、海员、移民和“为了给土著人解闷”的音乐家，以及大量包铁角的箱子，用来装满从西潘戈和卡利卡里带回金子和宝石。

1497 年，另一位航海家塞巴斯蒂安·卡伯特从英国横渡大洋。令人惊讶的是，他也找到了陆地，无论是北欧海盗的“温兰”亦或是遥远的中国，这片海洋，这个“暗海”被征服了，它不得不向勇士们交出一件件秘密。

1499 年，华斯哥·达·伽马绕过可怕的好望角从印度返回，葡萄牙举国欢庆，而且还轰动了整个欧洲。他走了另一条更远更难走的路，但他并非像哥伦布那样仅在小岛和偏僻的陆地登岸，而是在卡利卡特上岸，到达了神话般富有的萨莫利姆人身边，见到了印度的核心城市。在卡布拉尔的指挥下，人们准备一次新的探险活动，而西班牙和葡萄牙为了争夺印度这片富饶之地而开始斗争。

1500 年，意外的事件发生了，卡拉布尔绕行非洲的时候航向偏西，再次到达南部陆地，如卡伯特在北部一样。这是否是古代地图上神话般的安蒂利亚群岛呢？又或者是印度呢？

1502年，十年里的发现远远多于过去的几千年，太多事情的此起彼伏让人们无法理解、无法掌控和判断。但凡船只离开港湾就会带回新的消息，仿佛只要船只向西行，在南方、北方到处都会出现陆地，到处都会冒出岛屿。载有所有圣徒名字的史书，已经没有足够的名字来命名这些新地方了。单单海军上校哥伦布就声称自己发现了上千个岛屿，并且见到了从天而降的江河。可是，令人疑惑的是，为什么所有这些岛屿，这些印度海岸边的奇特国家都不曾为古人和阿拉伯人熟悉？为什么马可·波罗不曾提到他们？为什么关于西潘戈和梓墩的描述与哥伦布的发现不甚相同？一切的一切混乱不清、彼此矛盾而又神秘莫测，人们开始对西部的这些岛屿产生了怀疑：世界真的已被周游一遍了吗？哥伦布真的到过恒河附近？若华斯哥·达·伽马由东扬帆驶来就能碰见哥伦布吗？地球到底比想象中的大还是小呢？在这一切被发现之后，学者们、航海家们、商人们、君主们等待着，欧洲等待着所有疑团的解密。现在，德国的印书人已经使书籍变得更便捷，但愿不久的将来会有人来解释这所有的奇迹。

第三章

献给不朽的三十二页

为了让更多的人能够读懂，这篇意大利文的报告被翻译成拉丁语，只为告诉大家，在这时光的长河中隐藏了多少未被发现的传奇，还有多少至今无人知晓的世界没有被探索，而在这些世界中又藏有多少我们难以想象的东西。

在1503年，一股沸腾的空气几乎同时席卷了巴黎跟佛罗伦萨这两个完全不同的城市，而搅动起这股浪潮的，正是一份用拉丁文所写的约四到六页纸的传单——《新世界》。很快，人们就知道了这个叫做阿尔贝利库斯·韦斯普齐乌斯（或韦斯普提乌斯）的人，这是他写给洛伦蒂乌斯·彼得·弗朗西斯科·德·梅迪契的旅行报告。在这次旅行中，他受葡萄牙国王的委托，前往了当时不被大众熟知的国家，经历了一段传奇且不失精彩的故事。要知道，这种探险旅行的报告在当时一点也不罕见。当时威尼斯的执政团以及德国、荷兰和意大利的所有大商行（例如韦尔瑟家族、富格尔家族、梅迪契家族等），它们在里斯本和塞维利亚都安置有自己的通讯员，以便及时了解商业形势，为其提供每一次成功前往印度探险的信息。这些贸易专员的书信之所以如此受欢迎，是因为在这些文章里包含了太多的商业秘密，以至于它们的副本如同那些新发现的海岸地图、航海指南也成为了极具价值的交易品。很多时候这种副本被具有商业头脑的印书人发现，他马上就会在自己的车间中大量复制，然后将这些传递着有趣新闻的文件拿到一年一度的集市上出售。在那个尚未流行报纸的年代，它们往往被夹在赦罪书和药方中间进行出售，或者被附在朋友之间的通信和包裹之中。就如同《新世界》一样，起先只是一位贸易代理人写给他上司的私人信件，不久就成为了为公众所熟知的“畅销书”。

从1493年哥伦布写下有关他到达“恒河附近”岛屿的第一封信开始，那个时代的所有这种传单，都没有像韦斯普齐乌斯的这四张纸一样有效地引起了如此广泛的关注，即便在此之前从未有人听说过他。文章的引文已经预示了某种轰动：“为了让更多的人能够读懂，这篇意大利文的报告被翻译成拉丁语，只为告诉大家，在这时光的长河中隐藏了多少未被发现的传奇，还有多少至今无人知晓的世界没有被探索，而在这些世界中又藏有多少我们难以想象的东西。”这段预告引发了人们强烈的好奇心，在这个本身就极其渴求信息的世界中这小小的传单如同伊甸园里的苹果一样散发着难以抗拒的诱惑力，它理所当然地有了一个畅通的销路，即便在最偏僻的城市它也被多次重印并翻译成德语、荷兰语、意大利语，迅速地被收录进用各种语言出版的所有游记文集之中。对于那个一无所知的世界，这个报告被誉为新的地理学的里程碑，就把它算作新地理学的基石也毫不为过。

这样一本极小的小书可以取得如此巨大的成就靠的并不是运气，因为这个无名的作者——韦斯普齐乌斯，是当时那些航海家中第一个懂得使用有趣且精确的语言进行描述的人。而那些其他航海家的探险船上通常都是些目不识丁的纤夫、士兵和海员，他们甚至都不会写自己的名字，当然，有时候也许还会有一位古板的律师或者记录经纬度的领航员，这些人只知道把事实乏味地罗列在一起。这就意味着，即便在世纪转折时，广大的读者也完全无法理解在那遥远的国度究竟发现了什么。

这时，这样一个令人信服且博学的韦斯普齐乌斯出现了。他用不浮华、不虚饰的文字，负责地报道了他在1501年5月14日受到葡萄牙国王委托之后，如何远渡大海，如何在由黑暗笼罩和狂风的肆虐的天空下，渡过整整两个月零两天不见天日，不见星月的时光。他使读者如与他一起经历了这段可怕的经历一般，看着他们在自己那漏水并且已经被虫蛀空的船上，放弃一切侥幸登岸的希望。在那最后一丝对求生的渴望即将顺着毛孔蒸发的时候，是他！这个机敏的地理学家，于1501 年8月7日（这个日期与他其他报告中的不符，但人们已经习惯了一个有学问的人偶尔的疏忽），带领他们找到了陆地，这块净土如同梦之国度的仙境一般出现在人们的面前！

在那里，人们不需要工作和也不会忍受饥寒，树木无需培植就会结出丰硕的果实；河中流淌着甘甜洁净的泉水；大海中肥美的鱼儿成群结队地畅游；肥沃的土地上长满了各种美味又陌生的果实。凉爽的微风吹过富饶的大地，茂密的森林使得即便是在阳光最强的日子里，人们也能舒适地生活。这里有成千上万种鸟兽鱼虫，哪怕是伟大的托勒密也对它们的存在一无所知。那里的人们还生活在一个完全纯洁无瑕的状态中。他们的肤色发红，因为他们从出生到死亡都是一丝不挂地生活，是阳光一点点染红了他们的肤色。他们没有衣服没有首饰更没有任何个人财产，所有的一切都归大家共有，即便是女人也一样拥有这样的权利。关于他们随时让人兴奋的性感，这位博学的先生讲述了一些不可思议的传闻：道德禁令的条条框框对于这些自然之子来说是完全陌生的，他们也不会因为这些而感到害羞。即使是父亲与女儿，儿子同母亲，兄弟姐妹之间同床而睡也不是件令人羞耻的事情。这里没有恋母情结，没有世俗的拘束感，正因为这样，他们可以活到一百岁（假如他们在此之前没有残忍地相互吞食的话，这恐怕是他们唯一让人感到厌恶的习性了）。简而言之，“如果尘世间的天堂的确存在的话，那也一定距离此处不远”。

在韦斯普齐乌斯告别巴西这个被描绘成天堂的地方之前，他虔诚地对着美丽的星空大声唱起赞歌。他对这些以其他图文闪烁在这片幸福半球上空的星星许诺，以后一定会在一本书中对这次航行与其他的航行进行更多的报道，“以便他的回忆能延传后世”，以便人们“也能知道这个地球上至今还未被熟知的地方，存在着许多上帝的杰作”。

所以我们也就可以理解这篇生动而活泼的报道，为什么会在那个时代的人中引起轰动，因为这不仅仅满足了人们的好奇心，更激起了人们对这些陌生地区的探索欲望。并且韦斯普齐乌斯的“如果尘世间的天堂的确存在的话，那也一定距离此处不远”这句话，无意中触动了他那个时代教父们坚信的最神秘的希望。特别是希腊神学家们很早之前就提出的那个假设：上帝在亚当犯下原罪之后根本没有毁掉天堂，他仅仅把天堂转移到了“反地球”上，一个人类无法达到的地方。而据玄奥神学的说法，这个“反地球”坐落在海洋的彼岸，在那个凡人无法进入的地方。

如今，一个勇敢的探索家穿越了这个至今为止人类无法涉足的海洋，并到达了闪耀另一片繁星的半球。是谁说人类古老的梦想难以实现，谁说天堂无法重新获得。韦斯普齐乌斯所描述的这个完美无瑕世界的种种与原罪前的那个世界奇妙地一一对应起来，这段文字打动了那个时代的人们。很简单，因为那是同我们一样，一样处在灾难之中的时代。在德国，农民为了不再继续忍受徭役开始聚众闹事。在西班牙，大发淫威的宗教法庭使得最信赖他们的人的生活也难以安宁。而意大利与法国的战火纷起，成千上万的人对这个让人忧烦的世界感到厌恶，他们无法再忍受这种日复一日的压抑，转而遁入修道院寻求庇佑。对于仅仅寻求这小小的不受打扰的生活而别无他求的人们来说，在这没有片刻安宁，没有歇息之所，没有和平之地的世界生活无疑是莫大的痛苦。

突然，几张窄窄的纸片从一个城市飞到另一个城市，带来一个让人无比振奋的消息：一个可靠的人，不是无赖，不是辛巴德，不是谎言家，而是一个有学问的先生在受到葡萄牙国王的派遣之后，历经险阻到达了那个迄今为止不为人所熟悉的远方，并发现了一片土地。在那里，人们可以拥有和平；在那里，没有金钱财产权利地位的争夺，没有让人心神不宁的战争；在那里，没有君主，没有国王，没有吸血鬼和徭役主，人们再也不需要为了每天的面包弄得双手满布伤痕。那片善良的土地养育着世人，人与人之间不存在宿敌恩怨。这个无名的韦斯普齐乌斯的报告激起了一代人古老的、宗教的、弥赛亚式的希望。他触动了人类内心最深处的渴求与对风俗、金钱、法律以及财产自由的梦想；唤醒了人们对无忧无虑，无需尽责的生活的希冀，而这希冀犹如从天堂而来的隐约回忆一样，沉睡在每个人心底最神秘的深处。

这种特殊的环境只给了这些数量不多、印刷低劣的传单一个影响时代的机会，这份影响远远超过其他一切报道，哪怕是哥伦布的报道。但是，这份小传单的真正荣誉和在世界史上的意义与价值并不在其内容上，也不在它引发出的世人心灵的张力上。让人奇怪的是这份神秘的魅力并不是信的本身，而是它的标题，只有两个字，仅仅四个音节Mundus Novus（《新世界》）。它引发了天文观察方面史无前例的革命。在此之前的某个同样令人激动的时刻，欧洲把仅仅在一个十年中通过双重道路到达印度，这个宝藏和香料的国度视为划时代的伟大地理学事件。人们惊讶地通过华斯哥·达·伽马向东绕过非洲的路，以及克里斯多夫·哥伦布朝西横越当时不可逾越的大洋的路，见到了华斯哥·达·伽马从卡利卡特的宫殿中带回的宝物，并听说了许多令人好奇的岛屿。西班牙国王的海军上将克里斯多夫·哥伦布曾说，他在中国海岸的前面找到了这些宝物。他以极具魅力的语言描述了他是如何踏上那位马可·波罗描写的大汗的国土。从哥伦布的旅行中，世界被绕行了一圈，千年以来无法到达的印度被人从两边到达。

但此时此刻，又出现了另一位航海家，这个神奇的韦斯普齐乌斯，他报告了一件更令人咋舌的事。他在这次向西的旅途中并没有抵达印度，而到达了一个亚洲与欧洲之间全新的陌生陆地，这也意味着，这里是世界全新的一部分。韦斯普齐乌斯逐字写下，他受葡萄牙国王委托发现的那个地区，可以放心地被称为一个全新的世界，他详细地陈述了这个观点："因为我们的祖先中从来没有人了解我们所目睹的这些国度与其所拥有的东西，我们的知识远远超过我们的先祖。他们中的大多数人都认为赤道以南没有陆地，只有那无边无际的被他们称之为大西洋的海洋。即使是相信这里可能存在陆地的那些人，他们也处于各种的原因认为这块陆地无法让人居住。而我的航行证明了，这个观点是错误的并且与事实大相径庭。因为我在赤道以南找到的这片大陆中，有些山谷里居住着比我们欧洲，亚洲和非洲更多的人和动物，而且这里与我们熟悉的地球其他部分相比具有更加宜人且温和的气候。"

这几句话简短而坚定，《新世界》也因此成为了人类历史上最值得纪念的文件之一。它能称得上是美国在世界上的第一份独立宣言——比另一份早了270年。可惜的是，哥伦布直到去世的那一刻，还认为自己是经瓜纳哈尼岛和古马登上了印度，他的这个错误认识缩小了当时那个时代的人心目中的世界版图。是韦斯普奇向世人证明了这个新大陆的存在，并给出了这个沿用至今的标准。他揭开了那位伟大的探险家眼前的幕布，而那位探险家至死都不知道自己那番探险所做出的业绩对人类是多么重要。虽然韦斯普齐乌斯也没有料到这片大陆的面积是如此广袤，但他至少看出了美洲南部的独立性。从这个意义看来，韦斯普齐乌斯才是美洲的发现者，因为人类历史上，每一项能造福人类的发现和发明，不仅仅是发现者或者发明者的功劳，更加重要的是那些慧眼识珠和善于运用它的人。哥伦布是一个行动者，而从这几句话可以看出，将这一行动的成果奉给人类的丰功伟绩应当属于韦斯普齐乌斯。他像解梦师那样为迷惑的世人阐述了在那些迷茫的航行中找到的东西的意义。

迄今为止，韦斯普齐乌斯仍然默默无闻，但他的宣告是如此让人惊异和欣喜，贯穿在那个时代的精神中，它的意义甚至比热那亚人的发现更加深远！发现了一条通往印度的新路，意味着从西班牙坐船出发也可以到达马可·波罗描述的那个遍地黄金的地方。且不说那小部分对这类发现直接感兴趣的学者和探险家，单单西方的商人们就已经开始沸腾了。安特威浦、奥格斯堡和威尼斯的生意人已经在急不可耐地计划着，走哪条路——华斯哥·达·伽马往东或者哥伦布往西的路——可以更便宜地运送整船的香料、胡椒和桂皮。不过，这位阿尔贝利戈的报告里居然说在海洋中心发现了一个新的世界，这刺激了那个时代充满冒险精神的人的想象力。那个新的世界难道是古人那神奇的亚特兰蒂斯岛？难道是那些幸福愉快、平静安宁的岛屿？这是史前时代那些最有智慧的先知都未曾预料的吧，地球是如此之大，意外是如此之多，地球把最后的秘密留给了他们这一代人去探究，这让他们的时代自豪感油然而生，这种自豪感即使是现代的人们也能感受到。那时的学者、地理学家、天文学家、出版商以及他们身后那不计其数的读者正焦急地等待着，等待着这位无名的阿尔贝利库斯实践他的诺言，向世界和人类进一步说明地球的大小和他的航行。

心急如焚的人们无需久等，两三年之后，佛罗伦萨一个有先见之明的出版商隐去姓名——我们之后会解释为何需要如此——印出了一本薄薄的、用意大利语写的16页的小册子，书名为：《亚美利加·韦斯普奇关于他四次航行中所发现的岛屿的信》。这本小册子最后签上了日期："1504年9月4日。忠于您的亚美利加·韦斯普奇于里斯本。"

通过这个书名，世界终于进一步了解了这个隐在海雾中人。原来，他名叫亚美利加，而不是阿尔贝利戈，他的姓是韦斯普奇，而不是传说中的韦斯普齐乌斯。从韦斯普奇写给别人的信中，我们对他的生平有了进一步的了解。他在报告里说，他出生于佛罗伦萨，作为商人去了西班牙，这个职业他一干就是四年。在这段时期，他经历了许多次大起大落——“它（幸运之神）不平均地分配其暂时和不稳定的财富，它可以某一天把人送上幸福的顶峰，但为的却是在另一天把他重新抛下，也可以说是夺回那些借出的财富。”在那个金钱至上的市场逐利时，韦斯普奇敏锐地观察到了那些利润中的危险和麻烦，因此他决定放弃经商，为自己选择一个更加高尚和光荣的人生目标，即见识外面未知的世界以及那里演绎的奇迹。正巧，卡斯蒂利亚国王装备了四艘去西方探险的船只，他被赋予协助探险的使命，准许与舰队随行。对韦斯普奇来说，这真是一次千载难逢的好机会。在这次报告中，韦斯普奇除了详细报告了本次航行，而且还附带了其他三次航行的描述（其中也有在《新世界》中描述过的航行）；我们按照年代的顺序，列出了他经历过的这几次航行：

1497年5月10日至1498年10月15日西班牙国旗下的第一次航行。

1499年5月16日至1500年9月8日，同样是为卡斯蒂利亚国王进行的第二次航行。

1501年5月10日至1502年10月15日，葡萄牙国旗下的第三次航行。

1503年5月10日至1504年7月18日，葡萄牙国旗下的第四次航行。

这个普通的商人终于凭借着这四次航行而跻身于那个时代伟大航海家以及探险家的行列。

在这几封信中，那一篇关于这四次航行的报告是写给谁的，第一版中只字未提，根据这之后的版本，我们推测它们是写给行政长官佛罗伦萨的总督彼得罗·索德里尼的。但是，不久以后，韦斯普奇的这些文学作品就出现了不少的疑点，所以，对于这些报告是呈给谁的，直到今天，我们也缺乏有力的证明。不过，除去信件开头部分的一些表示礼貌的客套话，这份报告的形式如同《新世界》一样轻松诙谐，引人入胜。韦斯普奇在报告中叙述了这些陌生的民族“喜爱奢侈的生活”的新细节，而且描绘了战争、船只失事、吃人生番和巨蛇等有关的戏剧性插曲。许多的动物和器物（如网状吊床、帆布吊床）都是由他首次转述给西方世界的。地理学家、星相学家和商人们从这里面发现了有价值的信息，而学者们则是如获至宝地开始亮出了一系列他们可以讨论和详细叙述的观点，令广大好奇的读者得到了极大的满足。最后，韦斯普奇再次宣告了他关于这些新世界的真正的鸿篇巨作的出版：一旦他能够安顿下来，他会在他的家乡完成此书。

可是，这本书的出版却是不了了之，如同韦斯普奇的日记一样，让我们无缘拜读。亚美利加·韦斯普奇的整部作品共计32页（其中第三次航行仅仅是《新世界》的一个改版），在通向美洲大陆光辉的新航线上，这不过是一件微不足道的小行李。但人们可以毫不夸张地说，从未有一个写书人能以如此单薄的传世作品而成名。巧合接着巧合，谬误接着谬误，层层叠起，人们因它迷惑，因它狂欢，因它激动，因它沉思，使这本书高高地超越了它所在的时代，让我们的时代也不得不记住这个随着星条旗一直飘扬到星星下的名字。

这本书在探险方面算不得有什么实际意义，但不久后，第一个巧合，同时也是第一个谬误，为这32页书广为传诵助了一臂之力。1504年，一名机灵的意大利出版商敏锐地嗅到了旅行报告集在这个时代的美好前景。这个叫阿尔贝蒂诺·维尔切利泽的威尼斯商人四处收集旅行报告，开天辟地地印出了所有能弄到手的旅行报告集结。这本名叫《西班牙王国的全部航海日志和新发现的陆地》的书，收录了关于卡达莫斯托、华斯哥·达·伽马和哥伦布首次航行的旅行报告，销路甚畅。1507年，维琴察一名眼热的出版商效法此书，决定出版一部更大的文集（共计126页，由佐齐和蒙塔波多主编），其中包括卡达莫斯托、华斯哥·达·伽马和卡布拉尔的西班牙探险活动、哥伦布的前三次航行以及韦斯普奇的《新世界》。但令人费解的是，他除了《佛罗伦萨的阿尔贝利戈·韦斯普奇的新世界和新发现的国家》这个标题，似乎想不出更好的选择了。谬误的喜剧由此拉开了序幕，因为这个书名相当有歧义，语义双关，很容易让人以为，这些新的国家不仅仅是韦斯普奇所称的“新世界”，而且这个世界就是由他发现。若是匆匆扫过这本书的封面，谁都会不可避免地陷入这个谬误中，而此书极为畅销，一次次地重印，传到了千百双手中，以可怕的速度传播这个假消息，说韦斯普奇是这些新国家的发现者。维琴察一个不明真相的出版商把韦斯普奇而不是哥伦布的名字印上他的文集，这个小小的愚蠢的偶然事件，却把荣誉抛到了同样不明真相并对此事一无所知的韦斯普奇身上，让他身不由己地戴上了篡夺他人业绩的标签，站到了社会舆论的风口浪尖。

当然，这个谬误本身的影响不是如此巨大，能让它延续几千年。但这仅仅是这场荒诞剧的第一幕，更确切地说这不过是一个小小的开场。在这个迷惑人的谎言完全编织好前，就已经有不断的巧合接连出现。更令人不可思议的是，恰恰是那个时候，韦斯普奇以那少得可怜的 32 页完成他一生的文学成就时，他的名气就开始传播了。这大概是那不朽的荣誉史上最最荒谬的飞黄腾达。事情起源于地球的另一边，一个韦斯普奇从未踏足过的地方，这位塞利维亚的航海商人对其存在也许从未有过一丝预感，它是——小城圣迪。

第四章

名扬世界

首先说出“亚美利加”这个词的小人物，逐渐感到惭愧，他想撤回这个词，让这个词从人们的视线中隐退，却徒劳无功，因为它已在这个世界的空气中开始振荡并逐渐弥漫开来，终将超越时空，最终永垂不朽。

如果有人没听说过圣迪这座小城，那也不足为奇，现在对地理知之甚少的大有人在。况且这个对美洲的命名有绝对性影响的“圣迪奥达蒂城”的具体位置，就是学者们也是花费了两百多年的时间才研究清楚的。

这座小城隐身在佛日山的阴影中，前身是早已消亡的洛林公园。小城没做出过任何功绩，世界也从未注意过它。那位当时在小城执政的勒内二世，虽然像他那著名的祖先“好国王勒内”那样，冠有耶路撒冷、西西里国王和普罗旺斯伯爵的头衔，实际上他只是洛林公园这个小地方的一个公爵，并以对艺术和科学的热爱公正地管理着这个地方，毫无出奇之处。令人惊奇的是，历史总是带着不谋而合的神秘色彩，这个小城以前发行过一本对美洲的发现产生过影响的书，因为正是在这座小城里，主教戴利写下了那本《世界图像》，这本书同托斯卡涅尼的信件一起，带给了哥伦布决定性的启示，那便是在西行的路上寻找印度。一直到去世，哥伦布这位海军上将在所有的航行中都一直把这本书作为指南带在身边，并且在他保存下的那本书上留有很多他亲手写下的边注。这样看来，美洲和圣迪之间的某种由于哥伦布而产生的关系不容否认。但是，所有这些巧妙的事情都是发生在勒内公爵统治期间的，即使是谬论，美洲也将为自己的名字永远感谢他。

事情是这样的，当时，在勒内二世的庇护下，或许也在他的物质帮助下，在小小的圣迪城有几位人文主义者结社，并自称为孚日学校，旨在或是进行科学教育，或是通过印发有价值的书籍传播科学知识。在这个小型科学院里，俗人和僧侣联手尝试文化传播工作。但是，直到1507年，一个名叫戈蒂·卢德的印刷人决定在那里摆一架印刷机印书，人们才渐渐知道他们那玄奥的论道内容是什么。戈蒂·卢德的确是选择了一个好地方，因为在这个小科学院内他找到了合适的人当主编、翻译、校对者和插图画家。另外，这里距离斯特拉斯堡很近，那里有大学和其他一些可靠的资源。就这样，在慷慨的公爵作为保护人提供的支持下，人们在这静谧、远离尘世的小城中也有胆量并真的完成了一部较大的著作。

那是一部什么著作呢？历史将人类的好奇心转向了地理学，随着时间的推移，新的发现扩大了人类对世界的认识。但至今为止地理学仅有一部经典，即托勒密的《地理学指南》。几百年来，这本书中对地理信息的诠释和其附带的地图，对欧洲学者来说是不可超越甚至是近乎完美的。1475年这本书被翻译成拉丁文，从此它便成为所有学者都能使用且不可或缺的世界通用法典。

在书中，托勒密所说的和他用图表所描绘的，加之其名字的权威性，都被随后的发现证明为事实。但科学永无止境，近来的25年中，关于宇宙的知识比以前的几百年都扩展了很多，致使一些勇敢的航海家和冒险家得以更正和超越《地理学指南》一书中关于世界的一些知识，即使我们承认托勒密是一个经过千年，仍然比他之后所有的宇宙学家和地理学家都博学的伟大人物，他也无法预测若干年后，这世界上将会有哪些新的发现。这就出现了一个问题，谁想重版这本《地理学指南》，就得对它进行修正和补充，就得在古老的地图中画上那些在西部新发现的海岸和岛屿。假若托勒密应该继续被视为全知者，并且他的书继续被视为无可置疑，经验就得纠正传统，少许的订正必须确保在对这本经典的敬畏中增加些新的可信性。但是，在戈蒂·卢德之前却无人想到，要把这本并非十全十美的书重新弄得真正完美无缺。这是一项责任重大同时又具有美好前景的任务，对为了同一项事业聚集一处的人而言，这样的任务也真是恰到好处。

作为公爵的秘书和神甫的助手，戈蒂·卢德不仅仅是一个普通的印刷人，还是一个教养与财富兼备的人。他打量了自己那一小队人，说实话，他几乎不可能再召集到比他们更出色的助手。其中有一个名叫马丁·瓦尔德塞米勒的杰出青年，也许可以称他为数学家和地理学家。他根据时代的潮流，在学术著作中把自己的名字希腊化为希拉格米卢斯。他负责画图和雕版，作为布莱斯高大学一名27岁的大学生，他把年轻人的活力、大胆与扎实的知识及优秀的绘画才能结合在一起，这使他的地图在此后几十年中的制图学历史上占有重要地位。另外还有一位青年诗人，叫马蒂阿斯·林曼。他称自己为菲莱西乌斯，这再合适不过了，他以充满诗意的书信体给书作序并替那些拉丁语的文章润色。团队中还有一位不可或缺的译者，他叫让·巴赞，作为真正的人文主义者，他不仅在古代语言，而且在现代语言方面也训练有素。有这样一批学识丰富的人，就完全可以放心地去修订那样一本名著了。不过，应该去哪里找寻新近发现的地区的材料呢？那位韦斯普奇难道没有首先指出那个“新世界”？看来最早还是马蒂阿斯·林曼，1505年他在斯特拉斯堡以“南极洲”为书名，出版了《新世界》一书。他建议，把那些在德国还不为人知的意大利语的信，用拉丁语作为对托勒密一书的补充而附上。

这项建议就其本身来说，应该会使整件事情有一个可靠而且相当不错的开端，但是编者的虚荣心狠狠地捉弄了一下韦斯普奇。就这样，误解再次发生，为此，后世将诋毁不知就里的人。说他们没有径直说真话，说他们没有把关于韦斯普奇四次航行的信，以原先在佛罗伦萨发表的形式再次真实呈现，而是把它们由意大利语译成了拉丁语。而且，圣迪的人文主义者们捏造出一个浪漫的故事，一部分是为了进一步提高这个出版物的威望，一部分是为了表示对他们的资助人勒内公爵表示尊敬（尤其在公众面前）。他们欺骗了读者，说亚美利库斯·维斯普奇乌斯这个新世界的发现者，这个赫赫有名的地理学家，是他们公爵的一个特殊朋友和崇拜者，是他把这些信直接寄到洛林。而这个版本的书文是首次发行。这对他们的君主是怎样的一种崇敬！时代最伟大的学者，大名鼎鼎的人物，把自己的旅行日记除了寄给西班牙国王，还寄给这位小城的公爵。

为了让这个虔诚的虚构站稳脚步，文中献给意大利“尊主”的献词被改成献给“最尊敬的勒内国王”。此外，为了尽可能地销去痕迹，不让人知道这只是来自一个已经出版的意大利原件的翻译，还加了边注，说韦斯普奇寄来的这本著作是用法语写成，那位“非凡的诗人”让·巴赞根据“高卢语”，即根据法语把它译成了雅典的拉丁语。但是，只要稍微仔细观察，这场贪图虚荣的骗局就相当容易被识破，因为这个“非凡的诗人”工作太漫不经心，没有抹去所有表明意大利踪迹的地方。他让韦斯普奇寄向洛林的勒内国王的信中讲述了对梅迪契或索德里尼才能有效的事情。比如说信中提到他们两人一起在佛罗伦萨他叔叔安东尼奥·韦斯普奇那里学习过，或者他让他称但丁为“我们的诗人”。很显然，这只有当一个意大利人写另一个意大利人时才有理由出现。但是，这桩骗局却延续了几百年后才被揭穿，当然，韦斯普奇对此事和一切其他与其相关的事毫无责任。在几百本书中（一直到最近），人们都相信这四篇旅行记确实是韦斯普奇写给洛林公爵的；韦斯普奇所有的荣耀和耻辱都建立在孚日的一个角落里、在他不知情的情况下印出的这本书的基础上。

不过，这一切都是时代背景以及商业的手段，历史对此一无所知。书商、学者、君主以及商人们仅在1507年4月25日那一天在书展上见到出现了一本52页的著作，书名是:《地理学指南及其必要的几何学和天文学原理》——附亚美利加·韦斯普奇的四份旅行记以及对托勒密尚不知道、最近才发现的所有地方平面和立体形的宇宙图述。

任谁打开这本小册子，都得先见识一下编者在诗歌方面的造诣和虚荣心。编者们想表现的是他们诗歌创作的才能。开头便是马蒂阿斯·林曼致马克西米连国王的献词和瓦尔德米勒·希拉格米鲁斯致国王的赞美之言，他们把书献给这位国王。在这两位人文主义者强烈的虚荣心得到满足之后，他们才开始托勒密那博学的文字，随后是一篇简短的介绍，接着是韦斯普奇那四篇旅行日记。

随着圣迪的这本出版物问世，亚美利加·韦斯普奇的知名度又上了一个巨大的台阶，但是远未达到顶峰。在意大利文集《新发现的国家》中，他的名字尚以模棱两可的形式作为“新世界”的发现者印在封面上，在文章中他的旅行还被列在哥伦布和其他一些航海家的旅行记旁边。但在《地理学指南》中，哥伦布的名字已不再被提及，也许这是由孚日的人文主义者们的无知构成的偶然，但这必然会带来严重后果。因为所有的光环，发现的所有功绩全都清楚并耀眼地落在韦斯普奇一人身上，此外没有第二个人。在第二章中，在对托勒密已知世界的描述中，有文字说，这个世界虽然已被其他人在范围上作了扩大，但真正使人类意识到这个世界的人是亚美利加·韦斯普奇。在第五章中，他明确地被承认为这些新地区的发现者。在第七章中，突然出现了那个对以后几百年有决定性意义的建议。瓦尔德塞米勒在谈到地球第四块大陆时，附带提出一项个人建议："因为这部分是亚美利库斯找到的，所以从今天起可以称它为亚美利库斯的陆地或为亚美利加。"

这三行字是美洲的真正法理命名。在这张四开大小的纸上，它的名字第一次被排成铅字并且复印。1492年10月12日，哥伦布在"圣玛利亚"号甲板上望见瓜纳哈尼海岸微微闪光。如果人们能把这天成为这片新大陆的真正诞辰，那么，人们得把1507年4月25号成为它的命名日，因为这天《地理学指南》印刷完毕。这虽然仅仅是一位年仅27岁、当时还毫无人气的人文主义者在一个偏僻小城提出的一个建议，但这个建议不仅仅使他自己兴奋不已，确已影响到全世界。在第九章中，瓦尔德塞米勒在一个独立的段落中展开自己的叙述。他写道："今天，地球的这些部分（欧洲、非洲和亚洲）已经被完整地研究，而世界的第四部分被亚美利加·韦斯普奇发现。因为欧洲和亚洲都得到了女性的名字。我看不出有任何反对的理由，不根据这位发现它的智者的名字，称这个新地区为亚美利加、亚美利加国家或者亚美利加。"同时，瓦尔德塞米勒让人把"亚美利加"这个词印在这个段落的边上，并且写入此书附有的世界地图中。他自己也没料到，从这一刻起，这位凡人亚美利加·韦斯普奇的脑袋上就戴上了不朽的光环；从这一刻起，美洲第一次被称为亚美利加，并将永远被这样称呼。

情绪激动的读者或许会感到恼怒，认为这太过荒唐了。一个仅仅只有27岁的乡村地理学家怎么可以如此大胆地、用一个人的名字去给这块从未被人发现过的全新而广袤的大陆命名，并且还在这整整32页的书中写下了如此之多让人心生疑惑的报告呢？这种恼怒其实只不过是一种有关于时代的错误想法，它并非源于人们对历史的思考，却单纯地出于我们笼统的观察。今天，当人类再度说出“亚美利加”一词时，就又会本能地犯下这种错误。这使人们会不由自主地联想到一直从阿拉斯加延伸到巴塔哥尼的那片巨型陆地。

1507年左右，不管是天真的瓦尔德塞米勒还是其他任何普通人，对这个新发现的全新的世界都仍然一无所知。参考16世纪初的地图便可发现，当时的人类是如何理解“新世界”这个抽象词语的。昏暗的海面上隐隐约约地漂浮着几块硕大无比的“大地面包”，却又仅仅是在靠近它们边缘的部分，才会被好奇的探索者啃过几口。由于卡伯特和科特雷亚登上的北美洲与亚洲接壤，所以在当时人们的概念里，从波士顿到北京的这段路程，仅仅需要几个小时的时间。古巴和海地边上的佛罗里达是一个大岛，而连接北美和南美的巴拿马地峡，却是一片茫茫大海。往南走，就会来到这片全新的、陌生的土地（今天的巴西），它被人们描画得像澳大利亚一般，如同一个巨大的圆形岛；它在地图上被称作特拉·圣克鲁斯地或者新世界，又或者是鹦鹉之地，但对于一片土地而言，这都是一些会让人感到不舒服并且毫不实用的名字。尽管韦斯普奇不是发现这些海岸的第一人，但他却是对此进行描述，并把它引入欧洲的第一人——符合普遍的习惯。

百慕大的名字源自胡安·百慕得茨，塔斯马尼亚的名字源自塔斯曼，费尔南多·波岛的名字源自费尔南多·波。人们不禁会产生疑问——为什么这块新土地不能按其第一位普及者的名字来命名呢？这难道不是对每一位学者表示感激之情的最好方式吗？同时也有人首次提出了“发现这片新大陆是韦斯普奇的功劳”的全新观点。这片新发现的土地并不属于亚洲，这便意味着这是一块全新的大陆。善良的瓦尔德塞米勒从来未曾想过，自己这一好心的安排竟然把从拉布拉多一直到巴塔哥尼亚的这整片大陆划分给了韦斯普奇，并因此而盗走了这片大陆真正的发现者，也就是哥伦布的探索成果。这是他所始料未及的，哪怕连哥伦布自己也不会料到。他反而急切并且激动地向世人宣布，古巴是中国，海地则是日本。新谬误这根乱线，随着“亚美利加”这一称呼，又被绕入了当时已经相当混乱的线团之中。每一个怀着最好的意愿来接触韦斯普奇这一问题的人，都从此刻开始，不断地在这里打下一个又一个的新结，从而使得这个线团更加混乱、难以分解。

其实，美洲之所以被称作亚美利加，是要归功于这一次误解以及一个双重巧合。如果让·巴赞这位非凡的诗人当初像别人一样，把“亚美利加”这个词译作拉丁语的“阿尔贝利库斯”而不是“亚美利库斯”的话，纽约和华盛顿今天就会在阿尔贝利加而不是亚美利加了。现在这个名字已经成为了永恒，七个字母永远地统一为了这一个词，并将世世代代地传承下去。这个词的存在，并不单单是因为瓦尔德塞米勒的偶然建议，更不是因为其逻辑性和合理性，而是因为其内在蕴含的语言力量。“亚美利加”这个词，之所以能够在我们的语言中振荡回响，正是因为它能够富有变化地融入其他任何形式的元音，并且非常适于感情丰富的叫喊，同时它又是一个有力、丰满和男性化的词。正是由于这一系列的原因，所以它才更适合一个年轻的国家，更适合一个努力向上并且逐渐强大的民族。这位地理学家虽不起眼，但他在无意识中用历史的失误做成了这样一件富有深刻含义的事情——那便是他用亚洲、欧洲、非洲等兄弟国的字母组合了一下，使这个词从黑暗中冒出来，在全新的世界中脱颖而出。

这个富有征服欲的词有着它自身内在的力量——它能够狂暴地把所有其他名字全部排挤出去。《地理学指南》才出版没几年，便把书中和世界地图上类似的，诸如“鹦鹉之地”、“圣克鲁斯岛”、“巴西”、“西印度”之类的词统统抹去了。这个富有征服欲的名字，在年复一年的历史进程中，把越来越多的东西占为己有，甚至比千千万万个善良的马丁·瓦尔德塞米勒所能想到的还要多。1507年，当时的“亚美利加”仅仅指的是巴西的北部海岸，那片同阿根廷连在一起的南部海岸那时还被称作“小巴西”。倘若事情就这样，如同瓦尔德塞米勒的原始意愿般顺利发展下去，那么便没有人会指责他所犯下的过失。但几年以后，“亚美利加”这个词却把连同整个巴西海岸，以及阿根廷和智利在内的，他这个佛罗伦萨人从未见到过的地方都一起，全部拉到了自己名下。无论如何，人们在赤道以南所发现的一切，都变成了韦斯普奇的土地。直到最后，也就是在瓦尔德塞米勒的书出版15年以后，整个南美都被称为了亚美利加。所有伟大的地图学家都最终屈服在了圣迪这位小小教员的意志下。

但这胜利却仍旧不算完满，谬误上演的盛大戏剧还在继续。在地图上，北美一直被当作另一个世界而和南美分开来，一部分原因是整个时代的无知，将其归为亚洲；另一部分是因为想象，使得海峡同大陆分离。直到后来，科学界才最终明白，“大陆—冰洋—冰洋”这才是一个整体，必须用一个名称把它们统一。于是，这个骄傲并且不可战胜的词，这个集谬误和真理于一身的混血儿，又再度有力地直起身来，把这不朽的战利品紧紧握在手中。早在1515年，伦敦堡的地理学家约翰内斯·许奈尔就在一篇短文中公开宣称“亚美利堪或亚美利根”是第四块大陆。1538年，地图学的泰斗墨卡托把这整块大陆作为一个整体，画入了他的世界地图，并把“亚美利加”这个名字卸载于两个部分上——“AME”写在了北部，“RICA”则写在了南部，此后也只有这个词才有效。韦斯普奇用了将近30年的时间，征服了地球上的这第四块大陆。

这项没有所谓“父亲”知情和允诺的命名，可谓是人类荣誉史上一段独一无二的插曲。一个以“新世界”这个词使自己扬名天下的男人和一个以三行字使自己永垂不朽的地理学家，几乎从未有任何的巧合和谬误能够造成这样一出无比冒失的喜剧。但在这出谬误的喜剧背后，富有想象力的历史居然还替自己想出了一个特别而又微妙的噱头。瓦尔德塞米勒的建议一经公布，即刻被所有人激动地承认。书再版了一次又一次，每本新书都接受了“亚美利加”这个新名字。尤其是那些绘图人，他们务必顺从地把这个名字写入地图。大到地球仪，小到书和信件，“亚美利加”这个名字在当时几乎随处可见，唯独一处不是这样——那便是一张1513年出版的地图。这位倔强的地理学家是谁？他为何对这个新名字不满并拒绝使用？结果令人诧异，不是旁人，这个人正是名字的发明者瓦尔德塞米勒自己。莫非他像歌德诗中那位魔术师的门徒一般，一句话把干枯的笤帚变成了疯汉，却忘了用另一句话，让被招来的魔鬼停住？或者他受到了告诫？这告诫是否来自韦斯普奇本人？一切都不得而知。更没有人会明白，为什么这个人偏偏是瓦尔德赛米勒。无论如何，所有的纠正都已为时太晚，真理很少能再次补救谎言。一个词被说出口，再被流传进入世界，那便如同在这个世界里得到了权力一般，终将会独立于那个赋予它生命的人而继续地流传下去。首先说出“亚美利加”这个词的小人物，逐渐感到惭愧，他想撤回这个词，让这个词从人们的视线中隐退，但徒劳无功，因为它已在这个世界的空气中开始振荡并逐渐弥漫开来，终将超越时空，最终永垂不朽。

第五章

大规模的争吵开始

光亮需要阴影，上帝需要魔鬼，阿喀琉斯需要瑟塞蒂兹，愚蠢的梦想家唐·吉诃德需要过分现实的桑丘·潘沙，这是一切戏剧性和情节性的古老法则，每个英雄形象都需要自己的对手。

时间来到了1512年，一具仅有几人随行的棺材从塞维利亚的教堂被抬往墓地。这场葬礼应该不是富人或者贵族的葬礼，因为毫无排场，丝毫不引人注目。被下葬的人是国王众多官员中的一位，同时他也是商业委员会的首席航海员，他的名字叫做韦斯普奇。在地球的另一端，没人会把他与地球上的第四片大陆联系起来，甚至当时的编年史作者也认为他的死亡无关紧要，所以只字不提。直到三十年后，人们才在史书中读到他的死亡，这是人们才逐渐意识到，这位美洲的教父就这样悄无声息地离开了。在1506年的巴利亚多利德，人们也同样悄无声息地埋葬了新印度的督护兼海军上将克里斯多夫·哥伦布。送葬的人中，没有国王，没有公爵，甚至连当代的历史学家都认为没有必要向外界报道此事。

在塞维利亚和巴利亚多利德，两座墓碑安静地伫立着。坟墓里的两个男人，在有生之年曾多次见过，相互未曾回避过，更未曾憎恨过；这两个男人，都具有相同的创造性和强烈的好奇心，正是这种好奇心，在他们的生活道路上也曾很大程度地帮助过他们。但现在，他们坟墓上方的空气中，却弥漫着相当激烈的争论。他们肯定不曾想过，他们之间会存在着一场名誉之战。谬误、缺乏理解力、研究兴趣和自以为是，这些原因一次又一次地在这两位伟大的航海家之间挑起一轮又一轮新的对抗，这是他们两个在世时从未有过的。好在这些口角和吵闹他们已经不会再听见了，这些话语就如坟头的风般轻轻掠过。

在这场荒谬的荣誉之战中，哥伦布首先处于下风。作为一个失败者和被遗忘的人，他离开了人世；而作为这世上独一无二的聪明勇敢的探索者和发现者，当大西洋被首次跨越之时，也正是他将永垂不朽的时刻。可是在这一时刻尚未到来之前，他仍旧是世人眼中的笨蛋、幻想家、思维混乱而又不切实际的梦想家。而这一刻，由于无法摆脱驱赶他的幻想，他再度成为了这样的人。

当他第一次扬言“踏上了世界最富有的王国”时，当他扬言从印度取回了黄金、珍珠和香料时，人们对他充满了前所未有的信任与支持，紧接着，一个巨大的舰队装备好了，1500 人争先恐后的抢夺能够随行前去俄斐和埃尔多拉多的名额。他多次断言自己亲眼见过这地方，王后便交给了他用丝绸裹好的给中国“大汗”的信件。当他从这次伟大的航行中返回时，带回的却只有几百名饿得半死不活的奴隶，善良虔诚的女王拒绝将他们卖出。他说自己到达了中国和日本，当这个幻想越来越混沌不清时，他便越来越难以证实自己所说过的话。

在古巴，他把手下召集起来，鞭打并威胁他们，让他们在一名公证员面前庄严起誓，要他们证明古巴不是岛，而是中国大陆。手无寸铁的海员们认为他是个笨蛋，没把这当回事，便签下了自己的大名。众多海员中有一位名叫胡安·科萨的人，不畏当初被迫的誓言，心安理得地把古巴当作一个岛来画地图。哥伦布再次坚决地给女王写信道“只有一条水能把它和马六甲半岛分开”。宫廷里的人先是对他这种疯狂的话语不屑一顾并加以嘲笑，但逐渐地，人们开始不高兴了。探险需要花费大量的金钱，而探险队又带回了什么呢？不是曾经允诺过的金银珠宝，而是疲惫不堪、饿得半死的奴隶；不是珍贵的香料，而是万恶的梅毒。王室将岛国交给他管理，而他却把那里变成了可怕的屠宰场和陈尸地。在海地，每十年就会有一百万的土著惨遭灭顶之灾，移民也因为贫困问题而不断造反。不久，西班牙的人们开始明白过来：这是一个只会做梦的幻想家，而非一个懂得统治的管理者。新派去的总督博瓦迪利亚在自己的船上看到，那些挂在绞架上随风摇晃的同胞尸体，这使得人们不得不用铁链把这三个兄弟带回。即使哥伦布在西班牙早已名誉扫地，但是人们仍然后悔将自由、尊严、头衔全部还给他。

这位老者，这位美洲的发现者，每当他回到岸上，他的船不再受到众多等候者的簇拥；每当他到宫廷时，人们也急忙躲开他；甚至为了得到一头在路上使用的骡子，他也不得不低声下气地写一份申请。但是他还是不停地许诺一些越发离奇的事情。他向女王、向教皇许诺，他的下一次航行要开创一条全新的、更便捷的路，并以一次十字军东征“解放耶路撒冷”。并且他向他们许诺，在下一次的航行中他将会发现美丽的“天堂”。他在自己的《预言书》中宣布，这个罪恶的人类世界将在150年后灭亡。

最后，再也没有人愿意听这个饶舌者的话，再也没有人理会他对西潘戈岛的幻想。有些投资的商人在他身上丢了钱；有些学者们瞧不起他，认为他对地理的描述是一派胡言；有些殖民者对他所谓的伟大预言感到极度失望；还有些官员们妒忌他的高贵地位。这些人组成了一个统一战线，一起来反对这位“蚊子国海军上将”。就这样，这个男人不断地被人们冷落。他自己也感到非常后悔，他回想道：“我讲过，我曾经踏上了世界上最富有的王国，我见过大块的黄金、闪亮的珍珠、名贵的香料以及各种奇珍异宝。然而这一切没有被他们看到，因此我受到了各种凌辱与嘲讽。”在1500年左右的西班牙，克里斯多夫·哥伦布已经变成了一个落寞的人。甚至在1506年去世时，他几乎已经被世人所遗忘。

在那个飞速前进的时代，每年都有人报道新的英雄伟绩、新的发现、新的人名、新的胜利，那时昨日的成绩被写上转眼就可以对此视而不见，所以即便到了下一个十年，几乎还是没有人记起他。这个时候，华斯哥·达·伽马和卡布拉尔从印度凯旋。他们不仅带回了廉价的奴隶，而且还带回了很多东方的奇珍异宝。

马努埃尔国王是多么的幸运，他拥有了来自卡利卡特和马六甲的掠夺物，从而成为欧洲最富有的君主。努涅斯·德·巴尔沃亚在巴拿马高地上，第一次眺望大西洋，发现了巴西。与此同时，科特斯征服了墨西哥，皮萨罗征服了秘鲁。于是数不尽的真正的黄金，源源不断地进入了国库。此时，麦哲伦的“维多利亚”

号，扬帆起航。他带领的船队绕过美洲，到达亚州。舰队历经三年时间绕地球一周后返回塞维利亚。此举堪称是所有时代中最伟大的航海业绩。

1545年，饥渴的人类又发现了波托西的银矿。从此，每年舰队都满载银矿回到欧洲。当时，仅仅在半个世纪内，疯狂的人们驶过了所有的海洋，而且绕行到了地球上几乎所有的国家。那个时期的荷马史诗中，个人及其业绩根本不算什么。所以有关哥伦布的书尚未出版，无论是描述哥伦布的生平还是介绍他那孤立无助的预测。之后，哥伦布的航行仅仅被视为新阿尔戈英雄光荣队伍航行中的一支。然而因为他取得的实际利润最少，他被那个时代视而不见甚至遗忘。当时的时代和其他任何一个时代都是一样的，人们仅以自己的标准而不是历史的标准思考问题。

在此期间，所有人都迷迷糊糊，让幻觉迷惑了双眼，他们都以为在西面发现了印度。而这时，亚美利加·韦斯普奇声名鹊起，他看清了事实。他知道那是一个全新的世界，那个地方是另一片大陆。尽管他见到的土著人都说，能在这些国家里找到黄金，但他像圣·多马一样小心翼翼地行事。他没有向人们许诺黄金和宝石，仅仅是谦逊地报告一些事实。他一再讲述的是一些真理，他相信时间会说明一切。他不像其他人一样是为了得到黄金出航，他的航行完全是出于对发现的崇高兴趣。他不像其他罪恶的征服者一样，那些人横行霸道，折磨生灵，摧毁帝国。他是一个人文主义者，是一个有教养的人。他没有大唱赞歌，也没有横加指责，他只是观察和描写陌生民族的风俗习惯。他是伟大哲学家托勒密的学生，非常聪明。他观察星星的运行轨迹，他考察海洋和国家，是因为他喜欢探索奇迹和秘密。他做这些并不是盲目的追求，他拥有严密的数学及天文学知识。学者们都赞扬他是一个人文主义者，是的，他的确是他们中的一个。他不但会写作，而且会写拉丁语，这个被世人视为对精神事物唯一有效的语言。他唯一信奉的不是利润和金钱而是科学，他拯救了当代科学的荣誉。所有的历史学家在提到韦斯普奇的名字之前，都先要鞠上一躬，例如当时的殉教士彼得罗·赖麦锡和奥维耶多。当时的那个时代，学者不超过12名，而韦斯普奇被视为是那个时代最伟大的航海家。

韦斯普奇出版了两本著作：《如此单薄》和《值得怀疑》。这两本书以学者的语言（拉丁文）出版。因此，使他在学术界获得如此巨大的声誉。而他的《地理学指南》更是给了他统摄一切的令人倾倒的权威。对于学者们来讲，语言比行动更重要。在书中韦斯普奇第一个描述了这个世界。仅仅因此他对学者们来说无疑就是这个新世界的发现者，这是无可争议的。由此，韦斯普奇受到了人们的敬仰与推崇。地理学家舍内尔首先划出新世界的分界线，哥伦布仅仅是发现了新世界的几个岛。而韦斯普奇却不同，他发现了一个新世界。十年过去了，通过人们的复述和撰写，已经形成了一个公理：韦斯普奇就是这片新大陆的发现者，美洲理所当然地叫亚美利加。

整个16世纪以来，韦斯普奇一直被误认为是这个新世界的发现者。他像一颗闪耀的明星照亮着那个时代。

有一次，终于有一个人对此提出了异议，他表现得相当谨慎，并为此付出了惨痛的代价。这个与众不同的人便是米歇尔．塞尔维特。他在日内瓦的柴堆上被烧死，成为了加尔文新教宗教法庭审判的第一个牺牲者。塞尔维特是精神史上一个性格独特，固守自己秉性的人。他被称为四分之一的天才，1/4的傻瓜，满腹牢骚，对什么都肆意挑剔的鬼火幽灵。以他自己的看法，他应该在科学的每个领域都要表明自己的意见，哪怕是以最激烈的方式。但是实际上，这个人并没有多大创造力，而是具有一种奇特的直觉。他喜欢到处去挑战一些关键性问题。在医学领域，他几乎已经清楚地说出了哈维的有关血液循环的理论。在神学方面，他可以击中加尔文最致命的弱点。他总是有一种神秘的预感，虽然不能解释这些问题的原因，却能够真切地感觉到它们的存在，正是这种预感总是可以助他一臂之力。甚至在地理学方面，他也提出了一些关键性问题。因此他遭到了教会迫害，不得不逃到里昂，沦落到以假名行医。与此同时，在1535年，他出版了托勒密的新版本。书中有他自己的详细理解，并且附有1522年托勒密版本中洛朗·弗里西乌斯的地图。但是，在1522年托勒密版本的书中，新大陆的南部被称为“亚美利加”。这是根据瓦尔德塞米勒的建议而命名的。

1522年托勒密版本的主编是托马斯·安库帕里乌斯，他在书中的前言里对哥伦布只字未提，可是对韦斯普奇却大加赞赏。米歇尔·塞尔维特却截然不同，他是第一个敢于在众人面前高度评价韦斯普奇的人，不过关于这块新大陆命名他表示保留意见。最后在书中他说：韦斯普奇仅仅是作为商人出航的，而且他航行的时间远远在哥伦布之后。这是一种十分小心的说法，仅仅是轻轻的抗议。不过，赛尔维特并没有打算要剥夺韦斯普奇作为发现者的荣誉，他只是不想让哥伦布被世人完全忽视罢了。也就是说，哥伦布或韦斯普奇完全的对立面还没有形成，优先权的争论也尚未开始。塞尔维特仅仅给了人们一个暗示，我们应该这样说：新世界的发现者是韦斯普奇和哥伦布。但是，当时塞尔维特对历史情况并没有比较详尽的了解，手中也没有确凿的证据。可他是第一个可以这样做的人：仅仅是从猜疑的本能出发，就能预感到事情存在的谬误，并且从一个全新的角度探讨问题。他能预感到并给予暗示：韦斯普奇的荣誉像是带着雪崩般的爆发力席卷了整个世界，这是有些问题的。

理所当然，对于异议的决定不能来自像塞尔维特那样的人，他整天在里昂看看书本，得到一些似是而非的消息。决定应该来自能够接触准确的历史事件并且拥有可靠知识的人。此时，出现了一个声音，奋起反对韦斯普奇的过高荣誉，而国王国王们不得不倾听这个声音。这个声音来自伟大的主教拉斯·卡萨斯，他的话曾使几百万备受折磨和迫害的人获得解救，他以震撼人心的力量揭露了征服者对土著人的残忍。直到今天，人们阅读他的报告仍然是震颤人心。拉斯·卡萨斯整整活了 90 年，他有着对真理的热爱，有着教士的中立态度，所以他是一位令人信服的证人，是整个探险时代的目击者。1 559 年时他 85 岁，在巴利亚多利德的修道院中开始写他那本伟大的美洲史著作《西印度群岛史》。这本书在今天仍被视为那个时代历史学最可靠的基本读物。拉斯·卡萨斯生于 1 474 年，在哥伦布时代的 1 502 年来到海地。他先是做一名教士，之后是主教，直到 75 岁在这片新的大陆上他度过了大半生。其间他只是去西班牙旅行过几次。他十分了解冒险时代的人和事，能够对其做出客观、准确而具有实际价值的评判。在这一点上没有谁比他更有权威和资格了。

在一次从“新印度”返回西班牙的路途中，拉斯·卡萨斯偶然地看到了一张地图或者说是一本外国书，书中那片新的土地被称为“亚美利加”。也许和我们一样地惊讶，他吃惊地问道：“为什么叫亚美利加？”然而回答是这样的：因为亚美利加·韦斯普奇发现了它。这个答案无疑会引起他的反感和愤怒，因为没有人比他更了解实情。他的父亲曾经亲自跟随着哥伦布进行了第二次航行，他自己就可以证明这一点。他曾这样说："几百年来，对于那个一直关闭着大门的地方，那片神秘的海洋，哥伦布是第一个打开它的人。"为什么韦斯普奇可以自夸或被世人夸奖？为什么说他是这个新世界的发现人呢？拉斯·卡萨斯不断地自问。随后他终于了解到这种说法的理由：哥伦布仅仅发现了美洲前的岛屿——安的列斯群岛，而韦斯普奇发现了真正的大陆，所以韦斯普奇被称为大陆的发现者。

于是，这个平时性情温和的男人愤怒了。拉斯·卡萨斯认为韦斯普奇不能这样断言，他纯粹就是个谎言家。他清楚地知道，1498年在第二次航行中，海军上将本人是第一个在帕利亚斯附近登上陆地的，并不是其他人。在1516年御库对哥伦布财产继承人的审判中，阿朗索斯·德·霍赫达郑重的誓言可以证明这个观点。而且，那次审判在场的一百多名证人中没有一个敢于否认这个事实。所以说，这片土地有充足的理由应该被称为"哥伦布"。"韦斯普奇为什么窃取这个本属于督护的名望和声誉，并且还把功劳全记在自己名下？他什么时候，随同哪次探险活动，在哪里，在海军上将之前上过美洲大陆？"拉斯·卡萨斯连声发问。

在这之后，为了对韦斯普奇所谓的优先权发难，拉斯·卡萨斯还特地研究了韦斯普奇发表在《地理学指南》中的报告。而就在这时，一个新的荒谬的转折点出现了，使这本身就充满戏剧性的错误变得更加荒谬。这个线球本身就十分混乱，而他将其推入一个完全错误的方向。

在意大利语原始版本中，撰写了韦斯普奇1497年第一次旅行，其中有这样的一段文字：他在一个叫"拉里亚卜"的地方登陆。由于一次印刷错误也有可能是一次任意的改动，导致圣迪的拉丁语版本中没有"拉里亚卜"一词，取而代之的是"帕利亚斯"。这给了人们错误的印象，众人误以为韦斯普奇自己断言，1497年已经到过帕里亚斯，所以比哥伦布提早一年登上大陆。对于拉斯·卡萨斯来说，韦斯普奇无疑就是个骗子。海军上将去世，这无疑是一个绝好的良机，他便利用这个时机在外国的书中（因为在西班牙，人们会对他看得太紧）大放厥词，摆出一副新大陆发现者的样子。随后，拉斯.卡萨斯证明了事实上韦斯普奇不是1497年，而是1499年去了美洲。当时，他非常聪明地隐去了霍赫达的名字。诚实的拉斯.卡萨斯激愤地说："亚美利加所写的东西实属用心险恶，他一言不发地窃取发现大陆的名声，是为了让自己成名，所以韦斯普奇是个骗子。"

"帕里亚斯"中载入的"拉里亚卜"其实只是拉丁语版本的一个印刷错误，并不是原始版本中的"拉里亚卜"，而正是因为这个错误引起了拉斯·卡萨斯的激愤，他认为这是对自己的故意欺骗。但是，拉斯·卡萨斯却遇到了很棘手的事情，在韦斯普奇所有的信件和报告里关于其航行意图及所要到达的目的地的说明中布满疑点。是不是韦斯普奇从来都不知道航道是怎样的以及舰队指挥官的姓名，他的数据在不同的版本中都不相同，他的精度计算也不准确，种种疑点从人们确定其航行的历史的那一刻就存在了，出于某些原因这里就不多说明了，后面我们会具体地讨论。从这些事情可以看出，仿佛有人有意掩盖简单明了的事实。在这里，我们第一次接触了这一位几百年来令所有国家的学者大伤脑筋的真正的韦斯普奇的秘密，到底他的航行报告中有多少是事实，又有多少是他伪造的?

1497年5月10日那次航行，即四次航行中的第一次，就被拉斯·卡萨斯怀疑。由于这第一次航行，确定了韦斯普奇作为大陆发现人的某种优先地位。但是，任何一本史书都未曾提及这次旅行，具体的一些情节在霍赫达的第二次航行中有提到。就算韦斯普奇那些暴狂热的辩护者，也无法为韦斯普奇这年的航行提供任何托词，但是又不得不满足一些假设，给这次航行编织出一种可能性的幻影。如果详细地列出那些对韦斯普奇的航行无边无际、针锋相对的争论的种种证据和反证，就可以写满这本书。简单地说，他的辩护者为此做足了准备，时而让韦斯普奇首先发现佛罗里达，时而让他发现亚马逊河。其余3/4的人认为这次航行是虚构的，并给予了否定。但是，韦斯普奇的巨大声誉大半是建立在这次非常可疑的航行之上，一旦人们举起文学的斧子触及其基础，这个由谬误、巧合以及不听规劝的鹦鹉学舌堆起的巴比伦塔便摇摇欲坠了。

1601年，埃蕾拉在其《西印度史》中发出了对韦斯普奇致命的一击。这位西班牙历史学家无需花很大力气去论证，因为他曾见过拉斯·卡萨斯那本尚未发表的书，而事实上抨击韦斯普奇的一直是拉斯·卡萨斯。埃雷拉以拉斯·卡萨斯的理由进行阐述和证明，说韦斯普奇的“四次航行”日期是不真实的，韦斯普奇不是1497年而是1499年同霍赫达一起出航，并且由此得出结论，不让亚美利加·韦斯普奇有插嘴的机会——尽管韦斯普奇阴险并蓄意篡改了他的报告，试图偷取哥伦布的名誉，充当美洲的发现人。

这项揭露引起了巨大的反响，学者们吓了一跳，韦斯普奇根本不是美洲的发现人。我们把韦斯普奇视为智者，把他那得体的谦虚举止作为典范来欣赏，难道他是个谎言家、骗子？孟戴茨·平托就是这类卑鄙的旅行骗子中的一个，因为，只要他的航行有一次是吹牛，那么其他的航行又如何当真？真可耻，这位新的托勒密什么都不是，只是个见不得人的赫洛斯特拉特，阴险地潜入荣誉的圣殿，用一桩无耻罪行替自己换取不朽！众人被他大言不惭的话语引诱，企图用他的名字命名这片新的大陆，这对整个学术界是何等的耻辱！难道不是到了纠正这种有失体面的谬误的时候了？弗赖·彼得罗·西蒙1627年认真建议：“禁止使用那些其中印有亚美利加这个词的地理著作和地图。”

钟摆又摆了回来，韦斯普奇完了。17世纪中，几乎被遗忘的哥伦布的名字重现光辉，其形象犹如那片新大陆一样伟大，所有业绩中只有他的业绩留存，因为蒙提祖马的王宫遭到抢劫，倒塌倾圮，还有秘鲁的国库被洗劫一空，个别征服者的作为和劣迹别遗忘；只有美洲是现实的，是地球的一件饰物，那片有前途的土地是所有被迫害者的家园。哥伦布在本应该属于他的年代以及之后数百年间受到了何种不公平的对待！哥伦布成了英雄，所有对他的低估以及他形象中被覆盖的阴影一扫而光，人们对他糟糕的管理、他在宗教方面的妄想闭口不提，只对他的生平做了美化。他遇到的所有的困难被戏剧化的增强：海员们如何哗变，他又如何用武力胁迫他们前进，他怎样戴着镣铐被一个低贱的无赖押回国，他又如何同自己那饿得半死的孩子在拉比达修道院找到栖身之地，虽然以前在褒扬他的业绩方面做得不多，但是现在出于英雄化的需要，这似乎也做过了头。

光亮需要阴影，上帝需要魔鬼，阿喀琉斯需要瑟塞蒂兹，愚蠢的梦想家唐·吉诃德需要过分现实的桑丘·潘沙，这是一切戏剧性和情节性的古老法则，每个英雄形象都需要自己的对手。所以为了展现这位天才，就得痛斥他的对立面，他的敌人，那些被人们骂为愚蠢、妒忌和背叛的贱人，比如一位善良、正直和微不足道的官员博瓦迪利亚，比如一位勤奋、明智和被骂为怀有敌意的恶棍的算术家红衣主教丰塞卡。但是真正的敌人却是亚美利加·韦斯普奇，与哥伦布传说相对，产生了韦斯普奇传说。

在塞维利亚有一个小个子商人，如同一只蹲在地上的有毒的恶心蟾蜍，肚子鼓鼓地充满了妒忌，很想充当学者和研究家，可他胆子太小，不敢跟着任何一条出行的航船。最后咬牙切齿地从自己那安稳的窗口往外望，看人们如何欢迎哥伦布回来，想着如何窃取哥伦布的荣誉成为自己的荣誉！终于，当人们把这位高贵的海军上将锁在铁链中带回时，他诡计多端地从哥伦布的书中挑选有用的信息并胡乱拼凑出航行记。哥伦布刚刚被安葬，刚刚无法自辩，这只贪图荣誉的鬣狗就把这些迷惑人的信件和报告寄给世上所有的权贵，好不要脸地说自己是第一个、真正的发现新世界的人，并且非常有心机在国外让人把它们用拉丁文印出，向在世界另一端的某处毫不知情的学者献媚和乞求，让他们拥护他并以他的名字命名这片被发现的新大陆为亚美利加。他还偷偷跑到哥伦布的宿敌那儿，跑到哥伦布那妒忌心重的兄弟、红衣主教丰塞卡那儿，用花言巧语骗他，让人在书房中任命他这个对航海一窍不通的人为首席航海员及商业委员会委员，仅仅为了一己私利，为了地图中有自己的业绩。最终，他的诡计得逞，这些事真的被归在韦斯普奇名下，他也能大肆行骗，作为首席航海员，让别人画地图，并不受限制地让人把他那卑劣的名字亚美利加，亚美利加，亚美利加，到处作为这片新土地的称呼写上所有的地图和地球仪。哥伦布，那位被韦斯普奇这个无耻的欺骗天才偷窃和欺诈的人，那位一生被人锁在铁链中殴打的死者，不是他的名字，而是韦斯普奇这个小偷的名字正在装点着那片新大陆。

以上所述就是17世纪韦斯普奇的图像：一个欺世盗名者，一个作伪者，一个骗子。哥伦布就像一只以无畏的目光傲视世界的雄鹰，突然变成了一只令人厌恶的打洞的鼹鼠。韦斯普奇这个奸尸者和小偷！这是一幅华丽但不公正的图像，但它却侵蚀了这个时代。在以后的几十年和几百年中，韦斯普奇的名字将不会有人知道，将会被掩埋在历史垃圾堆里。每个伟大的真正的学者和研究家都会朝他的坟墓踹上一脚，每本教科书都会向孩子们讲述他那卑鄙的欺世盗名的故事。甚至几百年后，像拉尔夫·瓦尔多，爱默生这样贤明和谨慎的人，在这段传闻的影响下还写道：“太奇怪了，广阔的美洲得用一个小偷的名字。亚美利加·韦斯普奇这个塞维利亚的小麦商，在窥视哥伦布之前的最高的海军职位是一次从未起航的探险队水手长的下手，但是他却编造了一个华丽的谎言，并试图在这个谎言世界中取代哥伦布，以他那不诚实的名字称呼半个地球。”

第六章

文献互相矛盾

他的陈述是可信的。他是个谎言家，职业的无赖和骗子。他是那个时代继哥伦布之后的头号发现者和航海家。他是科学的一种荣耀。不，他是科学的一种耻辱。

亚美利加·韦斯普奇在17世纪几乎完蛋了。关于他名字、业绩和劣迹的争论看上去似乎结束了，他的王冠被摘下了，同时他又被证明犯了欺骗罪，但是美洲如果不用他的名字来命名的话，结局终将是会被遗忘。然而，另一个世纪开始了，在这个崭新的世纪中，纯粹的流言蜚语和谣言已经不能够再被人们相信了。历史学正逐渐从单纯的编年史转化成为一种批判的科学，它的任务将是审核全部的事实并核实一切证词。任何文献都将会从档案库中提取出来，用作审查和比较。因此，哥伦布对韦斯普奇那桩古老的、看似早已了结的诉讼，又将不可避免地被人们重新提起。

刚开始，他的同胞们对此事并不认可，因为这位佛罗伦萨人的名字一直与“耻辱”两字如影随形。他的家乡早已跟随着他的荣誉传遍了整个世界。1745年，修道士安吉罗·玛利亚·班迪尼为这个佛罗伦萨航海家书写了一本名为《亚美利加·韦斯普奇的生平和书信》的传记。在他成功地公布了一批文献之后，1789年，弗朗切斯科·巴尔托洛齐又发表了一篇新的《历史研究评论》。佛罗伦萨人读完之后觉得，这一结论对恢复他们同胞的名誉来讲，是十分鼓舞人心的，以至于后来，当神父斯坦尼斯拉斯·卡诺瓦读完此文后，写了一篇题为《亚美利加·韦斯普奇颂》的赞词。与此同时，人们开始翻开布满灰尘的材料，查询有关西班牙和葡萄牙的档案。

有关葡萄牙的档案资料十分贫乏，其中有关韦斯普奇参加过的两次探险中的任何一次，都没有任何相关记录。那本按他自己叙述的，曾献给葡萄牙国王的旅行日记更是毫无踪影。关于他的记录，没有一行字，没有一个词，可以说什么也没有。韦斯普奇最可怕的一位对手立刻宣布这边是最有效的证明，即就此看来，亚美利加所谓“在葡萄牙的资助和支持下”所做的两次航行纯属谎言。不过，时间已经过去了300年，找不到这方面的材料，这显然是一个毫无说服力的理由。路易斯·得·卡蒙斯是所有葡萄牙人的骄傲，他为葡萄牙服务了16年，还曾在为国王服务时受过伤，但官方记载中依旧对他只字不提。他在被捕后曾关押在印度，但是卷宗在哪里？审判材料在哪里？这些都是未知数。就算他的航海没有资料可查，但他依旧值得纪念。所以，就算里斯本关于韦斯普奇生平最重要阶段的文献记录等于零，人们需要做的仅仅也就是回忆一下：无论是塞万提斯的非洲冒险、但丁的旅行岁月、莎士比亚的戏剧年代，我们都只能从档案中知道这么多，却无法查阅到塞万提斯打仗、但丁流亡、莎士比亚登台的历史资料。所以我们可以这么说，即使是卷宗，也不能成为一种有效的证明，那就更不必说缺少卷宗的时候了。

班迪尼和贝尔托罗奇在国家档案馆中，找到了韦斯普奇寄出写给罗伦佐·德·梅迪契的三封信，这是关于佛罗伦萨最重要的参考文献。但是这三封信并不是原件，而是一个名叫瓦格里恩蒂的人编制而成的一份收藏抄件，他把关于新探险旅行的所有消息、信件和出版物按照年代的顺序誊录，或者让人把自己的誊录编纂成册。这些信中有一封是直接受葡萄牙国王委托在佛得角返航的旅途中写成的。第二封信中包含了有关这次所谓的第三次旅行的详细报告，实质上由于包括了他以后在《新世界》中发表的一切内容，并且摒除了那份出版物中一些非常令人生疑的文学性的修饰。这一切看来是意味着对韦斯普奇热爱真理的极好辩护，至少他的那些所谓的第三次旅行——那次通过《新世界》是他首次成名的旅行，现在终于可以无可置疑地得到了证实，人们已经可以赞扬他是毫无根据的诽谤的无辜受害者。但是还有找到了他给洛伦佐·德·梅迪契的第三封信，信中的他真是一个愚蠢的笨蛋，居然把1499年的第一次旅行描写成了1497年的旅行。也就是说，他在印刷版本中把他的旅行往前挪了两年，恰恰是他自己对对手指责他的事情供认不讳。由于这个是他自己的报告，事实上更加不容否认地表明了是他或者另外一个人把他的一次航行编写成了两次航行，这一项天大的纰漏，充分体现出了他恬不知耻、欺骗性地想当踏上美洲大陆第一人的要求，但是因为做法太笨，从而暴露了他的无耻行径。拉斯·卡萨斯愤怒的怀疑，现在终于无可辩驳地得到了证实。曾几何时，那些幻想着要把韦斯普奇当作热爱真理者拯救的人们，以及早期他那些最性急的辩护人和《哥伦布文集》中的同胞们，面对着眼前的事实，除了这最后的绝望选择别无他法，只能郑重地宣布这封信是事后伪造的。

因此从关于佛罗伦萨的文献中，我们再次获得业已熟悉的韦斯普奇这个永远的双重人的双重图像：一方面是在现实中诚实和谦虚的他，向他公司老板洛伦佐·德·梅迪契报告正确的事实；而另一方面，是在出版物中的韦斯普奇——一个享有巨大声誉和惹出巨大麻烦的人，他欺骗性地追求他从未有过的发现和做过的旅行的名声，通过自吹自擂，致使一整片大陆以他的名字命名，谬误的线球穿越时间越滚越远，可是线团却愈加纷乱。

奇怪的是，西班牙的文献展示的正是事实的同一分歧点。人们从中得知，韦斯普奇1492年不是作为伟大的学者，也不是作为经常旅行的海员而来到塞维利亚，而是作为一个微不足道的职员，作为商人胡安诺托·贝拉尔迪商行的代理人，这是梅迪契银行在佛罗伦萨的一个分支机构，大多从事船用设备和探险资助等业务。

这首先就有损于韦斯普奇的声望，因为有人说他1497年已经作为大胆探险航行的首领从西班牙起航，更糟的却是没有证据来证明关于这次所谓的他在发现大陆这件事上，比哥伦布先走一步，因为所有文献中均无任何痕迹，哪怕是最细微的记录痕迹。所以几乎可以肯定，他在1497年实际是一个勤奋的商人，正襟危坐在他塞维利亚的办事处中，而并不是像他在《四次航行》中断言的那样，是在研究美洲海岸。

现在看来，所有对韦斯普奇的指责在文献方面又一次得到了强烈证实。但令人奇怪的是，在同样的西班牙卷宗中同时也找到了证据，它们同样令人信服地显示出韦斯普奇的正直，如同其他的材料显示他的狂妄自大大言不惭一样。其中有一份是1505年4月24日寄于亚美利加·韦斯普奇授予他成为西班牙公民国籍的证明；还有一份是他为了向王室证明及以后还将证明的良好服务，1508年3月22日他又被任命为商业委员会的“首席航海员”，成为了西班牙整个航海服务机构的主管人，从此得到西班牙王室的授权，开始他的任务“指导舵手使用量具、星盘和四分仪，并且检查他们是否懒得把理论与实践恰当联系起来”；除此之外还有一项国王交下的任务——制作一个“真正的样板”，最终以一幅真正的世界地图的方式记录所有新发现的海岸，而且还得由他不断对此进行补充和修正。

可以想象吗，拥有那个时代最优秀海员的西班牙王室，居然会任命一个凭空捏造航海书籍、无道德、无操守的人，去担当这样责任重大的职位？葡萄牙的邻国国王还正式把他召回自己的国家，让他随同两个舰队去南美，要不是韦斯普奇在之前已获得作为航海专家的一项特殊名望，这种情况难道有可能出现吗？由于他在胡安诺托·贝拉尔迪的公司工作多年，能对他为人的可靠性做出最好评价的贝拉尔迪，临终前却恰恰任命他作为自己遗嘱的执行人和公司的清理人，这难道不是对他正直本分的一个有力明证？我们再一次遇到了这种鲜明对比：一方面无论哪里有一份关于韦斯普奇生平的证明文件，这份文件就会称赞他是个诚实可靠和知识渊博的人；而另一方面无论我们在哪里拿到一份他的印刷文件，我们都会发现其中的自吹自擂，无法辩驳的谎言以及事情不可能性。

但是，我们从另一个角度想想，难道一个人不可以既是一个杰出的航海家，又是一个令人讨厌的说大话者、夸夸其谈者吗？难道不可能是一个优秀的绘图员的同时，又是一个妒忌虫？而编造故事的伎俩难道不是海员数个世纪以来惯有的恶习？对别人成就的嫉妒不也正是学者的职业病？所有这些文献并没有给韦斯普奇带来任何一丁点的帮助，帮助他来辩驳别人对他险恶地要走了伟大的海军上将头衔及第一个发现美洲的指责。

就在大家指责韦斯普奇恶行的同时，在坟墓中发出了一个为韦斯普奇说话的声音。正当人们期待着让他为指责韦斯普奇做证人的时候，他却在对于韦斯普奇的诉讼当中作为辩护人站到了韦斯普奇这边，而这个人就是哥伦布自己。他在《新世界》早已闻名西班牙的时候，以及在他以前的文字当中，就已经把韦斯普奇赞为自己朋友。在他1505年2月5日去世前夕，这位海军上将给儿子迪耶戈写了下面的信：

我亲爱的儿子：

迪耶戈·孟戴斯这个月的3日，已经从这里启程了。他离开之后，我就和亚美利加·韦斯普奇谈了一次话。他现在是宫廷的宠儿，受到了国王的召见。因为他在航海方面很有经验，所以经常被请去谈话。他总是对我说，希望我能过得愉快。这真的是一个正直的人。命运对他真的是有些不公。他的努力和付出并没有给他带来对等的回报。他怀着美好的憧憬到了宫里。我想，在一些合适的场合和地点，他或许能帮我一些忙。不过，我没法准确地告诉他，他究竟在哪些方面能帮我的忙。因为我还不清楚，宫里面究竟想让他干什么。但他已经下定了决心，会尽可能地帮我。

1505年2月5日

在这出因错误而带来的喜剧中，最让人吃惊的就是这封信了。300年来，因为缺少对他们的了解，我们一直认为这两个男人是死敌，以为他们都咬紧牙关为各自的荣誉而战，努力让这块新的土地冠上自己的名字。现在通过这封信，我们了解到，他们事实上是知心朋友！哥伦布是一个多疑的人，他几乎与所有同时代的人产生过冲突，但他却能把韦斯普奇当作多年的帮手，并让他作为自己在宫廷中的代言人！这一切才是历史的本来面目。这两个人也没有办法预见到，百年来，无数学者和地理学家把他们拉进一场为了一个名字的斗争中，他们同样也想不到，他们在这场争斗中成为对手，一个被视为纯粹的天才，另一个则是阴险的无赖，只会偷窃对方的成果。当时的他们也无法知道引起这场争斗的那个词——“亚美利加”。哥伦布和韦斯普奇都没有料到，前者到达的岛屿以及后者到达的巴西海岸，在这两块地域的后面，就隐藏着这片巨型大陆。

这两个同行的人，都没有受到幸运之神的垂青，同样也对自己那无上的荣誉一无所知。

但是与他们各自的传记作者相比，他们更能理解对方。因为这些传记作者以一种不科学的方式，杜撰了一些关于他们成就的看法，并把这些虚假的观点强加在他们身上，作为他们自己的看法。在这里，历史重演，被还原的事实再次打破了一种神话。

从此，各种文献渐渐开始被人发掘出来。但也正是因为对它们的发现和解说，一场关于韦斯普奇的大讨论也同时更激烈地爆发了。各个行业的专家学者，采取缜密严谨的态度，对一篇类似韦斯普奇施行报告那样的仅仅32页的文章，从心理、地理、制图学、历史和印刷术等等方面进行研究，判断它的可信性，这在以前是从没有过的事情。可是这样的研究也并没有带来什么有用的结果。那些争吵着的地理学家们一个个都盲目自信，通过那些仅仅是表面上成立的证据支持自己的观点，对韦斯普奇进行随意的判定，肯定他或者否定他，认为他是发现者或者是骗子。

在过去的一个世纪中，不同的权威人士在评论韦斯普奇时有各自的断言。我对这些观点粗略地做了一些归纳，在此列举一些，权作为轻松：他是和平松一起开始首次航行的。他是和莱珀一起开始首次航行的。他是和一支无名的探险队一起首次扬帆远航的。他根本没有做过这次首航，这肯定是捏造的谎言。

他在第一次航行时发现了佛罗里达。他什么也没发现，因为他根本没有作这次航行。他是第一个见到亚马逊河的人，他是在第三次航行时才见到它的，起初还把它与奥里诺科河混淆。他的航行经过了整个巴西海岸，一直到麦哲伦海峡，并且他还为此命名。他仅驶过很小的一部分海岸，这个名称在他来之前就已存在。他是一个伟大的航海家。不，他从未指挥过一艘船或一支探险队。他是个伟大的天文学家。他根本对星象一无所知，他写的那些有关形象的一切都是胡说八道。他的数据是正确的。他的数据根本不对。他是个重要的领航员。他除了是个“牛肉商人”外，就是一个极其愚蠢的人，没有什么别的身份。他的陈述是可信的。他是个谎言家，职业的无赖和骗子。

他是那个时代继哥伦布之后的头号发现者和航海家。他是科学的一种荣耀。不，他是科学的一种耻辱。以上观点都在对他有利或者不利的各种文献中，那些文献的作者们以同样的激烈态度，以及一大批所谓的证据写出了这些断言。于是，同300年前一样，人们再一次面对了这个古老的问题:“到底谁是亚美利加·韦斯普奇？他做了什么，或者没做什么？”这些问题能回答吗？这个巨大的迷能解开吗?

第七章

谁是韦斯普奇

幸亏历史是一位出色的戏剧家，不论悲剧喜剧，总能找到一个吸引人的结局。自从该剧的第四幕拉开以来，我们知道，韦斯普奇并没有发现美洲，也不是第一个踏上那片大陆的人，甚至他根本就没有作过那次使他成为哥伦布竞争对手的航行。

在此，我们试着按照年代的顺序，叙述这出荒谬的喜剧进程。300 年来，这出喜剧围绕亚美利加·韦斯普奇的生平展开，最后导致用他的名字来称呼这片新发现的大陆。韦斯普奇很有名，但是我们并不知道他出名的原因。因此人们可以发表关于他的任何意见，认为他的出名是建立在他的功绩上，或者是因为他对大众的欺骗，无论这种看法是否有理。这么说是因为他的成名并不是由于某项特定的荣誉，而是由人们围绕如何评价他的所作所为展开激烈争论带来的。

这出喜剧中的第一个错误就是他的名字，居然出现在《新发现的国家》这一本书的封面上。由此世人都认为是韦斯普奇发现了这些新国家，而不是哥伦布。第二幕，也就是第二个错误是由拉丁文版本中的一个印刷错误造成的。他们没有用“拉利亚卜”这个词，而是使用了“帕利亚斯”，因此人们断定，是韦斯普奇第一个踏上美洲大陆，而非哥伦布。第三幕，也是第三个错误，是由一个地方小地理学家造成的，他根据韦斯普奇那篇 32 页的文章中建议的那样，以韦斯普奇的名字来给美洲冠名。至此，韦斯普奇就像一出真正的骗子喜剧中的所表演的那样，亚美利加·韦斯普奇成为了勇士；他作为完美英雄和英勇的好汉统控整个局面。接下来的情况却发生了变化，在这出喜剧的第四幕中，开始有人对他怀疑，人们不再确定他的身份，到底是英雄还是骗子。而到了第五幕，即我们这个世纪中演出的最后一幕，情况再次扭转，带来了一次出人意料的高潮，揭开了这犹如一团乱麻般的事情，并且最后有了皆大欢喜的结局。

幸亏历史是一位出色的戏剧家，不论悲剧喜剧，总能找到一个吸引人的结局。自从第四幕拉开以来，我们知道，韦斯普奇并没有发现美洲，也不是第一个踏上那片大陆的人，甚至他根本就没有作过那次使他成为哥伦布竞争对手的航行。但是，当学者们还在舞台上为韦斯普奇书中描写的航行有几次是他真的经历过的而争论不休时，有一个人突然走上前台，提出了一个让人瞠目结舌的观点。那就是：我们所知道的那 32 页的东西，也不是韦斯普奇写的，那些引起轩然大波的文字，也只是别人不负责任的编纂，根本不是什么有用的东西，只不过是韦斯普奇的手稿被人肆意篡改的结果。这个“雪中送炭”的人是马尼亚基教授。因为他以新的角度、新的眼光看待这个问题，从而得出了新的观点。其他人理所当然地接受了这种说法。起初人们都坚信，韦斯普奇至少写了以他名义发的书，人们怀疑的仅仅是他是否真的进行了书中所描写的航行。而马尼亚基却说，尽管韦斯普奇进行了航行，但是我们很怀疑他是否写了这本现在处于风口浪尖上的书。马尼亚基认为，他没有以这些不真实的成就自吹自擂，相反，这些都是别人以他的名义进行的胡闹和编排。倘若我们想正确地评价韦斯普奇，那我们最好抛开他最有名的那两本书：《新世界》和《四次航行》，仅仅依靠那三封被它的辩护者们无端认为是伪件的原信。

人们没有权利要求韦斯普奇，让他对那些以他的名义流传的文字负全部责任，这个新的观点在一开始让人惊奇。因为如果这些书也不是他写的话，那使韦斯普奇成名的原因中还剩下什么？但是如果仔细观察的话，我们就会发现，马尼亚基的论点其实并不新奇。事实上，篡改韦斯普奇第一次航行的另有其人。这个怀疑在他首次受到责难时就产生了，同样的历史悠久。我们可以回忆一下，拉斯·卡萨斯主教首先对维斯普利发难，说他通过一次从未有过的虚假航行把美洲冠上自己的名字。主教大人指责他“无耻之极”、“狡猾的欺骗”和“极大的不公正”。不过，如果更仔细地阅读他的文章，就可以在那些激烈的指责中寻到一种“内心保留”。尽管拉斯·卡萨斯揭露这些欺骗，但同时他也只是说是韦斯普奇或者“那些发表他《四次航行》的人所作的”欺骗。也就是说，他并没有否认韦斯普奇的那些欺骗是在没有他本人参与的情况下发生的。持同样观点的还有洪堡，他不像那些专业理论家一样，认为自己在一本印刷物中已见到真理，而是清楚地表示怀疑，询问韦斯普奇是不是不由自主地陷入这场旷世争论中，就如彼拉多对于信条一样。他问道：“难道不会是那些旅行记的收集者在韦斯普奇不知情的情况下作出的篡改，或许这也许仅仅是杂乱无章的介绍或者是含糊不清的陈述所造成的。”

现在，通往一片新景色之门的钥匙已经由马尼亚基铸好。对我来说，从逻辑上讲，他关于韦斯普奇的解释是迄今为止最明白易懂的。因为他以完全自然的方式，解决了300年来纠缠不清的矛盾。从一开始，在心理学角度上就存在着不可能性。同样一个人在一本书中捏造了1 497年的那次航行，同时又在一封手写的信中把这次航行迁到1 499年；又或者他寄信给佛罗伦萨的两个不同的人，信中所述的航行日期不同，细节矛盾，而这两个人又同属一个亲密的社交圈，在那里信件通常会互相传阅。此外，还有一点不可能的是，一个住在里斯本的人，把这些报告寄给一个洛林的小国王，让其作品在像圣迪这样一个远离世界的小城印刷出版。如果他自己出版了或者想出版自己的“著作”，那么他至少会稍稍费心，在“印刷”前清除这些最显眼的纰漏。比如韦斯普奇自己在他的《新世界》中以他之前手写信件中从没有出现过的庄严的口气对洛伦佐·德·梅迪契报告说，他称这次航行为他的第三次航行。“因为在此之前我受显赫的西班牙国王委托去西方的旅行已有两次”。难道这可以想象吗？他这是在跟谁报告这个令人惊讶的消息，说他事先已作过两次航行？他这是在对他公司的老板，他十年来的雇主报告。他老板每时每刻都得知道自己的代理人是否作了航行，作了多长时间，他得在自己的账本中不失毫厘地写明装备的费用和收益。就像作家同其出版商的关系一样，出版商十多年来连续不断地出他的著作，并且定期和他结账。但作家在邮寄一本新书的时候会出人意料地告诉出版商，这不是他的处女作，他以前还发表过其他的书。这种观点显然是荒谬的。

类似荒唐和矛盾几乎在每件印刷物的每一页中都存在，而这显然不可能由韦斯普奇自己造成。由此，马尼亚基的论点得到了证实。实际上，之前人们在档案中找到的被韦斯普奇的辩护者们认为不真实的三封韦斯普奇的手写信件，才是我们掌握的出自韦斯普奇之手的唯一可靠材料。另一方面，我们应该把那两本由于旁人的补充改动以及歪曲的著名的《新世界》和《四次航行》是视为可疑的出版物。

当然，将《四次航行》称为地地道道的伪作，也许又是严重的夸张。因为它无疑处理了韦斯普奇的第一手材料。这位未道明身份的编者所做的事，几乎同古董店里的造假一样。他们灵巧地使用材料，添加仿件，用一个真正的文艺复兴时期的箱子造出两三个或者一整套箱子。最终，断言这些物件是完全真实的人，和那些称之为赝品的人一样是没有道理的。那位小心地在封面上隐姓埋名的佛罗伦萨印书人，无疑得到过韦斯普奇给梅迪契银行的信，也许就是我们都知道的那三封，但也或许还有我们不知道的其他信。现在这位印书人得到了韦斯普奇关于这三次航行的信，他也知道了《新世界》所取得的惊人成功——短短几年中用各种语言重印了不下 23 次，同时也知道了来自原件或抄件的韦斯普奇的其他报告，很可能就受到诱惑，把韦斯普奇的这些“旅行集”收在一本新的小书中发表，这是一件再自然不过的事。因为现有的材料不够，所以无法以韦斯普奇的四次航行来对应哥伦布的四次航行，于是这位不知名编者就决定“扩展”材料。首先他把我们熟悉的关于 1499 年航行的报告分解为两次航行，一次是 1497 年，一次是 1499 年。但他却丝毫没有想到，正是由于这样的篡改，他让韦斯普奇在这 300 多年来背上了谎言家和骗子的恶名。此外，他还从其他航海家的信件和报告中挑选出某些细节，直到这个由事实和谎言组成的混合体得以完成。它不仅在这几百年来让学者们头痛万分，又赋予了美洲“亚美利加”的名字。

也许会有怀疑者对这个论点提出质疑，不询问原作者，就对其作品随意的捏造扩展，如此大胆的犯罪实在超乎人们的想象。从我们能够证明这是对韦斯普奇的作品进行肆无忌惮的篡改的可能性大小来看，这更像一个巧合。仅仅在一年后，即 1508 年，有个荷兰印书人以最粗糙的形式伪作了韦斯普奇的第五次航行记。就如同那在手稿中找到的信件给《四次航行》的无名编者提供了他成书的材料一样，一个叫巴尔塔萨尔·施普伦格尔的蒂罗尔人所写的以手稿形式流传的旅行记也给这位印书人提供了作伪的合适机会。在他的原文中凡是有“我，巴尔塔萨尔”的地方全部换成了“我，亚美利加”。以便让读者相信，这篇旅行游记出自韦斯普奇之手。事实上，这一厚颜无耻的篡改在400年后还愚弄了伦敦的地理学会理事会，因为它在1892年大张旗鼓地宣布，发现了韦斯普奇的第五次航行记。

由此看来，这一观点澄清了迄今为止混乱的局面，解释了关于第一次航行的虚构报告以及所有其他的自相矛盾之处。澄清了韦斯普奇长期以来因此而得到的指责恶名，这些罪名根本不能归在他名下，而应该由那些肆无忌惮的编者和印书人来承担。他们没有征得韦斯普奇的允许就对他的私人旅行报告进行各种杜撰补充并加以吹嘘，然后依此出版印刷。但是，对于这个可以明确澄清这个事件的观点，那些反对者们提出了最后的异议。他们问道，韦斯普奇在1512年去世之前应该听说过这些以他的名义写的书，并把他没作过的航行归于他的名下，但他为什么从来没有公开对这种冒名顶替表示抗议？对于韦斯普奇来说，明确地对世界说“我不是美洲的发现者，这片土地不应该用我的名字命名”不应该是首要的责任？相反，就因为这对他有利，所以他没有对一种欺骗表示抗议，这种人难道不应该算是那桩骗局的同谋？

这种异议初看时让人觉得信服。不过，人们得问，韦斯普奇能在何处表示抗议？在哪个机构提出申诉？那个时代还没有著作权的概念，所有的印刷品和所有书写物都属于大家，每个人都可以随心所欲地使用另一个人的名字和作品。当十几个铜板雕刻家在自己的作品上刻下那畅销的签名“A.D.”时，阿尔布莱希特·丢勒到哪里去抗议？当莎士比亚拿了别人的剧本并且任意改动时，那些原本《李尔王》或《哈姆雷特》的作家们去哪里抗议？同时，当别人的剧本以莎士比亚的名义出版时，他自己又去哪里抗议？那么对于伏尔泰呢？别人都以他那闻名世界的名字出版东西。谁想让人读自己那平庸的、无神论的或者哲学的小册子？同样的，面对着好几十种选集的版本，韦斯普奇又能怎么办？这些书把他那由别人强加的不合理的荣誉以越来越走样的文本散布在世界上时，韦斯普奇唯一能做的是，在自己的社交圈子中亲自阐述自己的无辜。

毫无疑问，他也是这么做的。因为在1508或者1509年间，至少有几本像那样的书流传到西班牙。所以，你可以试想一下，国王将这样一项责任重大的工作，交给了一个发表过关于新大陆虚假报告的人，让这个人去督促他的航海员们撰写准确而可靠的报告，那会是怎样的结果。而如果说此人事先没有使自己摆脱那种怀疑，那么这里还有更能说明问题的事例。费尔南多·哥伦布，他是一个海军上将的儿子，同时也被证明是西班牙里第一批拥有《地理学指南》的人中的一个（有一本他作注的书留存至今）。他不仅读了这本不管真相如何就断言韦斯普奇在哥伦布之前踏上大陆的书，并且还在书中作注。而且也就是在这本书中，有人首次提出建议，称这块新的土地为亚美利加。但令人感到奇怪的是，费尔南多·哥伦布在他父亲的传记中，曾指责所有那些有可能的男人都是他父亲的妒忌者，然而他却对韦斯普奇没有一句微词。拉斯·卡萨斯就已经表示对这种沉默表示惊讶："我感到意外，"他写道，"堂·费尔南多·哥伦布，一个海军上将的儿子，一个我认为具有良好判断力的人，他拥有亚美利加的这本《航行》，却对亚美利加·韦斯普奇对他尊敬的父亲大人所犯下的过失，以及篡名行为不置一辞。"再也没有什么能比这件事情更能说明韦斯普奇的无辜了。儿子对于那个窃取父亲名誉的冒名顶替者，以及眼看着别人用自己的名字称呼父亲所发现的那个世界而一声不吭。他一定是知道些什么，比如，此事是在韦斯普奇不知情也不情愿的情况下发生的。

在此，我们试图尽可能客观地对这件经过诸多审理的"韦斯普奇事件"，按照年代顺序就其缘由和其发展经过展开叙述。这里必须解决的主要难点是一个男人和他的荣誉之间，一个人和他的名字之间的奇特的不一致。因为正如我们所知道的那样，韦斯普奇的实际成就与他的荣誉完全不符。在他这个人本身和他在世界面前所展现的样子之间，存在着一个截然相反的对比，就像两幅图像，生平图像和文字图像，这两幅图画无法统一。因此只有当我们明白，他的荣誉是别人的干涉以及各种杂乱无章的巧合的合成品之后，我们才有可能把他真正的成就和生平作为一个统一体观察，并且在自然的联系中加以叙述。

就这样，在这样一项不可估量的荣誉旁，出现了一个十分不起眼的结果，如此诡异的情况。这样一个既引起了人们的惊羡又引起了世界的愤怒的男人，他的生平实际上既不伟大也缺乏戏剧性。可以说这并不是一位英雄，或者骗子的传记，而是一出将毫不知情的他推上一个夹杂着各种巧合的舞台上出演的喜剧片。

亚美利加·韦斯普奇是公证员塞尔纳斯塔西奥·韦斯普奇的第三个儿子。他出生于1451 年5月9日，即但丁死后130年，在佛罗伦萨。他在一个尽管贫穷但受人尊敬的家庭中成长，享受了那个社会圈中的人们通常都会受到的文艺复兴初期的人文主义教育。他学过拉丁文，虽然他并未掌握那种文学的形式。后来又在其伯父弗拉·乔吉奥·韦斯普奇，一个圣马可的多明我会的修道士那里获得数学和天文学等科学知识。这个年轻人身上并没有显示出特别的天赋或抱负。他的兄弟们上了大学，而他却满足于一个梅迪契银行中一个商人的职位。那时这个银行由洛伦佐·皮耶罗·德·梅迪契领导(不能把他和他的父亲洛伦佐·易尔·马格尼费戈混淆)。也就是说，亚美利加·韦斯普奇在佛罗伦萨没有被视为一个大人物，更没有被看作一个大学者。他那些被保留下来的写给朋友们的信，则显示出他基本上是纠缠于一些小生意和无足轻重的个人事务。即便是在商务方面，他在梅迪契银行中看起来也没有多大发展，仅仅是一次偶然把他送到了西班牙。就像韦尔瑟、富格尔家族以及其他德国和佛兰德的商人们一样，梅迪契在西班牙和葡萄牙也有自己的分公司。他们资助那些去新国家的探险活动，以便获取情报，并在那些当时最需要他们的地方投资。

这个时候，梅迪契在塞维利亚的代理机构中出现资金不正常的情况。而韦斯普奇对于他们来说，就像是其他一些在自己生命历程中所遇到的人一样，仅仅是一个特别正直可靠的人。于是在1491 年5月14日，他们把这个小职员送到西班牙，他走进了梅迪契公司的分部，即胡安诺托·贝拉尔迪的银行。可惜即便是在以船用装备生意为主的贝拉尔迪的商行中，他的地位也是低微而不起眼的。尽管他在信中称自己为“佛罗伦萨的商人”，那他也绝不是有自己的资本和势力范围的独立商人，而仅仅只是贝拉尔迪的一个“代理人”，而且贝拉尔迪反过来又隶属于梅迪契的势力圈。不过尽管职位低下，韦斯普奇还是赢得了上司的个人信任甚至友情。当贝拉尔迪在1495年濒于死亡之时，他在遗嘱中要求亚美利加·韦斯普奇做他的遗嘱执行人。然后他又得到了一个任务，即在贝拉尔迪死后打理公司。

所以，在年近 50 时岁时，亚美利加·韦斯普奇便又两手空空。别人看起来他也许是缺少资金，也许是没有兴趣，他并没有自己接下贝拉尔迪的生意继续干。然后在接下来的 1 497 和 1 498 年间，他在塞维利亚都干了些什么，如今我们已经无法确定，因为我们缺乏那些方面的文献。不过无论如何，有一点可以证明（由哥伦布以后的信证明），他过得并不怎么好。而这个失败正好解释了他生活中的突然转折。这个聪明能干的佛罗伦萨人在别人的公司里当了 20 年，甚至近 30 年的小职员，可是他既没有房子，也没有妻子和孩子。他孑然一身，纵然生命的转折点已经临近，而他却在哪里都看不到安全的港湾和支柱。于是，探险的时代给了这个正把生命当作赌注的冒失鬼一个独一无二的机会，一个去聚敛财富和荣誉的机会；那是一个在此之后世界上几乎不再有过的冒险家和英雄行为的时代。如同几百几千名失败者一样，这位当时也许已经破产的小商人亚美利加·韦斯普奇也做了同样的决定，在前往印度的航行中去寻找他的幸福。1 499 年 5 月，当阿朗索·德·霍赫达受红衣教主丰塞卡的委托，装备一支舰队时，亚美利加·韦斯普奇和他一起上了船。

虽然我们并不是很清楚，他是以何种身份登上阿朗索·德·霍赫达的船。但毫无疑问的是，这位贝拉尔迪装备公司的代理在与船长、造船工和货物供应商的日常交往中已经获得一定的专业知识。他对于船只很了解，从龙骨到桅尖都了解得一清二楚，此外，以他作为一个受过教育的佛罗伦萨人来看，面对大多数他的旅行同伴，他感到在精神方面自己有百倍的优势。事先他已利用时间获取了航海知识，他学会了使用星盘，即那种新的计算经度的方法；他还钻研星相学，练习制图，这样就可以让人以为，当时他也许是作为一个领航员，或者一个天文学家而不仅仅是以一个普通商人的身份参加了这次探险。

但是，即使亚美利加·韦斯普奇当时还没有作为领航员，或者仅仅作为普通商人参加了这次探险，当他从这次长达数月的旅行返回时，无论如何他已经成为一个有经验的专家，一个明智的人，一个优秀的观察员，一个熟练的数学家，一个好奇的人，一个灵巧的制图员。他在这数月的旅途中一定获得了某种特别的技能，这种技能使他在海员界备受瞩目。因为，当葡萄牙国王准备一次新的探险，即在前往卡布拉尔刚刚发现的巴西地区之前，他找到了韦斯普奇，委托他以领航员、天文学家或者制图员的身份参加这次新的探险。而韦斯普奇在霍赫达的航行中已经扬帆去过巴西的北海岸。说实话这位邻国的国王并不缺少优秀的领航员和海员，却偏偏召韦斯普奇去他的国家，这无可置疑地证明了，他对这个至今为止仍然籍籍无名的晚辈，是多么的器重。

韦斯普奇并没有太多的犹豫。之前跟随霍赫达的旅行未给他带来任何收益，而经过这数月的劳累和危险，他还是同出发时一样，依旧一贫如洗地回到塞维利亚。他没有工作。没有职业，没有生意，没有财产。所以即使他接受这个光荣的召唤，也丝毫不会表示出他对西班牙的不忠。

不过，就是这次新的航行也没有给他带来收益，甚至没有荣誉。因为在这次探险活动中，他的名字就像那个舰队指挥官一样，很少被人提及。并且这次考察航行所规定的任务仅仅是，尽可能深地沿着海岸航行，以便找到一个他们所期盼的，能通往丁香岛的通道。因为人们一直幻想着，卡布拉尔所碰上的圣克鲁斯陆地也许不是别的什么陆地，而是仅仅是一个中等大小的岛屿。如果能够幸运地绕过这个岛，卡布拉尔就一定会到达摩鹿加群岛，它是香料的天堂，也是所有财富的源泉。韦斯普奇所在的冒险队纠正了这一错误观点，这便成了他们在这次探险活动中的功绩。

葡萄牙人沿着海岸继续前进，到达了纬度分别为 30、40 和 50 的地区。无边无际的大陆没有尽头，他们早已远离热带，并且天气也逐渐开始寒冷起来，最后他们不得不因为寒冷的气温而放弃了希望，从而绕过了这片广袤的新大陆。这片新大陆像一根巨大的横梁，横在了人们与印度之间，但这次航行终究成为了那个时代最勇敢、最了不起的航行之一。正因如此，韦斯普奇便扬言说，他们度量了这个世界上的第四块大陆。韦斯普奇虽然只是一个无名之辈，却通过这次航行，为地理科学带来了巨大的好处，那便是他让整个欧洲知道——这片新大陆不是印度，也不是某一个岛，而是一块全新的大陆，甚至是一个全新的世界。

韦斯普奇再次受到葡萄牙国王的委托，此次委托的任务是要寻找从东部通往印度的路线，但是这次航行却同样没有达到目的。虽然这次舰队航行的距离更远，并且已经行驶过了拉普拉塔河，但由于在航行过程中舰队受到了风暴袭击，使得他们不得不返航。时年 54 岁的韦斯普奇再次在里斯本上岸，由于此次航行的再度失败，他依旧是那个穷困潦倒且毫无名气的人。他虽然也曾在新印度寻找过属于自己的幸福，但最终仍旧一无所获。

与此同时发生的一些事，却是身处地球另一端的韦斯普奇始料未及的：韦斯普奇，这个毫无名气且穷困潦倒的小小领航员，居然惊动了整个欧洲知识界！每次他航海归来，都会规规矩矩地以信件和报告的形式，向他以前的雇主兼私人朋友洛伦佐·德·梅迪契如实汇报他在路途中的所见所闻。在航行过程中他还写日记，并在回去以后把它们全部亲手交给了葡萄牙国王。这些日记和信件一样，完全是私人文件，其目的都是提供政治或贸易信息。韦斯普奇从未想过去充当学者或者作家，也从未想过把这些私人文件视作文学甚至科学作品。他曾明确表态，他认为自己所写的一切都很古怪，并且不会以目前的形式对这些文字进行发表。就算谈起写一本书的计划，他也会立刻补充道，"只想在有学问的人的帮助下"写书，并且要等到他退休以后，所写内容便是关于他的航行。他希望通过这本书，在他死后为自己获得一些荣誉。但他却不曾知道，自己凭借着在陌生海洋中度过了几个月的经历，得到了这个时代最博学的地理学家和最伟大的作家的美誉——这是他始料未及的。

他在第三次航行中亲手写给洛伦佐·德·梅迪契的那封信，被富有学识的人润色后，翻译成了拉丁文。这封名为《新世界》的信一经发表，便引起了轩然大波。当这封信飞入所有的城市和港口后，人们才得知，这个被新发现的国家并不是哥伦布所说的印度，而是一个全新的世界。而第一个向世人宣布这一奇妙真理的人，不是别人，正是阿尔贝利库斯·韦斯普奇乌斯。但这位被整个欧洲视为最博学多识且勇敢无畏的航海家，却对自己所获得的荣誉一无所知。他竟然还傻乎乎地试图要找到一份能够让自己脱贫致富的工作，使他过上简朴安宁的日子。他成家时，年龄已经很大了，并且在后期对生意、冒险和旅行都产生了倦怠之情。在他 57 岁的时候，愿望才得以实现。他得到了他倾尽一生所追求的东西——再平凡不过却又安静平和的普通市民生活。他作为商业委员会的首席航海员，工资也从开始的 5 万涨到了 75 万马拉维迪。此后，他成为了国王众多有名望的官员之一，虽不比别人差，但也比别人好不到哪去。

韦斯普奇在他生命即将走向尽头的时候还都不知道，曾有一段时期，围绕着他的名字，产生了无数的荣誉。他甚至都不曾预料到，人们会以他的名字来命名大洋另一边的这片全新的土地。他是否也曾反对并嘲笑过这种不正当的荣誉呢？还是他也曾告诉过他几个最亲密的朋友呢？是不是事实并非书中所写的那样呢？对于这一系列的疑问，我们仅能够回答的是：这一巨大的荣誉并没有给韦斯普奇的生活带来丁点好处，从他来到西班牙的第一天开始，一直到1512年2月22日他死去的那天，他都一样的贫穷。为此，他的遗孀不得不向政府提出申请，希望能够获得每年一万马拉维迪的养老金。他所遗留下的唯一值钱之物，便是他的航行日记。但这唯一能够让世人知道真相的东西却落入了他侄子的手里，偏偏他的侄子又没有妥善的保管这些日记，以至于这些和韦斯普奇一样，来自探险时代的所有珍贵记录，都永远地失去了。除了那份被怀疑的根本不属于他的荣誉之外，平凡而又不显眼的韦斯普奇什么也没留下。

不难看出，韦斯普奇这个400多年来一直在给人类制造各种复杂难题的人，实实在在地度过了他简单的一生。我们可以断定：韦斯普奇是一个普通得不能再普通的人，他虽不是美洲的发现者，更不是地球的扩大者，但他却也不是某些人口中的骗子。他不是伟大的作家、学者、天文学家，他自己也从未这样以为过。甚至可以说，把他归入伟大的航海家或者探险家行列，都是有些过于大胆的举动，命途多舛的他无论是在哪里，都未曾得到过真正的主动权。他不是哥伦布，也不是麦哲伦，他只是一名没有能力去发明和发现的下级职工而已，所以也就更谈不上命令或者指挥。他只能永远身居二线，活在他人的阴影下，就算荣誉的光芒恰巧落在了他身上，也并不是因为他有何功绩，而是因为这一切都是命运的安排。可能是谬误，是偶然，甚至是误解，同样的事情甚至也可能发生在另一个领航员身上。但这就是历史，容不得任何人争论，是历史选择了他，即使这选择是错误甚至毫无道理的，却也不容改变。不管他做或没有做过，却因为他信上“新世界”和“四次航行”这两个词，带他驶入了不朽的港湾，使得他的名字无法从人类辉煌的史书中抹去。或许我们可以这样说：哥伦布发现了美洲，却没有认出它，而韦斯普奇虽然没有发现，却认出了它。起决定性作用的从来不是业绩本身，而是源自人们对它的认识和它所产生的影响。叙述前人业绩的人对后世来说常常比创造业绩的人更重要，因为历史总是有一股捉摸不透的力量，而恰恰是这一股最小的推动，往往能产生出最巨大的作用。历史是不公平的，它常常把业绩和不朽分给凡人，却把那些杰出、勇敢、聪明的人不屑一顾地抛弃。

尽管如此，美洲却从未因他这样一个平凡的人而感到羞愧，因为这是一个正直勇敢之人的名字。韦斯普奇在50多岁时仍然敢坐着小船，三次漂过那从未被人探索过的大洋，进入那个完全陌生的世界。他是当时众多冒着生命危险进行探险的“无名船员”之一。或许这个普通人的名字，这个来自一群无名勇士们的名字，能够比一位国王或者一位征服者的名字更适合一个民主国家。命运的意志总有它的道理，即使表面有时看来并不是这样。但一旦这个高高在上的意志下令，我们就必须顺从，这就好像我们如今已自然地把“亚美利加”这个词当作唯一真实和能够想象的词一样。